# HABITAR A INFÂNCIA
## Como ler literatura infantil

© 2017, Graça Ramos
© 2017, Tema Editorial
Este livro ou parte dele não pode ser reproduzido por qualquer meio sem autorização escrita da editora.

Coordenação editorial: Beth Cataldo

Projeto gráfico, capa e ilustrações: Sérgio Luz

Revisão: Michel Gannam

Índice onomástico: Suzana Bissacot

Assistente de pesquisa: Thomas Guida Bernardo

Fotografia da autora: Zuleika de Souza

---

R175h    Ramos, Graça, 1960-
          Habitar a infância: como ler literatura infantil / Graça Ramos. – Brasília : Tema Editorial, 2017.

          310 p.

          Reúne 78 textos veiculados no blog *A pequena leitora*, de abril de 2014 a setembro de 2015, além de palestra sobre o tema proferida na Academia Brasileira de Letras (ABL).
          Inclui índice e bibliografia.

          ISBN: 978-85-63422-01-9

          1. Literatura infantojuvenil – História e críticas. 2. Crianças – Livros e leitura. I. Título.

                                           CDD: 808.89282
                                           CDU: 082-93.09

Elaborada pela Biblioteca Professor Antônio Luiz Paixão – FAFICH-UFMG.

Tema Editorial Ltda.
SCN Quadra 4, Bloco B, sala 1201 – Brasília/DF – CEP 70714-900
www.temaeditorial.com.br

# Graça Ramos

# HABITAR A INFÂNCIA

## Como ler literatura infantil

Brasília
Tema Editorial
2017

# Sumário

Prefácio
Um par de luvas
  *Stefania Chiarelli*                                              9

Apresentação                                                       13

## 1
## AUTORES EM FOCO

Salão de leituras                                                  17
Sacola de compras: poesia                                          21
Modos de narrar                                                    25
Cansei do "eu"                                                     29
Romance entre irmãos                                               33
A desordem das fichas                                              36
Conflitos urbanos e narrativas indígenas revigoram a literatura infantil  40
Protagonistas revisitadas                                          45
Renovação no juvenil                                               49
De como conquistar o leitor atual                                  53
Presente para crianças: abecedários                                56
A importância dos informativos                                     61
Ideologia e preconceito                                            65
A seriedade do humor                                               69
A emigração como tema                                              73
Geopolítica no infantojuvenil                                      77
Livros-brinquedo na Biblioteca Parque                              81
Leitura nas férias                                                 85
Celebrar os clássicos                                              89
Adolescentes exigentes                                             92
A cruzada dos pequeninos                                           97
Festa para Alice                                                   101
Primeiros lançamentos                                              105
Narrar a morte                                                     109
Presença de Mário                                                  114

| | |
|---|---|
| Sem medo da polêmica | 118 |
| Literatura dos afetos | 122 |
| O tempo das narrativas | 126 |
| Antecipações de Lewis Carroll | 129 |
| Operária da literatura | 132 |
| Poética do acaso | 135 |
| Visões da diferença | 138 |
| Releituras generosas | 142 |
| A surpresa do Nobel | 146 |
| Indução ao sono | 150 |

## 2
## A ARTE DE ILUSTRAR

| | |
|---|---|
| O Oriente descobre Roger Mello | 157 |
| Imagens para adolescentes | 160 |
| As dificuldades do livro-imagem | 163 |
| Artimanhas do poema visual | 167 |
| Queixas e reivindicações, a arte de ilustrar | 170 |
| Roger Mello recebe o Hans Christian Andersen | 174 |
| Coreia premia ilustrador carioca | 177 |
| A força da ilustração | 181 |
| Quadrinhos revisitados | 185 |
| A força de Mônica | 188 |

## 3
## POLÍTICAS PÚBLICAS E MERCADO EDITORIAL

| | |
|---|---|
| Repensar o PNBE | 195 |
| Livros fora da caixa | 198 |
| Prazer de ler: do Rio a Barcelona | 202 |
| A conquista de novos mercados | 206 |
| Nova rádio na web dedicada a crianças | 210 |
| Falta de imaginação | 213 |
| Mudança urgente | 217 |
| Impasses na leitura | 221 |
| O caráter confirmatório do Jabuti | 225 |
| MEC com receio de polêmica | 229 |
| Vetos ao imaginário | 233 |

| | |
|---|---|
| Leituras virtuais | 237 |
| Novidades em Bolonha | 241 |
| Mudança de perfil | 244 |
| A equação do ministro | 248 |
| Contradição danosa | 252 |
| Clássicos fora da escola | 256 |
| Walter Benjamin, o rádio e as crianças | 261 |
| Cultura delinquente | 264 |
| Efeito Paraty | 268 |
| Réquiem à professora | 271 |
| A visão da infância do PNBE | 274 |
| O papa e o ministro | 276 |

## 4
## PALESTRA NA ABL

| | |
|---|---|
| A nova crítica da literatura infantil e juvenil | 281 |
| Referências | 289 |
| Índice onomástico | 303 |

## PREFÁCIO
# Um par de luvas

Graça Ramos, essa menina travessa. Chega logo avisando que continua a habitar a infância. Dela, ganhei, certa vez, o par de luvas mais divertido da minha vida. Porque sabe como poucos alimentar esse lugar. E não me refiro aqui ao lado idealizado da infância como espaço idílico, mas ao modo livre de ver as coisas: lembro Oswald de Andrade – sobre quem a autora já dedicou importante estudo acerca da ironia: "Aprendi com meu filho de dez anos/ Que a poesia é a descoberta/ Das coisas que eu nunca vi". Um par de luvas já não é um par de luvas. Vira brinquedo, se transforma em fantasia, inaugura possibilidades e sentidos.

Sabemos que o ato de ler equivale a resistir, buscar reflexão na contramão de um mundo que nos oferece quase sempre o mesmo e condena à repetição. O que dirá, então, ler literatura infantojuvenil? Será resistir duas vezes? Talvez. O presente volume trilha esse caminho e reúne 68 textos veiculados no *blog A pequena leitora*, de abril de 2014 a setembro de 2015, além de palestra sobre o tema proferida na Academia Brasileira de Letras (ABL). Poesia, HQs, ilustração, imagem, mercado, políticas públicas, prêmios, rótulos… Muitos elementos entram nessa conversa.

E, falando na poesia, é questionado aqui o lugar desse gênero para a infância e a juventude, lembrando que "é a prima pobre da produção editorial infantojuvenil". A autora sonda essa resistência e a mistificação em torno dela, o que poria em risco a formação de leitores do gênero não só hoje, mas em décadas futuras. Explorar a riqueza imagética e o momento da construção de um vocabulário é possibilidade real desse lugar da infância, tempo em que a relação com a linguagem é inaugural, uma vez que na criança "ainda não coagulou" a ligação com as palavras.

Da liberdade tão grande de associação vêm infinitas possibilidades, daí certa reserva da autora no que concerne ao chamado livro de informação: sua presença excessiva no universo infantil, visando ao ensino de regras e à disseminação de padrões, vem "perturbar o exercício da divagação", pondera. Isso não equivale a nos eximir de discutir questões centrais no mundo contemporâneo. Ideologia, preconceito e outros temas devem estar presentes nessas narrativas, menos com a missão de estabelecer regras, ou aderir incondicionalmente ao politicamente correto, mas com o compromisso de abrir frentes de diálogo, mesmo que diante de ideias ainda um tanto elaboradas para indivíduos em formação.

Graça Ramos, ao longo deste volume, sustenta a postura de reconhecer na criança um sujeito produtor de sentidos. Hoje, no entanto, estamos diante de uma geração educada mais pela tecnologia e menos por narrativas escritas. Os modos de percepção encontram-se definitivamente alterados – como pensar, então, o momento único e quase sempre solitário da cena de leitura? Como imaginar esse mundo de papel (título de lindo conto de Pirandello) na cena contemporânea atravessada pela vertigem de telas e hipertextos? Volta-se, assim, a sondar o prazer da leitura e a disposição de vivenciá-la como "entrega dos sentidos", afirma. Isso não é pouco. Entra em jogo, então, um time de meninas danadas. Chegam Clarice, Cecília e Sylvia, nomes fundamentais na criação de um repertório vindo da infância. Elas são próximas, família de leitura, laço estreito a criar novas genealogias.

E, nelas, outras garotas: surge Mônica, chega Alice, vem Emília, e já não importa distinguir se autoras ou personagens. Aparece, com força, Ligia Cademartori. Presença amorosa de quem nos alimentou de tantas dessas referências. A ciranda está armada. Todas circulam de modo livre no imaginário, praticando a desobediência e inventando mundos.

Criança curiosa, Graça sai conversando com muita gente. Bebe água de todo rio. Transita pela universidade, pelo jornalismo, solicita opinião de colegas, vai aos especialistas, amigos, familiares. O resultado?

Textos saborosos, uma sabença construída com alegria, mas nunca destituída de rigor. Basta ver a discussão acerca do papel da leitura na formação do cidadão, que nunca poderá ser chamado desse nome se não for capacitado a imaginar, pensar, criticar.

Daí o importante espaço para a discussão de políticas públicas e a própria dinâmica de distribuição de livros e, sobretudo, de como retirar deles toda riqueza. Disso dependem a formação de professores, a capacitação de técnicos, a dinamização de distribuição, a equipagem de bibliotecas – o investimento na educação, em última análise.

Os temas giram em torno de preocupações que remetem sempre a esse universo da criança e do jovem, abrindo discussões, como a do importante levantamento realizado acerca dos abecedários, percorrendo desde a Idade Média a autores contemporâneos. Ou a produção (e circulação) de narrativas produzidas por indígenas.

Entra com força igualmente a reflexão sobre a interação entre palavra e imagem, e inúmeros textos investigam a importância da ilustração – a começar pela relevância do fato de o brasiliense Roger Mello ter recebido o prêmio mais importante da área, o Hans Christian Andersen, em 2014.

Nesse caminho, também indaga acerca das HQs na formação do público leitor – a autora defende sua autonomia e não a visão de subgênero da literatura. Classificar, bem sabemos, não é entender. Graça começa pensando na dificuldade de estabelecer com rigidez a quem de fato se destina a literatura infantojuvenil, dada a dificuldade hoje de distinguir fases e compreender a infância em sua especificidade. E a amplitude de alcance dessas narrativas, destinadas a um só tempo a pais, a crianças, a professores, a mediadores – ou mesmo o que significa, para esse segmento, abusar do excesso de explicações, os famosos paratextos.

"Detesto livros para crianças que começam com a palavra 'não'", afirma Graça. Com tal recusa, creio estar definido o gesto de quem se propõe a pensar tudo isso. Afinal, lembrando Clarice, tudo na vida começou com um sim.

*Stefania Chiarelli*

Doutora em Estudos da Literatura pela Pontifícia Universidade Católica do Rio de Janeiro (PUC-Rio) e professora de Literatura Brasileira na Universidade Federal Fluminense (UFF).

# Apresentação

ntrego-lhes, leitoras e leitores, este *Habitar a infância: como ler literatura infantil* com o desejo de que funcione como um guia para uma das atividades mais prazerosas que conheço – e recomendo –, a leitura de livros infantis e juvenis.

A editora Beth Cataldo, a quem muito agradeço, e eu reunimos aqui a quase totalidade dos artigos publicados no *blog A pequena leitora*, veiculado em *O Globo* digital, no período entre abril de 2014 e setembro de 2015. Tivemos o cuidado de excluir alguns poucos textos, aqueles muito datados, por terem envelhecido rapidamente; dividimos os artigos por temas – "Autores em foco", "A arte de ilustrar", "Política pública e mercado editorial" e, ao final, inserimos o artigo "A nova crítica da literatura infantil e juvenil", tema de palestra proferida na Academia Brasileira de Letras (ABL).

Fizemos ainda rápidas e necessárias atualizações em poucos artigos; acrescentamos lista de referências das obras citadas; e, ao final, apresentamos um índice onomástico. Todas as alterações tiveram como objetivo tornar a publicação o mais referencial possível para os que se interessam por conhecer o universo da literatura destinada a crianças e adolescentes.

Deixo registrado meu agradecimento a Francisco Amaral, editor-executivo de *O Globo*, que teve a ideia de criar o *blog* destinado à crítica da literatura infantojuvenil, e a Ascânio Seleme, diretor de redação do mesmo jornal, que gentilmente autorizou a publicação dos textos no formato livro. Sou grata também a Paula Ramos Sicsú, para quem li muitos livros na infância, primeira e atenta leitora dos artigos, pelas generosas contribuições. E, claro, meu eterno agradecimento a Ligia Cademartori, que tanto insistiu para que eu sistematizasse minhas reflexões sobre o universo da literatura para crianças.

Se tecnologias de comunicação dominantes no século XXI interferiram nas formas de produção e recepção do objeto livro, inclusive com a entrada em cena dos *e-books*, a leitura permanece como ato de fruição, em que muitas vozes participam, capaz de possibilitar novas leituras do mundo e de si. Diante de tantas transformações, os livros orientados para o universo infantil são aqueles hoje que mais reivindicam cuidado na hora de ser editados e comprados. Precisam estar atentos às mudanças típicas do contemporâneo, pois tem seu público-alvo educado nas telas, mas também necessitam manter o fascínio literário. Espero que *Habitar a infância: como ler literatura infantil* seja útil aos que vierem a consultá-lo. Boa leitura!

# Autores em foco

# Salão de leituras

presentamos mais do mesmo, embora diferente". O jogo de palavras usado pela secretária-geral da Fundação Nacional do Livro Infantil e Juvenil, Elizabeth Serra, define o 16º Salão FNLIJ do Livro para Crianças e Jovens, a ser aberto amanhã no Rio de Janeiro. Até o dia 8 de junho, quase 70 editoras dedicadas ao segmento apresentarão sua produção, sendo previsto o lançamento de aproximadamente 170 novos títulos de literatura.

Dentro do esforço de apresentação da literatura dos países da América Latina aos brasileiros, em especial aos editores, a Argentina é homenageada. Em anos anteriores, México e Colômbia tiveram sua vez. Tentativa de equilibrar desigualdades, pois, segundo a análise da Fundação, os vizinhos conhecem nossos autores e ilustradores, mas nós continuamos a ignorar a produção deles. Uma das palestras mais aguardadas é a de Laura Giussani, com o título "Libros de pequeñas editoriales con proyectos innovadores y su lugar en la escuela".

O Salão é o mais tradicional e coerente evento do gênero existente no país. Desde a primeira edição, mantém todas as atenções concentradas no objeto livro, mais especificamente na produção literária, dispensando inclusive recursos comuns em eventos desse tipo, como, por exemplo, a participação de contadores de histórias. Nele, o que se conta é o que se escreve, pois são realizadas leituras dos livros ganhadores do Prêmio FNLIJ, anunciado anualmente há 40 anos.

É admirável que a radicalização do privilégio da literatura persista nestes tempos de tantas convergências entre mídias e interesse por muitas linguagens. A orientação dada aos editores é que todos os livros à venda sejam estruturados a partir da ficção. Tal posicionamento faz com que, inclusive, tradicionais aliados da leitura, como dicionários, não sejam incentivados a ser apresentados nos estandes. Afinal, o foco é a valorização da prática de ler literatura, sem muitas mediações, preparando o leitor para a fluidez do texto, seja ele verbal ou visual.

Aliás, conceitualmente, há anos, a FNLIJ não lida com esse conceito, o da mediação, tão caro a inúmeros teóricos da literatura (entre os quais me incluo), preferindo trabalhar a ideia de uma melhor formação "dos professores" e dos leitores, como ressalta Serra. Se os livros didáticos estão eliminados por princípio do Salão, outro conceito tradicional também é pouco usado, o do livro paradidático, aqueles que contêm materiais que auxiliam no processo de ensino das diversas disciplinas educativas. A entidade prefere trabalhar com a expressão "livro de informação", premiando aqueles que partem de um texto ficcional e somente secundariamente transmitem algum saber específico.

**INFORMAÇÃO** – Foi com esse critério que concedeu o Prêmio FNLIJ 2014 em duas categorias, Informação e Projeto Editorial, a *Buriti* (Peirópolis), livro de imagens de Rubens Matuck. O volume apresenta registro em aquarela e lápis preto sobre a vida da árvore, sendo o texto principal construído a partir da imaginação, no caso o modo visual que o autor escolheu para representar o vegetal. Somente depois é que aparecem explicações sobre os tipos de palmeiras e o processo de pesquisa do autor, que documentou viagens pelo interior do país em busca da planta.

Outro texto ilustrado por Matuck com a mesma técnica, *A perigosa vida dos passarinhos pequenos* (Rocco), de Míriam Leitão, ganhou o prêmio de Escritor Revelação. O livro de estreia de Míriam, que durante o evento lançará pela mesma editora *A menina de nome enfeitado*, ilustrado por Alexandre Rampazo, também se enquadra na categoria livro de informação, segundo minha análise. Na obra, a narrativa ficcional é acompanhada de textos que informam ao leitor sobre aspectos e/ou características das personagens, os variados passarinhos mencionados pelo narrador. O equilíbrio entre a prosa de ficção e a de informação é mantido pela opção de apenas destacar sucintos aspectos das personagens acompanhados por desenhos do ilustrador.

O livro de informação faz-se cada vez mais frequente na produção nacional, reflexo, talvez, das especificações dos editais de seleção do Programa Nacional Biblioteca da Escola (PNBE), que estabelecem parâmetros incentivadores desse tipo de produção editorial. Não basta apenas o texto ficcional, é preciso fornecer mais dados aos leitores e aos que farão a intermediação da leitura. Caso de *Entre linhas* (Lê), em que Angela Leite de Souza assina texto e ilustração, agraciado com o FNLIJ na categoria Poesia.

Com projeto gráfico cuidadoso, o livro apresenta poemas sobre o ato de costurar, tecendo palavras como se transpassam linhas. Diz o texto: "Uma roupa sem botão/ é uma casa sem portão/ é cancela sem tramela/ é uma boca bem banguela". As ilustrações acompanham o tom amoroso do texto verbal. Mas o excesso de informação anterior e posterior ao poema, evocando o real, perturba o exercício da divagação, necessária quando se lida com o universo da poesia. O livro abre com uma introdução explicativa e termina com informações sobre bordados e materiais usados na costura.

**FANTASIA** – Contra esse excesso de mensagens fincadas na realidade se insurgem, por outro lado, os dois livros que ganharam o prêmio na categoria Criança. *Sete patinhos na lagoa* (Biruta), de Caio Riter e ilustrações de Laurent Cardon, compõe brincadeira com a tradicional história dos patinhos acrescida de um jacaré, o Barnabé, que mais se assemelha ao lobo mau. História com narrativa verbo-visual muito próxima daquela usada pelas crianças quando liberam a fantasia e contam histórias.

Doutor e mestre em Literatura, Riter não procura passar mensagem alguma com o texto, apenas diverte os leitores. Sob a forma de poemas, as desculpas dos patinhos para não serem engolidos por Barnabé os situam no mundo contemporâneo, pois o que dizem são absurdos construídos a partir de frases que crianças costumam escutar de adultos, como: "Estou gripado, sou diabético/ Sofro de mal-estar e de azia,/ Já tive febre amarela de todas as cores,/ tenho gastrite e miopia".

O outro vencedor na categoria, *Bichos do lixo* (Casa da Palavra), de Ferreira Gullar, também não busca direcionar ensinamentos. As ilustrações muito coloridas são feitas a partir de colagens elaboradas pelo próprio autor, usando papéis que parecem ter sido objeto de descarte – jornais, papéis de embrulhos, de presentes. Os textos verbais, curtos e elegantes, apresentam traços irônicos. Quem foi que disse que criança não sabe lidar com as artimanhas do discurso? É o que sugerem versos como "Cães ladrando à lua", que apenas afirma: "melhor ladrarem à lua do que à janela de meu quarto".

Poderia continuar a avaliar cada um dos livros premiados, mas é preciso deixar espaço para a reflexão crítica do leitor que pretende visitar o Salão e poderá conhecer os livros agraciados, os agora lançados, e chegar a outras conclusões. Lá, ele poderá apreciar também, em um grande painel, a imagem dos 420 títulos premiados ao longo da existência do prêmio, assim como ver a exposição *Roger Mello e seus jardins*, organizada por Heloisa Alves e Cristiane Melo, em homenagem ao autor-ilustrador Roger Mello, que acaba de ganhar o Hans Christian Andersen[1], o mais importante prêmio literário do segmento infantojuvenil. Entre os livros e as flores cultivados pelo artista, se oferece lúdico ziguezague para a imaginação. Bom percurso!

27 de maio de 2014

---

1 Considerado o Nobel da literatura infantojuvenil, o prêmio é concedido pelo International Board on Books for Young People (IBBY) desde 1956 a autores e, a partir de 1966, também a ilustradores que se destacam pela excelência de suas obras destinadas a esse público. Tem periodicidade bianual e é homenagem ao escritor dinamarquês Hans Christian Andersen (1805-1875), que nos legou histórias fundamentais como *O patinho feio*, *Soldadinho de chumbo* e *A pequena sereia*. Além do prêmio principal, é divulgada uma lista de honra com títulos considerados referências em cada edição.

# Sacola de compras: poesia

Mais que leitora, fã de poesia, fui às compras durante o 16º Salão FNLIJ do Livro para Crianças e Jovens e constatei que raros são os autores que trabalham com o gênero para a infância e juventude. Mais escassa ainda é a produção de autores novatos que se dedicam às artimanhas dessa linguagem que se quer substância.

Ao visitar cada estande, perguntava se havia lançamento de poesia de autor brasileiro. Dentro desse marco, poucas obras foram oferecidas e a maior parte havia sido editada em 2013. De maneira geral, ocorreu grande confusão. Muito produto sendo considerado poesia apenas por apresentar a forma de quadras. A maioria composta de textos simplórios, o que é diferente de simples, pouco ancorados na simbolização ou na musicalidade.

Tamanha indistinção não faz bem à poesia, gênero a que os brasileiros são pouco habituados. Leitura que exige concentração, com a entrega ao ritmo e ao magnetismo das imagens construídas, a poesia é a prima pobre da produção editorial infantojuvenil. Repete o (anti)fenômeno do gênero destinado a adultos. O que é uma pena, pois, se incentivados a lerem poemas na infância, nossos jovens poderiam ter mais ferramentas para ler, ver e sentir o mundo.

Em um contexto cercado por tantos livros de vampiros, lobisomens, criaturas sobrenaturais e outros seres afins – prometo escrever sobre o tema em breve –, a economia e a sensibilidade que o universo da poesia pode transmitir parecem ser subversivas. Depois que li os vários livros adquiridos, resolvi conversar com a doutora em Teoria da Literatura Ligia Cademartori, autora de livros teóricos e de adaptações de clássicos estrangeiros, como *Jardim de versos* (FTD), de Robert Louis Stevenson. Eis sua análise:

**RECEPTIVIDADE** – "O mercado escolar é extremamente resistente a livros de poesia", disse-me. "Os professores não sabem o que fazer com o que leem, embora as editoras ofereçam textos de apoio para que trabalhem com os alunos". Ela atribui a dificuldade a uma mistificação grande da poesia, com os professores acreditando que, para lidar com o poético, seja necessário preparo especial.

Tal resistência produz reflexo no mercado editorial, que passa a oferecer poucos títulos. Por isso, revela Cademartori, dentro dos editais do Programa Nacional Biblioteca da Escola (PNBE), o grande comprador nacional, a cota para os livros de poesia tende a ficar não plenamente preenchida. Normalmente, os editais contemplam de maneira abrangente o gênero, incluindo quadras, versinhos, haicais e poemas, e mesmo assim a oferta permanece reduzida.

Se a falta de formação e a difícil receptividade dos mediadores delimitam o mercado e se o mercado não incentiva novas produções, o ciclo vicioso tende a se perpetuar e nossas crianças e nossos jovens correm o risco de não se tornarem leitores desse gênero por décadas. Só para comparar, na Inglaterra, um dos livros adotados para a garotada chama-se *School bag* (Faber and Faber), coletânea de poesia de todas as épocas, com 544 páginas, organizada por Seamus Heaney, o irlandês ganhador do Prêmio Nobel de Literatura em 1995, e Ted Hughes, poeta dos mais premiados.

**ANTOLOGIAS** – Essa é outra questão. Temos poucas antologias que façam um recorte da produção de poetas reconhecidos no mundo adulto cujos poemas podem falar também à infância e à juventude. Uma das mais conhecidas é a coordenada por Vera Aguiar, *Poesia fora da estante* (Projeto/PUCRS). Temos agora a organizada pela cantora Adriana Calcanhoto, *Antologia ilustrada da poesia brasileira: para crianças de qualquer idade* (Casa da Palavra), que ganhou o Prêmio da Fundação Nacional do Livro Infantil e Juvenil, na categoria Poesia.

São poemas de 40 autores, agrupados por ordem cronológica, o que fornece uma compreensão da linha de tempo, começando por "Canção do exílio", de Gonçalves Dias. As ilustrações poderiam ser mais bem resolvidas e a participação feminina é reduzida, apenas Adélia Prado, Alice Ruiz e Estrela Ruiz Leminski estão presentes. Faltaram nomes importantes como Henriqueta Lisboa e Marina Colasanti, que emocionam crianças e jovens, sabemos.

O livro apresenta, porém, um dado de irreverência que apreciei muito: no final, a organizadora oferece o desenho de um docinho para Manuel Bandeira e Cecília Meireles, que não estão no livro, acredito, por dificuldades de obtenção junto aos herdeiros dos direitos de publicação.

Da sacola de compras, escolhi para analisar alguns livros cujo ritmo, cadência e produção de imagens (verbal e visual) surpreenderam como fenômeno poético. *Pois ia brincando* (Dedo de Prosa), de Gil Veloso, com ilustrações de Alex Cerveny, foi um dos que mais me encantaram. Há nele especial habilidade na construção das imagens, uma brincadeira com os significados das palavras em que tudo se transforma em jogo de linguagem, sem menosprezar a inteligência dos muito jovens.

Creio que mesmo um leitor mais cultivado se renderá a versos como em "Metamorfose": "Sobre a vereda/ o lepidóptero voa;/ quando lagarta, habitava casulo de seda./ Cumpriu sua meta,/ hoje alimenta-se de néctar,/ bela e lépida borboleta". Ou à aparente simplicidade de "Se me for dado ser rosa ou rei,/ rosa serei". O livro tem formato tradicional, os desenhos de Cerveny acompanham o sentido de economia dos meios, sendo enxutos, em preto e branco.

**SEDUÇÃO** – Fui surpreendida por *Haicais para filhos e pais* (Galerinha Record), de Leo Cunha, com ilustrações de Salmo Dansa. "Menino ou menina/ Na tela do ultrassom/ termina a novela", e "mãe coruja ouviu/ e mandou emoldurar/ o primeiro pio". Organizador de *Poesia para crianças – conceitos, tendências e práticas* (Positivo), ganhador do Prêmio FNLIJ na categoria Livro Teórico, Cunha mostra para seus pequenos e jovens leitores ser a linguagem jogo, sedução do brincar, atrevimento. Caminho que percorreu em *Arca de Noé – uma história de amor* (Nova Fronteira), ilustrado por Gilles Eduar, a ritmada e saborosa versão que criou para a história bíblica.

*Poesia dos pés à cabeça* (Paulinas), de Adriano Bitarães Netto, com ilustrações de Rubem Filho, é um dos raros da safra desse ano. Nele, o apelo ao lúdico é quase excedente, mas há inventividade. Por exemplo, o tradicional tema da chuva – que desde Oswald de Andrade inspira nossos poetas ("Chove chuva choverando...") – é apresentado com as estrofes na vertical, como se a água caísse na página. Palavras terminam também por desenhar um guarda-chuva.

Tentei restringir a análise à produção de nomes não tão consagrados pelo circuito tradicional. Mas fui capturada por pequeno livro de autora que leio e aprecio desde muito jovem. *Poesia d'água* (Rovelle), de Sylvia Orthof, também ilustrado por ela. Dedicado ao seu segundo marido, Tato, o livro póstumo da escritora se mostra belo exemplo de que a poesia, quando capaz de provocar emoção, pode ser endereçada a diferentes públicos. Também sobre a chuva, ela disse: "Neste papel,/ choveu o céu./ Depois, piquei/ e soprei./ Quanta estrela fabriquei?".

4 de junho de 2014

# Modos de narrar

No balanço dos lançamentos de maio e começo de junho, escolhi quatro livros de literatura infantojuvenil para analisar. Todos trazem narrativa verbo-visual e se baseiam nas estratégias do conto. Podem ser lidos individual e silenciosamente, mas também funcionam muito bem como textos para ser escutados, privilégio de quem vive rodeado pelos que amam o prazer de compartilhar a leitura. Têm caráter breve e, com narrativas ancoradas na expressão afetiva, facilitam o envolvimento do leitor nas tramas construídas.

São eles: *O gato*, de Bartolomeu Campos de Queirós, ilustrado por Anelise Zimmermann, lançado pela Paulinas; *Fábula urbana*, de José Rezende Jr., com ilustrações de Rogério Coelho, da Edições de Janeiro; *Quando Blufis ficou em silêncio*, de Lorena Nobel, Gustavo Kurlat e Marina Faria, lançamento da Companhia das Letrinhas; e *O leão filósofo, Serafim e outros bichos*, de Marlene de Castro Correia e ilustrações de Marina Papi, editado pela Pequena Zahar.

O conjunto também atraiu pela maneira de tratar a autoria das imagens em suas capas. Em *O gato*, a ilustradora ganha destaque pouco menor que o do autor da narrativa verbal. *Fábula urbana* e *Quando Blufis ficou em silêncio* não diferenciam explicitamente quem é o autor do verbal e o do visual. No caso do primeiro, a sutileza da definição se dá no uso das cores, o nome do autor da prosa aparece em cor preta e o do visual, em tons terrosos, divisão mantida no interior do volume. No segundo, somente ao ler a ficha catalográfica – hábito dos mais instrutivos –, o leitor conhecerá a autora das ilustrações, pois na capa autores e ilustradora aparecem juntos. No livro sobre o leão, o macaco e outros bichos, a autoria da ilustração desaparece da capa, só vindo a ser mencionada na folha de rosto.

**RECONHECIMENTO** – As capas demonstram a importância que a autoria da ilustração adquire no conteúdo do livro. Cada vez mais se torna importante observar como ocorrem o tratamento da imagem visual e, consequentemente, o reconhecimento do trabalho do ilustrador. Se, antes, a ilustração funcionava com função quase decorativa e os ilustradores pouco apareciam, hoje, eles são considerados coautores, em alguns casos, inclusive, em termos contratuais. Muitas vezes, é a imagem visual que define tensões da narrativa, ao produzir efeitos inesperados.

É o caso de *Fábula urbana*, em que o tratamento igualitário aos dois autores reflete o conteúdo interno, na medida em que o traço do ilustrador acrescenta força e novidade ao escrito. Embora tradicionalmente as fábulas digam respeito a narrativas com seres não humanos, a história tecida por José Rezende Jr. versa sobre o encontro de um garoto pobre com um homem de terno, em um shopping center, e o estarrecimento do adulto quando a criança pede que lhe compre um livro. Na relação verbo-visual, jogos de sombra alternam a mancha do texto, com agilidade e provocação. Rogério Coelho, que fez uso de formas geométricas e colagens, criou universo em que as duas personagens habitam um mesmo mundo, mas muito diferenciado pelos seus pertences e sonhos.

O uso da palavra "fábula" no título e o desenrolar da narrativa podem levar o leitor a pensar se as condições de vida do menino e as formas de agir do homem são realmente humanas. O texto de José Rezende Jr., bem construído, segue o sentido das fábulas primordiais, apresentando valor moral, pois implicitamente permite a reflexão sobre temas como a invisibilidade social, o abandono infantil, a mendicância das crianças e a insensibilidade de muitos adultos.

A prosa poética de Bartolomeu Campos de Queirós, autor dos (meus) mais queridos no cenário da literatura infantojuvenil do país, recebe precioso tratamento nas mãos de Anelise Zimmermann. O livro perfaz todo ele poesia. A rica iconografia das imagens acompanha em pé de igualdade a narrativa aconchegante sobre o diálogo entre o gato e a lua. Macia e silenciosamente, o enamoramento se desenvolve, não poderia deixar de ser, no meio do escuro. Eles se aproximam pelas palavras e descobrem que "sentimos saudades do que foi precioso".

As texturas delicadas, as cores habilmente compostas pela ilustradora criam maneira de apreender o campo narrativo textual em que as imagens geradas pelas palavras ganham maior densidade. As ilustrações são capazes de desencadear no leitor novos sentimentos, outras palavras, talvez a continuação da estória. No requinte do projeto gráfico, assinado por outro ilustrador, no caso André Neves, em conjunto com Zimmermann, as páginas são preenchidas com beleza e economia. Desconfio que o livro póstumo de Queirós, morto em 2012, assim como muitos outros de sua vasta produção, fará carreira de sucesso!

**RECURSOS** – A narrativa de *O leão filósofo, Serafim e outros bichos* segue o modelo das fábulas. Os bichos transgridem normas do zoológico e se reúnem à noite para contar histórias, revelar segredos e se conhecerem. Marlene Correia apresenta prosa fluída. Mas as ilustrações adquirem pouca importância ao longo da narrativa. Talvez fossem mais apropriadas para um livro de maiores dimensões, em que elas poderiam se soltar nas páginas. E os recursos se repetem: por exemplo, por ser considerado sábio, o leão tem a juba montada com recortes de livros. A mesma solução aparecerá no desenho do papagaio, que fala muito e é capaz de traduzir a língua dos animais para os homens.

*Quando Blufis ficou em silêncio* foi elaborado a partir de conto de autoria de Mariela Nobel e Vania Vieira. Não fica claro se esse conto foi publicado ou se trata de inédito que habita a memória dos autores do texto agora editado. Lorena Nobel e Gustavo Kurlat recuperam a narrativa sobre Nina, garota que coleciona coisas as mais inusitadas, como espirros e rugas, e descobre que os habitantes de Blufis estão perdendo o sono. Entre peripécias e conversas, ela e seus amigos resolvem "desdomir" pessoas. Lúdica, a narrativa traz aspectos metaliterários ao citar trechos de *Alice no País das Maravilhas*, apresentando originalidade sem tentar direcionar o leitor para um sentido instrutivo.

Com capa dura, se trata de obra luxuosa, a mais longa entre as analisadas, e traz ao final um dicionário da língua inventada pelas personagens. Nele, aprendi ser "dormisseiro" sinônimo de travesseiro, "fotar" o mesmo que fotografar, além de outras invencionices. Crianças gostam de criar palavras, dar novos sentidos ao que vivenciam, nelas a linguagem ainda não coagulou. A marca de qualidade de *Blufis* está também no uso desse efeito, que ajuda a criar narrativa inserida no linguajar contemporâneo dos leitores muito jovens.

Só há pequeno senão: a protagonista gosta de escrever e as páginas onde se desdobra poderiam ter recebido tratamento mais próximo da caligrafia de sua idade. Organizado, linear como foi apresentado, faz com que se torne difícil acreditar que é o diário de uma menininha de nove anos. Em qualquer texto, e em que qualquer modalidade de narrativa, visual ou verbal, suspender dúvidas sobre a verossimilhança da personagem ajuda a tornar a estória internamente mais coerente.

Além de todos os aspectos abordados, houve um ponto em comum aos quatro livros que me fez escolhê-los para avaliação. A correção para com a norma linguística, com o uso de vocabulário rico, capaz de ampliar o repertório de seus leitores preferenciais e atrair aqueles que já possuem domínio maior do português. O respeito à norma da língua, sem pedantismo, e em dicção imagética elegante, costuma elevar a qualidade.

10 de junho de 2014

# Cansei do "eu"

O título soou estranho? Foi a maneira que encontrei para expressar o desconforto com o excessivo uso do ponto de vista de narradoras em primeira pessoa em romances dedicados ao segmento infantojuvenil. Se colabora para estabelecer certa sensação de proximidade, essa opção reforça sobremaneira a personalidade das protagonistas e, como muitas vezes, elas apresentam voz que beira ao fútil, a leitura se torna enfadonha para leitores mais experientes.

Dos cinco livros de ficção infantojuvenil que li, quatro recorrem à personagem-narradora e um resulta da voz de um narrador em terceira pessoa onisciente, estratégia e também narrativa que surpreenderam pela diferença e está excluída desta avaliação geral. Três das obras foram enviadas ao *blog* por editoras ou autores. As outras duas, compradas com a ajuda de jovens na faixa dos 18 anos que se encontravam em livraria paulista em busca de leitura para as férias. Todas lançadas em 2014. Quanto à autoria, as cinco levam assinatura de mulheres.

Deixarei de mencionar autoras, títulos, editoras, pois acho que a crítica a obras que têm personagens como narradoras pode ser ampliada para boa parte da produção que se faz no país no segmento direcionado ao gênero feminino. Concentrarei minha atenção na competência daquele que lê, por acreditar que leitores mais exigentes forçam a existência de narrativas mais belas. Penso ainda ser melhor a companhia/leitura de qualquer livro do que a ausência total da ação de ler. Ainda mais em um país em que a média de livros lidos por ano, entre os estudantes de 5 a 17 anos, é de 3,41 obras e, entre não estudantes, cai para 1,13 títulos, segundo a Pesquisa Retratos da Leitura no Brasil.

**INFLAÇÃO** – Lançar mão do narrador em primeira pessoa faz-se comum em obras dedicadas a crianças e adolescentes. Mas essa estratégia pode ser utilizada de maneira mais elaborada, inclusive com a introdução de fluxos de consciência. A personagem que narra pode ainda propiciar jogos de identificação, capazes de provocar o afastamento ou a adesão do leitor, dependendo da situação vivenciada. A questão é que, nessa inflação do pronome pessoal da primeira pessoa em feminino, se desenrolam estórias lineares, com personagens-narradoras quase chapadas, pouco capazes de provocar surpresas com seus pensamentos e suas ações. Nada de gestos insolentes, menos ainda de revoltas diante de contradições da existência.

O reflexo de tanta personificação do "eu" transfere-se para a questão gramatical. Nossa língua, diferente do inglês, permite que o sujeito de uma frase seja oculto. Se o "eu" estiver enunciado anteriormente, será recomendável suprimi-lo nas sentenças seguintes de um mesmo parágrafo. Parece que autoras e equipes de revisão esqueceram-se dessa marca de elegância, que também é provocação à capacidade de concentração do leitor, e repetem o "eu" em um mesmo parágrafo de maneira cansativa.

Da redução gramatical passa-se ao engessamento imagético. No mundo da ficção, a liberdade para criar e imaginar pode ser gigante. Como ler romances sobre gente entre 13 e 23 anos (a adolescência se alargou!), em que a protagonista não passa por qualquer grande questão existencial – a morte, a religião, o sexo, ou, para ser um pouco mais contemporânea, até mesmo a sustentabilidade do mundo? São essas jovens personagens isentas de viver crises? Não fazem parte do discurso delas o inusitado, a desordem? Mas são capazes de ir às raias de uma briga física, com narrativas apresentando trocas de tapas entre meninas por motivos tolos.

Também grave: há, de modo geral, forte idealização da personagem masculina. Ele tem olhos azuis, no máximo, verdes, e dorso de Apolo. A ficção tudo pode, sabemos, mas é esquisito buscar tal ideal em narrativas ambientadas em um país, o Brasil, em que predominam fenótipos entre o castanho e o preto e corpos distantes do ideal grego. São meninas-moças, em amadurecimento tardio, que orbitam na classe de média a alta, desconhecem a pobreza, até mesmo por não se preocuparem com a coletividade. Quando com ela se deparam é por ação externa, por força do trabalho ou da escola.

Elas podem sofrer até sequestros, mas no dia seguinte estão arrumadas, como se nada tivesse lhes afetado. Não leem romances que possam lhes apresentar outros modos de viver. Citam muita música – do rock ao sertanejo universitário – e alguns filmes, mas nenhuma referência às artes plásticas, ou uma ida a museus, assim como não buscam usar a ferramenta que tanto amam, a internet, para ampliar visões. Esta funciona apenas para troca de mensagens e parte ilustrativa de alguns dos livros.

**AUTOCENSURA** – Como encarar personagens que, ao penetrarem nas teias da sexualidade, se referem à relação sexual como "fizeram coisas", indício de autocensura ao que deveria ser natural entre jovens atraentes e atraídos? Ou que emitem juízo de valor negativo sobre moças sexualmente mais arrojadas? Como conviver com personagens impossibilitadas até de falar palavrões, pois aparecem aqueles *# nos desabafos da raiva? O estranho é que essas narradoras-personagens podem cometer desvios éticos, como passar por cima de um colega, mas tais comportamentos são absolvidos sob a pecha de inocência e ingenuidade.

Reflito se esse que me parece um modo equivocado de ser politicamente correto resulta das compras em massa de livros feitas pelos programas de leitura governamentais, que tendem a se orientar para o bem-comportado de maneira a não provocar a ira das famílias e até de educadores na difícil tarefa de lidar com adolescentes. Nesse ponto, considero parte da literatura infantil brasileira mais ousada, com personagens mais questionadoras, que quebram o pensamento homogêneo com a inteligência do humor, alguns até mesmo de ironia, e para isso contam também com o efeito da ilustração.

Pergunto-me até que ponto esse direcionamento das narrativas centradas no feminino reflete universo simbólico empobrecido, destituído de eletricidade poética, reflexo de uma realidade ultranarcísica. Ou, pior, se esses livros que se assemelham a manual de comportamento são nova forma de domesticar "as princesas". Pode ser preconceito, mas eles me lembram séries de livros populares nas décadas de 1970 e 1980, intituladas

*Bianca*, *Julia* e *Sabrina*. Romances de leitura rápida, superficiais, com enredos semelhantes entre si.

Essas narradoras falastronas de hoje provocaram efeito colateral. Evocaram sujeito-narrador-personagem mais complexo, o Alexei Ivanovich, de Dostoiévski, de *O jogador*. A leitura de tal narrativa ainda na adolescência não significou adesão a jogatinas. Apenas exemplificou que personagens mais arriscadas, menos comportadas, dispostas a empreender viagens verticais ao reino do ser, podem ser passo enriquecedor para gerações de leitores. Gente da ficção como Alexei – poderiam ser também nossas personagens-narradoras com um pouco mais de elaboração – deixa entrever que, se arte e, em especial, literatura têm alguma função, sempre foi a de apresentar diversificados jogos do vir a ser.

8 de julho de 2014

# Romance entre irmãos

Uma das mais fortes obras centradas no universo juvenil produzidas na Europa nos últimos anos chega ao Brasil. *Proibido* (Valentina), da anglo-japonesa Tabitha Suzuma, será lançado durante a Bienal do Livro de São Paulo, em agosto. A narrativa, centrada no tema do incesto, tem como personagens principais os irmãos Lochan e Maya e se desenrola em um bairro pobre da Londres contemporânea.

O livro ganhou importantes premiações desde seu lançamento em 2010 pela Definitions/Random House, entre eles o Prêmio Especial Cariparma para Literatura Europeia e o britânico Young Minds Book Award, destinado a obras que se preocupam com o bem-estar emocional e a saúde mental de crianças e jovens. Transposto para outros seis idiomas, *Proibido* é normalmente indicado para adolescentes próximos aos 14-16 anos, mas no Brasil deverá atrair leitores mais velhos.

Segundo Rafael Goldkorn, da Valentina, a compra dos direitos autorais foi desencadeada por provocação de internautas, que, em comentários nas redes sociais, indagavam se alguma editora brasileira teria coragem de publicar o livro. O resultado aparecerá com tradução de Heloísa Leal e capa assinada pelo ilustrador Raul Fernandes.

**VERSÕES** – O uso da primeira pessoa-protagonista é o ponto de vista adotado por Suzuma. Só que duplicado e intercalado, pois a cada capítulo temos a versão de cada um dos irmãos para o perturbador roteiro que encenam. Vozes que começam com claras marcas de distinção e, aos poucos, quase se assemelham, o que faz a narrativa perder parte do ritmo, reflexo da exacerbação das crises de identidade.

Cinco filhos habitam lar disfuncional. O pai mudou-se para a Austrália e os esqueceu. A mãe, alcoólatra e regredida, se preocupa apenas com o namorado. Maya e Lochan, os mais velhos, assumem as funções parentais. Às vezes, precisam exercer a "maternagem", protegendo também a mãe de seus excessos. Perseguidos pelo medo de que a assistência social leve todos para o serviço de adoção, os dois se empenham nas tarefas familiares.

O excesso de intimidade, que em suma é o incesto, reflete a preponderância desse espaço familiar na trama. Configurado pela autora quase como um espaço natural em contraposição ao mundo social, esse núcleo é único refúgio para acalmar as dores do abandono afetivo e financeiro. No caso de Lochan, também da ansiedade social que dificulta sua comunicação com os outros e desemboca em crises de agressividade, angústia, pânico e automutilação.

A construção das personagens masculinas ganha das femininas. Convivem em Lochan traços heroicos no esforço para proteger os irmãos, no excelente desempenho escolar, na inteligência prática aguçada e no altruísmo (ou seria depressão?), que o leva à decisão derradeira, outro tema de difícil abordagem. O irmão do meio, desafiador no uso de drogas, irritante provocador, surpreende com ações decisivas. Os outros, muito pequenos, menina e menino, são coadjuvantes.

Já a configuração do feminino apresenta menos complexidade. Maya é apaziguadora, protetora e linda. Pouco se altera ao longo das páginas. Um ano e três meses mais nova que Lochan, que completa 18 anos no desenrolar da narrativa, ela não aceita o caráter ilícito do relacionamento, por entendê-lo consensual, e questiona o irmão, que tem algum conhecimento – mas não convicção – das leis que regem a sociedade.

**ILUSÃO** – Sabendo ser o pai deles poeta doutorado, é facultado supor que a escolha de seus nomes tenha sido sugerida pelo ente ausente e, conhecendo um pouco da tradição hindu, novas associações surgem após a leitura. Maya, em sânscrito, significa ilusão, e é entidade que tem o poder de cegar com esse véu sutil. Ao ser o único apoio de Lochan desde tenra idade, a personagem Maya é também o principal obstáculo para que ele amadureça, por ser sua fixação amorosa. Lochan, por sua vez, na mesma língua oriental, significa olho. Na narrativa inglesa, representa o único familiar que soube pousar o olhar na menina.

Desde tempos imemoriais, a humanidade se nutre de mitos e lendas que abordam o desejo consanguíneo. Na cosmogonia japonesa, terra de ancestrais de Suzuma, os irmãos Izanagi e Izanami são o exemplo. No relato antigo, suas identidades se tornam complementares e o par da infância se transforma em casal. Têm por missão consolidar a terra, mas seus primeiros filhos nascem problemáticos, o que pode significar a preocupação com herdeiros advindos de cruzamentos endogâmicos.

Na ficção contemporânea, o discurso que predomina em Maya, que é menor de idade, reproduz discussões pertinentes ao tempo presente, em que o incesto entre adultos deixa de ser encarado como tabu para ocupar a posição de tema controverso. Ela insiste no direito da liberdade amorosa-sexual. Houve momentos em que me emocionei com sua ênfase repetitiva e a ausência nela de um universo simbólico passível de apaziguá-la. A suspensão da descrença foi tão forte que tive vontade de niná-la com cantiga da infância, que diz: "Terezinha de Jesus/ de uma queda, foi ao chão./ Acudiram três cavalheiros,/ todos três chapéu na mão./ O primeiro foi seu pai;/ o segundo, seu irmão/ o terceiro foi aquele/ que a Teresa deu a mão".

O achado narrativo de Suzuma resulta da capacidade de lidar com temas árduos de maneira orgânica e impressionante delicadeza. Alternando ritmos mais lentos, com outros que se assemelham a cortes de edição, a tensão vivida pelas personagens os aproxima dos leitores. Até mesmo daqueles com dificuldade para enxergar, na questão do incesto, qualquer conciliação, ainda que trágica.

15 de julho de 2014

# A desordem das fichas

á uma confusão estabelecida no reino das fichas catalográficas em obras de literatura infantil e juvenil no país. Parte da desordem deve-se às mudanças ocorridas na sociedade no último século, que tornaram mais precoce a entrada na adolescência e, ao mesmo tempo, estenderam esse período. A indistinção nas fichas, que são a carteira de identidade de cada livro impresso, quanto ao que é pertinente a cada uma dessas faixas etárias, também atende ao objetivo de autores e editoras de tornar mais elásticas as faixas do mercado.

Meu contato mais íntimo com o objeto livro se inicia pela ficha catalográfica, que é uma exigência legal. Ao final de uma leitura, costumo regressar à informação original para conferi-la. Gosto de pensar qual o público preferencial a que se destina o lido: se infantil, juvenil ou, palavra mágica, infantojuvenil. Esta última classificação, que é a justaposição das duas faixas, tem sido usada de maneira tão exaustiva, me levando a crer, ironicamente, que os segmentos infantil e juvenil, em separado, no Brasil, estão em vias de extinção. Ou será que infância, puberdade, adolescência e juventude estão se tornando uma só faixa etária?

Acredito que essa informação, necessária à catalogação de obras, tem ainda muita utilidade na orientação de qualquer leitor, mas, especialmente, de professores, pais e demais mediadores no momento de escolha de um livro para os mais jovens. Impossível pensar em ficha catalográfica como instrumento de censura. Ela pode servir como indicativo sobre a faixa prioritária de leitores, que pode ser ampliada a depender do gosto de cada um. Há adultos, e são muitos, aficionados por livros destinados à primeira infância. Como existem crianças leitoras precoces que se aventuram com livros mais próximos do universo juvenil e até mesmo adulto.

A questão é que o excessivo uso do termo "infantojuvenil" pode fazer com que intermediários menos afeitos ao universo editorial – e é o caso de grande parcela da população brasileira – se afastem de algumas produções por ficar subentendido que tal livro é orientado para público um pouco mais experiente com a leitura. Ou o contrário, o que também é péssimo: a palavra-chave "infantojuvenil" pode levar à compra de livro mais exigente para ser entregue a leitores ainda em fase de aquisição dessa aprendizagem, vindo a provocar desestímulo.

**ALFABETIZADAS** – O delicado título *Os rabiscos do mundo* (Galerinha), de Ricardo Benevides e ilustrações de Guto Lins, é preferencialmente, em minha opinião, focado (vamos à palavra da moda) em crianças pequenas, recém-alfabetizadas. Tanto o texto ágil, melódico, como os desenhos, que são rabiscos poéticos, indicam aproximação ao leitor muito novo. Seria um caso de classificação como infantil? Creio que sim. A partir daí, qualquer outro leitor poderia seguir adiante.

Imagine um mediador que decide se orientar apenas pela ficha catalográfica dessa obra, cujo trecho diz "Aviões desenham no ar./ E as gaivotas rabiscam a água para pescar./ Cachorros rabiscam o chão./ E passarinhos, rabiscam? Talvez sim, talvez não", e é acompanhado da colorida imagem de balões. Ele poderá deixar de comprá-la por acreditar que é para um público mais experiente, por ser classificado como infantojuvenil. Na pressa que regula as relações sociais da atualidade, se faz raro o leitor dotado de calma para folhear páginas de um livro a ser adquirido. Então, a informação da ficha pode ser importante na decisão.

É curioso tentar saber se a palavra "infantojuvenil" tem o mesmo peso quando usada em um livro como *Devagar & Divagando* (Rocco Pequenos Leitores), de Flávio Carneiro e ilustrações de Flávio Fargas, a ser lançado durante a 12ª Festa Literária Internacional de Paraty (Flip). A começar pelo título, que levanta considerações sobre o sentido das palavras que dão nome às amigas, uma tartaruga e uma vaca, e também sobre vínculos entre lentidão e reflexão, a narrativa verbo-visual está mais próxima do leitor em transição da infância para a puberdade, estando adequada sua orientação na ficha como infantojuvenil.

A ampliação possibilitada pelo termo "infantojuvenil" também se aplica a *Contos e poemas para ler na escola* (Objetiva), com textos, a maior parte inédita, de Bartolomeu Campos de Queirós, selecionados por Ninfa Parreiras. A classificação está apropriada porque, ao final, o livro tem poemas claramente aproximados do universo dos pequenos ("Entre penas,/ preso em asas,/ faço-me pássaro/ e passo"). Mas apresenta também reflexões sobre a literatura e a leitura, apresentadas sob a forma de belas metáforas ("Por muitas vezes tenho afirmado que as palavras são portas e janelas. Se me debruço e olho, inscrevo-me na paisagem.") que atrairão leitores mais treinados com a decifração dos significados.

**SUBCLASSIFICAÇÃO** – Radicalizo a questão. Romances voltados para leitores mais velhos em termos etários, aqueles no final da adolescência, costumam aparecer sob a marca apenas do "infantojuvenil", sem nem mesmo a subclassificação que aparece em algumas fichas e indica o juvenil como segundo critério. É o caso de *Não se apega, não* (Intrínseca), de Isabela Freitas, típico *checklist*, nome popular para livros destinados a mulheres, que remete a questões inerentes às jovens em fase de escolhas amorosas e sexuais (a protagonista tem mais de 20 anos).

Nesse caso, em que a narradora recorre à conhecida estratégia de falar em primeira pessoa sob a forma de personagem que tem o seu mesmo nome, a ficha catalográfica se faz essencial também para definir que se trata de ficção. É que o texto, jorrado em torrente, se assemelha a confissões feitas em um diário, o que pode confundir leitores desconhecedores das artimanhas ficcionais. Quanto à classificação, seria adequado que fosse mais especificado, considerado como juvenil. Outra saída seria adotar ficha semelhante à da obra *Gosto de você assim* (Fundamento), de Francisco Guingui, tradução de Carla Canepa, *best-seller* italiano do mesmo gênero, identificado como infantojuvenil e, logo abaixo, como juvenil.

A classificação de uma obra como orientada para o juvenil, especificamente, sendo rara, merece ganhar elogio. *Arco-íris em preto e branco* (Dimensão), de Nara Vidal com ilustrações de Suppa, se centra no universo de uma menina de 15 anos que se sente deslocada por não ter o mesmo padrão de beleza e de comportamento de sua geração. A clareza da classificação aponta aos leitores o universo a que se dedica em primeiro momento, mas não impede a fruição por qualquer leitor mais jovem em faixa etária e, no entanto, melhor capacitado nos caminhos da leitura.

Algumas editoras passaram a seguir o exemplo norte-americano, explicitando na ficha apenas que se trata de obra de ficção, sem detalhar a especificação. Algumas vezes, acrescentam a expressão jovem leitor, que podemos entender como semelhante ao nosso juvenil. Atentas à linguagem dos símbolos virtuais, outras inserem na contracapa figuras-símbolos do tipo de narrativa. Opção do selo #irado (Novo Conceito), no *best-seller Caçadores de tesouros*, assinado por James Patterson, Chris Grabenstein e Mark Sulman, com ilustrações de Juliana Neufeld. Por meio de carinhas, se descobre que há aventura, humor e mistério. Guias que auxiliam o leitor quanto ao conteúdo, mas se eximem quanto à questão etária.

Para selecionar um livro de acordo com o amadurecimento da capacidade de leitura, leitores podem ser ajudados também pelo nome da editora que lançou a obra. Preocupados com especificações de editais de compra dos governos, que estabelecem limites por empresas, grupos editoriais, principalmente os de maior porte, criaram variados selos, muitos acrescidos da terminação "inha" e/ou dos qualificativos júnior, pequenos, pequena e jovem. Especialização que colabora para definir o público-alvo, mas não torna descartável uma ficha catalográfica bem elaborada.

22 de julho de 2014

# Conflitos urbanos e narrativas indígenas revigoram a literatura infantil

Enquanto boa parte da literatura juvenil produzida no país está ocupada com a autoficção ou em retratar personagens sobrenaturais, autores dedicados ao segmento infantil lançam suas atenções para uma série de questões sociais que afligem o Brasil. Fazem incursão à realidade de mãos dadas ao vigor da fantasia. E alguns deles ainda conseguem trabalhar com tais temas sem precisar explorar um caráter moral ou exemplar em suas narrativas, dando ênfase ao lúdico.

A preocupação com temas sociais no universo destinado às crianças acentuou-se em parte devido a programas de compras governamentais e também privados, que avaliam temas correlatos possíveis de serem trabalhados em sala de aula pelos professores. O estranho é que não se percebe essa mesma ênfase no segmento juvenil, endereçado a alunos do ensino médio, como se no final da adolescência a força do social tivesse menos importância, quando talvez devesse ser o contrário, diante do imperativo de se formarem cidadãos. Mas esse é tema para ser discutido em outro contexto.

Hoje, tratarei de lançamentos recentes enviados ao *blog* que abordam questões nacionais e são destinados, primordialmente, a leitores em processo, mas atingem públicos amplos. Devo confessar que, ao começar a ler o primeiro a chegar, intitulado *O chefão lá no morro* (Autêntica), de Otávio Júnior e ilustrações de Angelo Abu, fui tomada por grande inquietação. O estranhamento quanto ao tema suscitado, o poder de um chefe "que domina o morro armado até os dentes", só arrefeceu quando surgiu a imagem do "chefão" ficcional, que não identificarei para que o enredo não perca parte de sua graça.

**BRUTALIDADE** – Otávio Júnior consegue manter a leitura em clima de suspensão, lidando com temas pertinentes a áreas que vivem o cotidiano em brutal conflito, porém, ao final, ressignifica liricamente uma palavra que carrega em si muito de prepotência e de horror. Angelo Abu constrói o texto visual em tons de terra, indício da precária infraestrutura que desatende moradores de bairros carentes da ação do Estado. Ambos lidam com imaginário que se apega à realidade e, ao mesmo tempo, engendram narrativa capaz de provocar indagações no leitor de qualquer nível de maturidade.

Morador do Morro do Alemão, no Rio de Janeiro, dedicado a pesquisas de promoção da leitura em comunidades, Otávio Júnior já havia lançado, no ano passado, pela mesma editora o título *O garoto da camisa vermelha*, também ilustrado por Abu. Igualmente forte na abordagem de uma troca de tiros em uma favela, a narrativa exibe apelo poético, iniciando-se com a dureza do real: "naquela noite, o céu/ estava avermelhado/ A melodia do grilo/ foi substituída/ por uma velha canção,/ feita de tiros". Da crueza ao sonho, o livro termina por configurar elogio à descoberta de novo mundo, repleto de imaginação, que é o da leitura.

Apresenta outro perfil o livro *Brasil 100 palavras* (Companhia das Letrinhas), assinado por Gilles Eduar, com pesquisa de Maria Guimarães. O ilustrador-autor compõe uma cartografia afetiva dos biomas brasileiros. Em formato de álbum, ou, melhor, de um atlas, o volume inverte a ordem tradicional de um livro. Primeiro, o leitor toma contato com as imagens. Somente depois são apresentados pequenos textos, quase verbetes, que discorrem sobre a diversidade dos elementos que habitam os ecossistemas brasileiros. Assim, o título brinca com a ausência inicial de palavras, ao apresentar em ilustrações 100 elementos de nossa flora e fauna.

Longe de ser obra ficcional, transparece muita criatividade na forma como Gilles Eduar desenha macacos bugios, saíras-sete-cores, frangos-d'água-azul, suçuaranas e vários outros animais e vegetais, alguns desconhecidos para grande parte dos brasileiros. Os textos, baseados nos conhecimentos científicos da bióloga Maria Guimarães, são permeados de lirismo lúdico, mesmo sem recorrer ao ritmo das quadras e dos versos, que é estratégia recorrente em livros destinados à infância: "Descansando à vontade em cima de uma árvore, a iguana talvez pense que é passarinho. Mas é um lagarto, e às vezes é chamada até de camaleão".

Intuo que a formação cultural de Eduar, nascido no Brasil, filho de franceses e tendo vivido na terra dos seus ancestrais, possa ter interferido para criar uma paleta de cores que é viva, mas não necessariamente intensa, como normalmente é retratada nossa natureza por grande número de ilustradores nacionais. A inserção dos animais e das árvores nos biomas da Amazônia, Caatinga, Cerrado, Pantanal, Mata Atlântica e Pampas se faz de maneira cálida, divertida, e porta convite mais à contemplação do que à ação.

**INDÍGENAS** – A questão dos povos indígenas tem sido bastante explorada em novos títulos. *Kurikalá e as torres de pedra* (Salamandra), de Tino Freitas e ilustrações de Lúcia Brandão, tece a história de um menino caboclo (filho de homem branco com indígena Karajá) em introspeção lírica para interagir com recursos naturais que lhe rodeiam. Ele aprende com as experiências de seu avô, com a observação dos ciclos da natureza e, inclusive, com a ambivalência da força construtiva-destrutiva de determinados tipos humanos.

Embora tenha aberto mão do humor característico em suas obras dedicadas ao segmento infantil, Tino Freitas consegue elaborar a narrativa com dicção afetiva e sem apelar ao didatismo. O narrador onisciente, em terceira pessoa, fornece informações sobre a personagem Demócrito Kurikalá aos poucos, possibilitando ao leitor montar o perfil do menino: abandonado pelo pai, que lhe deixou único e precioso ensinamento ao lhe explicar que é o riso que torna o homem sábio, ele é criado pela mãe, artesã de bonecas, e pelo avô materno. Se o texto verbal é hábil na elaboração das cenas, o visual aparece muito simplificado, quase reiterativo do primeiro.

*Um dia na aldeia* é o nome da mais nova coleção lançada pela Cosac Naify em parceria com a Vídeo nas Aldeias, escola de cinema para povos indígenas. Cada um dos livros editados segue acompanhado de um DVD, que contém vídeo feito por indígenas cineastas e protagonizado por crianças desses povos. Edição bilíngue (em português e na língua de cada uma das aldeias escolhidas), livros e DVDs abordam o universo dos povos Wajãpi, que habitam o Amapá e Pará; Ikpeng, radicados em Mato Grosso; e Panará, situados em Mato Grosso e no Pará, mais conhecidos como Krenakore, que significa "índios gigantes".

A coleção tem a previsão de seis volumes e recebeu patrocínio da Petrobras. Os três que chegam ao mercado foram ilustrados por Rita Carelli, que também assina a adaptação de dois desses títulos. São eles: *A história de Akykysia, o dono da caça – um dia na aldeia Wajãpi* e *Das crianças Ikpeng para o mundo – um dia na aldeia Ikpeng*. O último ganhou adaptação de Ana Carvalho e se intitula *Depois do ovo, a guerra – um dia na aldeia Panará*, sendo o que mais me agradou. Os filmes relativos às três aldeias foram dirigidos, respectivamente, por Dominique Tilkin Gallois e Vicent Carelli; Natuyu Yumipó Txicão, Karané e Kumaré Ikpeng; e, o último, por Komoi Panará.

**HUMOR** – Além do processo de elaboração dos vídeos, o diferencial da coleção está na revelação de novas narrativas e modos de ficcionalizar pertencentes ao nosso vasto mundo indígena. Como, por exemplo, a ficcionalização de conflito armado real travado entre os Panará e os Txucarramãe, vencido pelos segundos. No livro adaptado por Ana Carvalho, a história contada pelas crianças configura revanche lúdica, pois nela são os Panará que terminam derrotando os Txucarramãe com "golpes de borduna, correria e muito riso", durante batalha na mata. Se alguém ensinou a crianças que a índole do povo brasileiro é pacífica, a versão indígena ajuda a reconfigurar a história. Melhor ainda: com a sabedoria do humor alegre, como podemos conferir na ilustração de Carelli.

A retomada de tensas experiências urbanas e do imaginário de nações indígenas para compor obras da literatura não representa novidade – modernistas alimentaram-se desse veio –, mas pode continuar a ser um dos caminhos para reelaborar nossas vivências sociais e nos fortalecer como produtores de narrativas literárias mais vigorosas. Talvez, por isso, a tradicional Festa Literária de Paraty (Flip), que se inicia amanhã, finalmente, tenha decidido fazer o que o mundo editorial infantil já faz há anos: lançar os olhos sobre a literatura produzida por indígenas. O que será feito quando da realização da mesa em que falará Davi Kopenawa, poeta e escritor Yanomami, autor, juntamente com o antropólogo Bruce Albert, de *La chute du ciel: paroles d'un chaman Yanomami* (Plon/Terre Humaine), lançado em Paris, ainda inédito no Brasil. Que a festa seja deliciosa e a literatura saia dela fortalecida.

29 de julho de 2014

# Protagonistas revisitadas

A releitura de narrativas consagradas permanece como uma das características do segmento infantojuvenil. No mês de agosto, no Brasil e nos Estados Unidos, alguns livros chamaram minha atenção pela maneira como adaptaram o passado. Cada edição inovou em aspectos diferentes, na tentativa de tornar a tradição mais atraente. Outra coincidência observada diz respeito ao fato de que, em todas as histórias lidas, o protagonismo pertence ao feminino.

O leque de leituras contemplou desde inédita biografia de Emília, a boneca criada por Monteiro Lobato em 1920, até versão do clássico *Os três porquinhos,* com a participação de uma porquinha. Incluiu ainda maluquete, em termos plásticos, revisitação do conto de fadas *Cachinhos dourados.* Além de adaptação que recorre à ideia de um almanaque para *O morro dos ventos uivantes,* lançado por Emily Brontë em 1847, e, por fim, uma tecnológica versão de *O mágico de Oz,* escrita por L. Frank Baum em 1900.

Começo por ela, a boneca que encantou e encanta gerações de brasileiros: *Emília – uma biografia não autorizada da Marquesa de Rabicó* (Casa da Palavra), de Socorro Acioli e ilustrações de Wagner Willian. A autora constrói a narrativa a partir de exame detalhado da personagem feito nos livros e cartas de Monteiro Lobato. O leitor passa a conhecer a gênese da criação de Emília, seu desenvolvimento e suas aventuras.

Destemida, atrevida, provocadora e alucinada, Emília não tinha, ainda bem, a intenção de ser boazinha. Sua liberdade de pensamento e ação, aparente contradição para a condição de boneca, a levou a viver as mais mirabolantes histórias, todas condensadas por Acioli em texto ágil e divertido. Wagner Willian desenhou a boneca em diferentes formatos, mas sempre com os olhos muito redondos. Ele tentou, assim, capturar diferentes imagens que Emília teve em livros, na televisão e no cinema.

Claro que gostei de ler a biografia de uma das minhas heroínas da infância. Mas, sendo Emília quem era, fiquei um pouco chateada com uma informação presumida pela autora. Na apresentação, Acioli alerta ao leitor que, se Emília não gostar do que ler, será uma confusão, pois poderá mandar recolher a edição. Não acredito que a bonequinha, que era exigente e mandona, mas não policialesca, fosse se portar à maneira do cantor Roberto Carlos, que proibiu a circulação de uma biografia que não pode controlar.

**TECNOLOGIA** – Vamos agora à outra garotinha, essa dona de uns sapatos vermelhos objeto de desejo de muitas meninas. Os livros assinados por Rufus Butler Seder costumam recorrer à *scanimation*, técnica por ele criada e utilizada em *The wizard of Oz* (Workman Publishing), versão ainda sem tradução no Brasil. O artista – misto de inventor e cineasta – oferece a leitores que já possuem algum repertório a possibilidade de controlar o tempo e a forma de movimentação das cenas de uma narrativa. Funciona como cinema em papel graças ao jogo de ilusão obtido em imagens inseridas em um acetato listrado.

As imagens em movimento, inseridas nas páginas ímpares, evocam o filme homônimo lançado há 75 anos, dirigido por Victor Flemming. Nas páginas pares, aparecem apenas ilustrações de personagens, a começar pela da protagonista do referido filme, a atriz Judy Garland, e o texto verbal, que se divide nas cores vermelho e preto. Na somatória do retorno ao passado – o livro, o filme, a ilustração e a técnica do cinetoscópio –, a obra de Rufus mostra o quanto o objeto livro se beneficia da convergência dos meios de comunicação.

A tecnologia usada por ele demonstra que o livro impresso permanece como campo de experimentação, sendo capaz de se aproximar bastante de uma tela de computador. Além disso, a obra de Rufus também pode ser elogiada como exercício de edição e adaptação. Ele reduz a narrativa a dez cenas essenciais e os cortes feitos não prejudicam a beleza da história da menina Dorothy em meio aos ciclones do Kansas.

**ALMANAQUE** – A proposta da FTD ao lançar releitura de *O morro dos ventos uivantes*, com tradução e adaptação de Ligia Cademartori, se concentra no oposto, pois reina a palavra na edição dirigida, prioritariamente, a estudantes do ensino médio. Apenas três pranchas em página dupla, assinadas por Paula Mastroberti, ilustram a narrativa, que ganhou versão primorosa. Cademartori tomou o cuidado de eliminar excessos, em especial o das marcas temporais, sem inventar aproximação forçada ao presente. O efeito obtido aguça o drama da perda amorosa vivida por Catherine e Heathcliff, e o torna ainda mais atemporal.

A adaptação faz parte de coleção destinada a oferecer à juventude um primeiro contato com clássicos. Um dos seus diferenciais está na apresentação inicial de informações textuais e visuais sobre o universo que envolve a obra de Brontë. São oferecidos vários subtextos que ajudam a contextualizar o narrado e terminam por se assemelhar aos *hiperlinks* da era digital. Tenho um senão à edição: há excesso de notas explicativas ao longo da narrativa, em especial no início, que, a depender do leitor, podem interferir no ritmo do lido.

Conhecia *The true story of Goldilocks* (Templar Books), de Agnese Baruzzi e Sandro Natalini, há alguns anos e fiquei contente de vê-la traduzida para o português. Com o título *A verdadeira história de Cachinhos Dourados* (Panda Books), o livro mostra os desencontros entre Cachinhos Dourados e o Menino Urso sob a ótica do humor. A menina supereducada e o ursinho, levado e implicante, se estranham até que ela resolve ensinar boas maneiras a ele. Com capa dura e pontuada pelo tom de ouro, a obra, que recebeu tradução de Gilda de Aquino, está indicada para crianças a partir dos três anos.

**TRIDIMENSIONAL** – Embora haja forte sentido pedagógico na adaptação, ele é contrabalançado pelas ilustrações, que reforçam o lúdico e a capacidade de interação do pequeno leitor. Graças à engenharia do papel, a criança é provocada a abrir a porta da casa dos ursos; tirar o lençol que cobre a protagonista; sentir a textura da lama que o ursinho joga na garota e muito mais. O *design* e o apelo à interatividade são reforçados ao final, quando a garota dourada decide ocupar sozinha a casa da família de ursos, construída tridimensionalmente, no efeito chamado *pop-up*. E, assim, remete à história original de Cachinhos e aos três ursos.

Dos livros analisados, *Os três porquinhos* (Pequena Zahar), dos italianos Giusi Quarenghi e Chiara Carrer, autor e ilustradora, respectivamente, é o que menos novidade apresenta. Eles apenas recriaram a narrativa antiga introduzindo a porquinha no trio. As ilustrações assemelham-se a desenhos infantis, sem grande impacto sobre o narrado. Com tradução de Noelly Russo, a versão contemporânea, entretanto, me agradou por manter o perfil politicamente incorreto do Lobo, conhecido por ser mau, mas não denominado dessa maneira na narrativa. O leitor vai montando o perfil do bichano a partir de situações, como a que ele diz ser o petisco mais suculento do mundo... huuummm... uma pequena porquinha.

As narrativas funcionam como palimpsestos, capazes de ser reelaboradas, adaptadas, reescritas. No mundo contemporâneo, esse comportamento tornou-se mais exigente, pois as revisitações precisam apelar a muito mais recursos, mesmo quando restritas ao mundo dos livros impressos, na tentativa de se tornaram mais convidativas para leitores constantemente tentados pelas telas.

26 de agosto de 2014

# Renovação no juvenil

Nos últimos meses, tenho me dedicado com afinco a pesquisar livros para o público juvenil de teor e construção envolventes, em que o visual também exerça atração. Após ler vários, posso afirmar que o mercado começa a se preocupar mais seriamente em experimentar novidades para o segmento. Encontrei alguns títulos que apresentam realidades diferentes para o jovem leitor.

Todos assinados por autores brasileiros. Romances, contos, coletâneas de crônicas e de contos. Alguns são inéditos, outros, reedições, mas que ganharam força com a ilustração e o projeto gráfico inovador. Os selecionados confirmam ser a literatura porta para a alteridade e não apenas reforço ao narcisismo. As estratégias usadas reivindicam inteligente poética do afeto.

Os livros descobertos em livrarias, alguns enviados ao *blog* por editoras e outros recebidos como presentes também demonstram que editoras nacionais começam a apostar em nomes vinculados à literatura adulta em narrativas para jovens. Está mais do que na hora de renovar o elenco de autoria, de experimentar temas. Ou, mesmo, recuperar escritores do passado que não perderam a atualidade e relançá-los em edições ousadas.

Caso da nova edição dada a *Noções de coisas* (Global), de Darcy Ribeiro e ilustrações de Maurício Negro. Os textos do antropólogo e educador mesclam crônicas com pequenos ensaios sobre temas diversificados. A inteligência não pedante e o humor alegre permeiam as diferentes narrativas, que podem abordar desde o sistema solar, o número zero, as letras, a poluição e os sabichões doutores. O mundo passado em revista com linguagem desafiadora.

**SURPRESA** – Se os textos chamam o leitor à reflexão de maneira agradável, as ilustrações de Negro tornam a edição um primor. Autor também do projeto gráfico e da capa, ele tornou mais vívidas e atuais as narrativas de Darcy. Há uma profusão de soluções imagéticas, tão ricas como os argumentos inesperados do educador para justificar alguns de seus pontos de vista. Antecipo a surpresa e conto uma delas: em "Dinheiro", Negro mistura notas de muitas das inúmeras moedas que o Brasil já teve com árvores, palavras e índios e ainda destaca personagens históricas. Numa imagem, nossa história monetária se condensa em sutileza.

Nascido em 1968, em São Paulo, Negro tem trajetória conhecida, sendo identificado com a construção de narrativas visuais que se relacionam com temas étnicos, socioambientais e mitológicos do Brasil. A escolha de seu nome para trabalhar "em conjunto" com Darcy, falecido em 1997 – sim, creio que a parceria se dá por completo nesse caso –, tornou o livro atraente para leitores adultos também. E, destaco, a edição conseguiu se restringir a apenas duas notas de rodapé, bastante necessárias.

*Mais ou menos normal* (FTD), de Cíntia Moscovich e ilustrações de Mariana Zanetti, usa o recurso da narração em primeira pessoa, na voz da protagonista, a adolescente Gaia. Ambientado em Porto Alegre, o romance mostra que Cíntia, autora premiada no universo adulto, preservou a elegância e a agilidade da escritura ao desmembrar duas histórias em uma. Raquel Matsushita, autora do projeto gráfico, soube acompanhar a ideia da escritora e produziu livro em que as cores diferenciadas das páginas e dos títulos demarcam esses territórios e tornam a leitura mais prazerosa.

O enredo centra-se em menina filha de um casal de alternativos, adeptos de alimentação natural e comportamentos esotéricos. Portanto, diferente de boa parte de sua geração. Seus únicos amigos, Prefácio e Marcelo, também não são muito usuais. Questões de identidade e questionamentos sobre filiação são tematizados com intensidade, mas sem exageros dramáticos. O gauchês, esse falar típico dos pampas, bastante usado, ganha no final pequeno glossário. Só reparo que a apresentação da também gaúcha Christine Dias reforça muito o caráter regional, aspecto que a narrativa em si conseguiu extrapolar.

**PONTIAGUDA** – A mesma editora parece ter redimensionado seu departamento voltado para o juvenil, pois lançou também *Qualquer coisa*, contos de Fernando Bonassi. Publicados originalmente no jornal *Folha de S.Paulo*, os textos formam coletânea de humor ácido, despida de pudores, porém recheada de lirismo. Cineasta, Bonassi se inspira em tipos comuns, recria situações típicas das metrópoles. Como em "Escola é o segundo lar", elaborada com cortes secos, pontiaguda ficcionalização da violência que acomete muitos centros de ensino no país. São textos curtos, rápidos de ler. Caráter reforçado pelo projeto gráfico de Gustavo Piqueira. Ele usou a numeração das páginas, em números tamanho gigante, para dar visualidade veloz à mancha de texto.

Desde que, há anos, li *Danúbio*, do italiano Claudio Magris, e por tal narrativa me apaixonei, sempre pensei – cheguei a escrever sobre isso – que o Brasil merecia ter mais livros em que diferentes autores narrassem sobre os rios que nos abraçam. Acaba de ser lançado *entre rios* (caixa baixa mesmo), organizado por Maria José Silveira, um passeio narrativo ambientado em diferentes rios do país e na visão de vários autores, produzido pela mesma casa editorial.

Formam o time: Domingos Pellegrini (Rio Paraná), Índigo (Tietê), Marcelino Freire (lugar de chegadas e partidas), Márcio de Sousa (Solimões), a própria Maria José (Araguaia), Maria Valéria Rezende (São Francisco) e Moacyr Scliar (Guaíba, que não é rio, mas parece). Do afeto à ironia, seus rios depositam memórias, são fontes para aventuras e reflexões. Uma delícia viajar por essas páginas, com destaque para as narrativas de Índigo e Rezende. Para completar, o livro ganhou capa-dobradura luxuosa assinada por Roger Mello, autor também dos desenhos internos. Mais que ilustrador, Mello funcionou como engenheiro de papel e produziu recortes com faca orgânica, que lembram os antigos biombos japoneses, ao apenas sugerirem o movimento de águas e árvores.

**SIMBOLOGIAS** – *Petra do coração de pedra* (Galera Junior), de Anna Claudia Ramos, surpreende pela delicadeza da narrativa. Construída com elegância e, ao mesmo tempo, superacessível, pois muito baseada em diálogos, relata a trajetória da garota que enfrenta medos e barreiras em busca de autoconhecimento. A autora reelabora metáforas inspiradas em simbologias orientais e, às vezes, em antigas narrativas ocidentais, para traçar as asperezas, alimentadas pelas sombras do inconsciente, enfrentadas por Petra na selva da vida.

Formada em Letras pela Pontifícia Universidade Católica do Rio de Janeiro e mestre em Ciência da Literatura pela Universidade Federal do Rio de Janeiro, Anna Claudia escolheu tema difícil, o das sendas do mergulho interior, o ambientou em local de nome estranho, Nanatuhi, mas nada disso impediu a fluidez da narrativa. Ao contrário, o leitor mergulha na Floresta do Sol em busca, talvez, de si mesmo. A garota não busca no outro aquilo que lhe falta, ao contrário, o encontro se dá consigo mesma. Observo apenas que as ilustrações, não assinadas, são bastante simplórias, quase desnecessárias.

Finalizo os destaques com livro escrito por Dilea Frate e ilustrações de Laerte, com o engraçado título *(Quem contou?) – crianças estranhas, bichos sensíveis e cachorros problemáticos* (Companhia das Letrinhas). Destinadas, de preferência, aos que estão na entrada da adolescência, as 26 fábulas que compõem o livro são uma brincadeira inteligente com o ato de narrar. Ao final de cada texto é apresentado aquele que contou a narrativa, personagens as mais estranhas. Ri bastante com as adoráveis esquisitices criadas por Dileia e Laerte. E, depois de ler tantas narrativas diferentes e inteligentes, me senti um pouco mais satisfeita em minha busca literária.

18 de setembro de 2014

# De como conquistar o leitor atual

Após o *post* "Impasses na leitura", uma leitora indagou se, no lugar de aproximar o livro impresso de recursos típicos das telas, "não seria mais adequado tomar o caminho oposto e apresentar a leitura, em impressos, como experiência particular e radical?" O artigo de hoje busca, com exemplos, demonstrar que, quando livros adotam linguagem visual e textual mais próxima da era digital, a leitura permanece experiência radical. Mas, com a aproximação às novas linguagens, podem exercer maior poder de atração sobre leitores muito jovens.

Começo com relançamento que muito me emocionou. *A terra dos meninos pelados* (Galera Junior), de Graciliano Ramos, ilustrado por seu sobrinho-neto, Jean-Claude Ramos Alphen. Com bem cuidado projeto gráfico, de Angelo Allevato Bottino, autor também da capa, o livro ganhou mais corpo e maior poder de conquistar leitores do que a edição que li pela primeira vez, na adolescência. Ela, produto de sua época (1975), era pouco preocupada com o visual, centrada no poder do verbal.

Mudaram os leitores e mudaram os livros e, todos, continuaremos a mudar. Se eu fosse uma criança do presente e tivesse que escolher entre os dois exemplares, seria fatal a escolha da nova edição. O texto verbal é o mesmo – contundente e marcante –, mas foi realçado, tornou-se mais precioso, com os desenhos curiosos e as páginas coloridas que não se limitam apenas à mancha de texto. Ela encontra-se delimitada por linhas que lembram cercas de arame, demarcação de fronteiras entre diferentes territórios. O papel é bege e as letras ganharam tom de roxo.

**DIGITAL** – A edição que acaba de vir a público é produto em diálogo com as mídias digitais. Até mesmo a forma de elaboração dos desenhos, feitos somente com técnica digital está mais próxima da geração que queremos ver consolidada como leitora. A ilustração de Jean-Claude lembra a técnica do pastel, sendo bastante inteligente na abordagem da história do menino que tinha o olho direito preto, o esquerdo azul e a cabeça pelada. E precisou se mudar para a fantástica terra Tatipirun para se sentir menos diferente.

O desenho feito digitalmente, em minha opinião, tem aspecto mais frio que aquele produzido manualmente. O computador não consegue transmitir sentimentos com a mesma intensidade que traços manuais expressam, mas isso não significa que a qualidade seja ruim. Se o ilustrador for talentoso e dominar seu ofício, caso de Alphen, poderoso poderá ser o efeito que essa ilustração exercerá na conquista de leitores.

Li também *Ai, meus Deuses*, da mesma editora, de autoria de Tera Lynn Childs. Com protagonista feminina e narradora em primeira pessoa, a edição apresenta poucos recursos atualizados. Livro simples, sem maiores atrativos, relata a ida de menina norte-americana para ilha grega, onde jovens no final do ensino médio são descendentes de deuses. Até agora tenho dificuldade em suspender a descrença, de crer na verossimilhança do narrado. Narrativas envolventes para adolescentes costumam me fazer esquecer para que tipo de leitor ela idealmente se destina. Com essa, não deu!

Talvez o título, traduzido por Alda Lima, possa se tornar *best-seller*, pois vende tradicional história água com açúcar e há público que gosta disso, pouco preocupado com artifícios capazes de tornar um enredo mais rico. Repleto de diálogos, com argumento pouco elaborado, o livro só tem a vantagem de apresentar com leveza características dos deuses. Mas, para isso, recomendo *Homero – aventura mitológica*, também da Galera, de Luiz Antônio Aguiar. Dos mais bem escritos, com uma narradora, Calíope, de estilo irônico, o texto faz passeio ficcional a partir das muitas biografias de Homero. Pena que as ilustrações se ativeram ao tradicional. Poderiam ter sido mais ousadas.

**DIFERENTE** – Saio do mundo dos deuses, me volto para livro destinado aos que estão por volta dos 12-14 anos. Regresso ao universo dos portadores de grande diferença física. Falo de Zoomy, menino que, à semelhança de Raimundo Pelado, da história de Graciliano, nos leva a pensar nas peculiaridades de cada ser. Absorvo, com prazer, os detalhes na elaboração de *A caixa dos perigos* (Rocco), de Blue Balliett, tradução de Rita Sussekind. A autora lançou mão de três narradores diferentes. O próprio Zoomy, de um narrador onisciente, que relata trama interligada aos acontecimentos que afetam o garoto, e, por fim, a terceira voz, que se apresenta sob o nome de Gas e aparece em edições de um jornal feito pela garota de nome Lorrol.

**JOGOS** – As relações entre os narradores, a construção das três histórias que se condensam em uma só, tudo está muito bem amarrado. O projeto gráfico lida com tipos de letras diferentes para cada narrador, há a apresentação de jogos e enigmas, atividades que agradam muito ao leitor do presente. O enredo mistura relações de afeto entre avós e neto, o amor aos livros, e o apego obsessivo do garoto a listas e cadernetas. Um dia ele se depara com uma caderneta desaparecida de Charles Darwin, que havia sido roubada. Desenrola-se a grande aventura da vida do menino "legalmente" cego, mas que via o mundo com lentes de sensibilidade.

As frases de Gas foram retiradas das anotações de Darwin, que se torna personagem ficcional com grande poder de síntese e também de atiçar o interesse para a teoria da evolução. Nada há de tecnicismos, de didatismo. Tudo está envolto pela tessitura de palavras amorosas. Além de fazer boa pesquisa histórica e biológica, que pode ser conferida em http://darwin-online.org.uk/ (a autora indica suas fontes de pesquisa no final), Balliett tem o dom de saber contar uma história com elegância. Por isso ganhou o Prêmio Edgar Allan Poe, na categoria Juvenil, quando lançou *Procurando Vermeer* (Rocco), livro que se aparenta a um quebra-cabeça e tem ótimo texto.

Da Tatipirun criada por Graciliano, no distante ano de 1939, à cidadezinha do Michigan em que Zoomy vive, as narrativas falam sobre pessoas diferentes – sem apelos politicamente corretos. E a poética dos textos se amplia graças ao tratamento que as edições recebem, antenadas que estão com o público em formação.

30 de setembro de 2014

# Presente para crianças: abecedários

O dia das crianças aproxima-se e resolvi dar sugestões de presentes. Todos abecedários. São livros que apresentam o ABC quase sempre de maneira lúdica, produto que considero pouco reconhecido no Brasil. Com eles, garotas e garotos se apropriam do gosto pela leitura, adquirem intimidade com as letras e com os sentidos das palavras.

Há anos, leio abecedários e, para este artigo, conversei com a especialista no tema, Magda Soares, professora titular emérita da Faculdade de Educação da Universidade Federal de Minas Gerais (UFMG), uma das mais respeitadas educadoras do país. Colecionadora de abecedários, ela me provocou ao final da entrevista com uma pergunta: "quem sabe ainda teremos algum abecedário que seja uma obra de arte e perfeito linguisticamente e fonologicamente?". Fica o desafio aos nossos autores e às editoras.

O desprestígio que esse material, muito valorizado na Europa e nos Estados Unidos, sofre no país passa por vários aspectos, entre eles a pequena produção editorial. Segundo Magda, "entre os livros inscritos no Programa Nacional Biblioteca da Escola, quando este é voltado para a Educação Infantil e os anos iniciais do Ensino Fundamental, são raríssimos os abecedários". Segundo ela, às vezes, nenhum é inscrito, o que dificulta ou impossibilita incluí-los nos acervos que vão para as escolas.

**PRECARIEDADE** – A outra ponta do problema, segundo Magda, reside no fato de que "os professores não reconhecem a contribuição que os abecedários podem dar ao processo de alfabetização das crianças". Na opinião da pesquisadora, isso se deve a essa pequena produção e à conhecida precariedade na formação de professores alfabetizadores. Diante desse cenário, perdem as crianças, pois os abecedários muito podem contribuir para a formação e o divertimento dos pequenos.

Coordenadora do projeto Núcleo de Alfabetização e Letramento, em Lagoa Santa (MG), Magda ressalta que abecedários são uma das portas de entrada oferecida à criança para compreender o sistema alfabético de escrita. "Como sempre apresentam a letra acompanhada de uma palavra que começa com ela e de um desenho que revela o significado da palavra, a criança começa a perceber que letras constroem palavras, e representam um som das palavras".

Pergunto à professora se há uma idade ideal para se presentear crianças com um abecedário. Preste atenção ao que ela diz: "a partir do momento em que a criança demonstra interesse e curiosidade por material escrito, o abecedário é um bom presente, e isso ocorre, em geral, já aos dois, três anos". Nos Estados Unidos, por exemplo, são comuns livros como o do título *First 100 words* (Priddy Books), plastificados e ilustrados com fotografias, que apresentam letras e palavras para bebês, conhecidos como *board books*. E também pequenos ABCs, chamados popularmente de *baby's ABC*. Simples, mas bastante populares. Diferentes de *Alphabet* (Verlag), da premiadíssima ilustradora Kvéta Pacovská, lançado em 1996, clássico internacional, construído como narrativa visual das mais belas, apropriado a qualquer idade.

Na Alta Idade Média, século IX, os celtas já produziam abecedários, com motivos de plantas e animais. Na Biblioteca de Dublin (Trinity College), podem ser encontrados vários exemplares. O artista contemporâneo Damien Hirst lançou seu ABC ano passado e recebeu muitos elogios da crítica de arte. No Brasil, um dos mais antigos leva a autoria do escritor Erico Verissimo – sou louca para conhecê-lo. *Meu ABC*, com ilustrações de Ernest Zeuner, data de 1936. Em trabalho de pós-doutorado na UFMG, Cristina Maria Rosa localizou apenas um exemplar no Rio Grande do Sul.

Nem mesmo no Instituto Moreira Salles, que guarda o acervo do escritor, existe essa preciosidade.

Os ABCs podem ser luxuosos ou mais simples, caso de *Abecedário maluco* (Civilização), de Luísa Ducla Soares, mas o importante é que abram a porta para a leitura e as invenções. Muitos educadores gostam de trabalhar com o livro de Ducla, pois, logo após começarem a leitura, as crianças já se mostram dispostas a inventar seu próprio abecedário. Embora nos Estados Unidos e na Inglaterra não haja sala de aula sem abecedários, nesses países também é rotineiro o procedimento de as crianças construírem o seu próprio abecedário.

**PROVOCAÇÕES** – Minha primeira sugestão, então, será artesanal. Junte-se à criança que deseja agraciar e monte com ela ou para ela – dependerá da idade do pequeno – um abecedário. Mas, se decidir adquirir no mercado um exemplar, leve em conta recomendações feitas por estudiosos do tema. Ele deve ser divertido, criativo, fugir do clichê "isto é aquilo" ou das quadrinhas muito conhecidas. Evite buscar na leitura somente ratificação ou reconhecimento direto das letras. E, se o sentido for educacional, fuja daqueles que em que as letras vêm com muita intervenção gráfica, que quase escondem a forma da letra, prejudicando a percepção dela pela criança.

Dos produzidos no Brasil que conheço, meu clássico é *O batalhão das letras*, do amado poeta Mario Quintana. Desde que foi lançado em 1948, já ganhou variadas edições. O primeiro a ilustrá-lo foi Edgar Koetz, em livro formato paisagem. Depois, recebeu os traços de Eva Funari, e, em outra edição, de Rosinha. Todas pelo selo Globo e esgotadas nas livrarias. Recentemente foi relançado, agora com ilustrações de Marilia Pirillo, pela Alfaguara.

As quadras do poeta, recheadas de humor, estabelecem relações entre letras, palavras e gestos – adoro, por exemplo, quando ele diz "o K parece uma letra que sozinha vai andando". Indicado para crianças em processo de alfabetização, considero que Rosinha foi a mais feliz das ilustradoras ao captar a essência de Quintana, dotando o livro de alegria e intensidade peculiares. Marilia, na edição atual, apresenta ilustrações também divertidas, porém de matiz mais contida, cores bem mais suaves.

**CONTEMPORÂNEOS** – Dos autores contemporâneos, existe o *Alfabeto escalafobético – um abecedário poético* (Jujuba), de Claudio Fragata e Raquel Matsushita. Maluquete como o do Quintana, seu forte reside em explorar muitas palavras iniciadas com cada letra do alfabeto associadas a desenhos inusitados. Sobre a letra "N" diz: "meu navio de jornal/ navega na enxurrada/ da Avenida Portugal/ É navio ou é nau". Os desenhos acompanham graficamente as letras, cujo nome aparece sempre por extenso na página e depois recriado. Caso de "F", construído com formigas e sempre presente em texto reiterado pela palavra "fim".

*ABCenário* (Autêntica), de Alex Lutkus e Leo Cunha, brinca com objetos que lembram determinadas letras. No caso do cachimbo de Magrit, os autores juram que é jota, "sem jeito e sem juízo". Há algo de surreal nos desenhos, como na lanterna do carro que se transforma em "G" ("gostaria de guiar pelo globo/ sem gastar gasolina"). O ilustrador criou as metáforas visuais e, somente depois, o autor do texto verbal inventou os jogos de palavra. Nele, se você pensa que a serpente enrolada relaciona-se com a letra "S", errou. Ela refere-se ao "Q", de "quietinha, quietinha... quem quer?".

No Prêmio Jabuti a ser anunciado em novembro concorre, na categoria Ilustração, *Abecedário poético de frutas* (Rovelle), de Roseana Murray e ilustrações de Cláudia Simões. A escritora escolheu uma fruta cujo nome começa com uma letra do alfabeto para compor poemas, residindo apenas aí o jogo de associações. As ilustrações feitas com primor, na técnica da aquarela, apresentam dicção tradicional. Esse abecedário se faz temático, como ocorre com *ABC do Brasil*, da premiada Ana Maria Machado e ilustrado por Gonzalo Cárcamo, que explora as riquezas do país. Publicado pela SM, o livro faz parte de série que dedica ABCs à África, aos índios, ao Japão, ao mundo árabe e ao judaico, o último assinado por Moacyr Scliar.

Para aqueles que gostam de apresentar novidades digitais para crianças, há o *ABC – Curumim já sabe ler* (Manati), com ilustrações de Mariana Massarani, organizado por Bia Heztel e Silvia Negreiros, destinado a iPad, mas que também pode ser adquirido em formato impresso. Indicado para crianças a partir dos três anos, como leitura acompanhada, ele apresenta as letras e palavras com elas iniciadas, juntamente com desenhos, em diferentes graus de dificuldade.

**SOFISTICADO** – *Alfabarte* (Companhia das Letrinhas), de Anne Guéry e Olivier Dussutour, foi lançado este ano, com tradução de Eduardo Brandão. A partir de obras de arte de artistas da Idade Média até a contemporaneidade, os autores perguntam onde está determinada letra na imagem retratada. Mesmo para quem tem repertório em artes, o livro exige olhar de detetive, como identificar a letra "L" em *O vagabundo*, de Hieronymus Bosch, de 1510. Outras são mais simples, caso do "C" em *O corvo querendo imitar a águia*, de Marc Chagall, de 1947. Dadas essas dicas, boa diversão com as letrinhas.

10 de outubro de 2014

# A importância dos informativos

az-se visível o aumento da produção de livros informativos para crianças, aqueles que não são didáticos, mas terminam por oferecer algum tipo de explicação sobre temas mais complexos. Tenho preferência por livros que reforçam o imaginário, aspecto essencial para a construção de infância habitada por riquezas imagéticas e também de vocabulário. Mas alguns informativos conseguem cumprir bem o papel de expandir universos com linguagens verbal e visual atraentes.

Com texto em quadras, que se alternam de uma a cinco linhas, *A raiva* (Pequena Zahar), de Blandina Franco e José Carlos Lollo, aparece na ficha catalográfica como ficção infantojuvenil. Considero-o um livro de informação bem elaborado. Trabalha de maneira lúdica o sentimento extremo, capaz de nos fazer arroxear, porém seu sentido é o da explicação. Diz à criança que, quando se está sob o domínio da raiva, não adianta "tentar mostrar/ alguma/ coisa pra ela, porque a raiva é cega./ E muito menos tentar convencer a raiva de alguma coisa,/ porque ela é vaidosa,/ burra e só pensa nela".

Assinado por Lollo, o texto visual se apresenta mais potente que o verbal. Em tons e traços econômicos, os desenhos estão muito bem distribuídos nas páginas, graças a projeto gráfico que equilibrou as manchas de texto com as imagens e soube deixar a imagem narrar. Aos poucos, com humor, o bichinho vermelho da ira toma corpo no corpo do menino descolorido em tom grafite e também do livro até uma espécie de hecatombe se instalar. O texto verbal tem fluidez, mas carrega um problema ao final, ao apresentar conceito novo para a criança – o comportado bom senso – que, se ela não tiver repertório mais amplo, terá dificuldade para compreender.

**DIFERENÇAS** – *A rua de todo mundo* (Longe), de Carolina Nogueira, conta a história da "maior rua do mundo, a mais legal de todas./ A rua de todo mundo". Por ela desfilam personagens de diferentes países, meninos e meninas que expressam comportamentos associados a suas origens geográficas e culturais. O livro consegue explicar diferenças de maneira afetiva, em ritmo que passa tranquilidade, e ainda apresenta páginas que permitem à criança inserir seus próprios desenhos.

As ilustrações jogam com imagens de crianças ao lado de suas casas. Estas acompanham o princípio arquitetônico dominante em cada país referenciado, mas isso não é dito de maneira clara para os pequenos. São propostas de associações visuais, que permitem ao leitor expandir a imaginação. Quando fala de Harumi, a garota que veio do Japão para morar na grande rua/mundo, o texto verbal destaca que ela é exigente com as cores, gosta de rosa, quase branco, cor das pétalas de *sakura*, a pequena flor da cerejeira. Imagens das flores aparecem como se fizessem parte de discreto papel de parede.

Com desenhos elementares, as ilustrações ganham colorido harmônico, que foge dos estereótipos. José, o menino brasileiro, habita cenário em que as cores não se associam ao caloroso clichê cromático tropical. Verde-claro, amarelo mais próximo do ocre e um muro de tijolos de efeito hiperreal compõem a cena. O tom mais quente pertence ao acento do balanço, em vermelho esmaecido.

Quanto ao texto verbal, identifico cacoete comum a muitos livros destinados a crianças feito por jovens autores brasileiros, o recurso ao diminutivo inho/inha (telhadinho, rodinhas, bonequinha). Como se trata de uma forma de autoplublicação, bancada por quatro amigos, expõe a falta do olhar de um editor experimentado, mas não chega a comprometer o resultado final.

**MÚSICA** – Letras consagradas de escolas de samba funcionam como guia condutor para crianças aprenderem sobre episódios fundamentais da história do Brasil em *Aula de samba – a história do Brasil em grandes* *sambas-enredo* (Edições de Janeiro), de Maria Lucia Rangel e Tino Freitas, com ilustrações de Ziraldo. O livro assemelha-se a um almanaque ou a uma tela de computador em que muitos *links* podem ser acessados. Traz as letras dos sambas, conta o fato histórico que motivou a música, apresenta frases da personagem central do referido episódio, mostra fotografias de arquivos. E, em algumas músicas, detalha como ela foi composta.

Como explica com honestidade a ficha catalográfica, se trata de uma miscelânea apta, em minha opinião, para leitores mais fluentes, acima dos 10 anos, pois exige um pouco de conhecimento da história do país. Acompanhado de um CD, com 12 faixas que reproduzem as músicas, o livro tem componente de excitação muito grande, como se convidasse o leitor para um evento de Carnaval, o que reforça o título. Os desenhos de Ziraldo são o mais do mesmo, pois não apresentam novidade, reforçam o traço mais que conhecido do ilustrador.

Consulto há algum tempo interessante livro de arte destinado a crianças. Trata-se de *13 art inventions children should know* (Prestel), de Florian Heine. A partir de importantes temas da história da arte, são apresentados conceitos fundamentais para a criança. Entre eles, noções sobre perspectiva, autorretrato, grafite – nessa última, Harald Naegeli e Banksy são os artistas que guiam as explicações –, *ready-made* e *cartoon*. O livro provoca a criança com perguntas e traz as respostas no final, além de apresentar glossário com alguns termos mais complexos.

**TÉCNICAS** – Ideal para o chamado leitor crítico, aquele que já possui repertório capaz de lhe dar maior poder de reflexão, que no Brasil está por volta dos 12 anos – nos Estados Unidos e Inglaterra, seria 10 anos –, o diferencial do livro se dá por ele apresentar os temas a partir de invenções técnicas que transformaram o modo de fazer arte. Por exemplo, a invenção da tinta de tubo se relaciona à decisão de artistas de pintar fora do estúdio. Somente bem mais à frente do texto aparece o termo que designa o grupo como Impressionista. A criança vai sendo envolvida, devagar, na rede de sentidos da arte.

Reside na forma de construção do livro, no texto fluente e acessível e no projeto gráfico que destaca títulos como *O cartoon – pinturas aprendem a falar*, a transformação dele em livro de informação, e não em didático. Para efeito de comparação, ele é modelo bem diferente do recém-lançado *A child's introduction to art* (Black Dog & Leventhal), que traz inúmeros exemplos de artistas e segue o sentido cronológico da historiografia da arte. Mas exagera no didatismo e morre na praia ao dedicar apenas duas páginas à arte do presente, em capítulo com o título "O que está acontecendo com a arte agora?".

Nele são citados desde nome expressivos do Minimalismo (Mark Rothko e Frank Stella), até associações entre os murais do mexicano Diego Rivera e os coloridos grafites de Os Gêmeos, a dupla brasileira que saiu das ruas para galerias e museus. Tudo muito rápido, exatamente ao falar do período artístico que é coetâneo do leitor a quem se destina preferencialmente a obra.

Livros informativos devem conquistar seus leitores com criatividade. Aprender fica muito mais fácil se feito com o sentido do prazer. Mesmo sendo leitora com repertório relativamente amplo, quando me deparo com autores de estilo muito elaborado – há muitos anos, esse tipo de encontro se deu com Soren Kierkegaard, por exemplo –, gosto de imaginar como explicaria essas ideias para uma criança, que, em essência, sou eu. Por isso, creio que um bom livro informativo pode ser apreciado em qualquer idade.

13 de outubro de 2014

# Ideologia e preconceito

*rgulho e preconceito*, de Jane Austen, nunca fez parte de minha lista de romances preferidos. Mas sempre achei o título genial! Nele me inspirei para a confecção do título do artigo de hoje. No lugar de tratar de negaceios amorosos, de comportamentos diferentes em distintas classes sociais, como faz a autora inglesa, vou procurar discutir temas como ideologia, preconceito e proselitismo em livros destinados a crianças e adolescentes.

Reparem, leitores, me referi a livros e não a narrativas, porque a questão a ser abordada ultrapassa a fronteira do narrado. Reporta-nos ao produto editorial como um todo, o que inclui a confecção de paratextos, que deveriam apenas servir de apoio à leitura, identificados como pre ou posfácio, orelha e texto inserido na contracapa. Esses adereços informativos assumem cada vez mais importância no mercado editorial brasileiro, graças a exigências de editais de compras governamentais e à nossa precária formação cultural.

Raros paratextos são direcionados às crianças. A maioria destina-se a professores, na tentativa de preencher lacunas evidentes na formação de grande número desses profissionais. Como as obras do segmento infantil costumam ter número de páginas menor do que as de outros segmentos, o que é apropriado aos leitores de tenra idade, fico perplexa quando o paratexto se torna maior que a própria narrativa. Muitas vezes, o excesso de informação interfere na beleza do que acaba de ser lido, pois alguns textos requisitam um pouco mais de reflexão individual. Impõem uma fase do apreender com mais vagar o que foi sentido na leitura.

**CHATICE** – A literatura infantil no Brasil corre o risco de se tornar muito chata se continuarmos a produzir obras em que o direcionamento explicativo se sobrepõe ao conteúdo ficcional. Mais grave ainda será se deixarmos que livros com paratextos funcionem como proselitismo ideológico, direcionem a leitura de maneira excessiva para determinado viés. A literatura deve permanecer como caminho para a abertura de visões. Se exercer esse único papel estará bom demais. Agora, se levar a pessoa a ver apenas uma perspectiva, passa a ser ideologia.

E o sentido de uma ideologia, seja qual for, é quando, a partir de uma ideia preconcebida, passamos a explicar e sustentar a realidade. No começo dos anos 1980, em coleção destinada a jovens, considerada um dos maiores sucessos editoriais do país, a Primeiros Passos (Brasiliense), Marilena Chaui explicava em *O que é ideologia* que, "na verdade, é essa realidade que torna compreensíveis as ideias elaboradas". E não o contrário.

Tenho livros publicados pela editora Autêntica. Isso não me impede de adotar o mesmo cuidado que destino a outras editoras quando avalio títulos encaminhados ao *blog*. Em agosto, havia lido em *sites* norte--americanos sobre *The story of Hurry*, de Emma Williams, com ilustrações de Ibrahim Quraishi. Fiquei curiosa para conhecê-lo, em especial por ser dito que havia sido inspirado em notícia de jornal. Quando a editora enviou *A história de Hurry – um burrinho da faixa de Gaza*, com tradução de Cristina Antunes, estranhei a tradução do título, com o diminutivo e o acréscimo explicativo. Mas, por estar com outras obras em processo de análise, demorei para examiná-lo.

**CAPTURA** – Detesto livros para crianças que começam com a palavra "não" – no caso, "Não faz muito tempo" seria facilmente substituído por "Faz pouco tempo" –, mas isso diz respeito aos meus preconceitos estilísticos e tento superá-los cada vez que eles aparecem, me forçando a ler com delicadeza o que se apresenta. Fui capturada mais pelas imagens produzidas por Quraishi do que pelo texto de Williams, que busca encantar as crianças, mas percorre dicção explicativa enumerativa ("aqui e ali", "entre elas"), recurso que considero muito didático para obras que se propõem ficcionais.

Nutre-se de muita poesia a história real. Tratador de um zoo em Gaza, após ver a maior parte dos animais morrer, resolve pintar de zebra dois burricos. Ele oferece alegria às crianças que habitam mundo de conflitos armados. Williams ficcionaliza o ocorrido de maneira inteligente, mostra os horrores de se viver em terra conflagrada, mas deixa margem para indagações, não direciona o leitor. Ela, que trabalhava como médica quando ocorreu a Intifada, a reação palestina à ocupação de Gaza pelo Estado de Israel, em 2008, pôde assistir à violência entre os dois povos, experiência que também serve de base para o relato.

A ilustração de Quraishi, nascido em Nairóbi (Quênia) em 1969, funciona como colagem de diferentes meios. Recorre ao desenho em preto e branco, usa a aquarela com parcimônia, faz montagem de fotografias da Cisjordânia feitas por ele e inventa um burrico que lembra brinquedo industrial em formato artesanal. Tudo em caráter quase hiper-realista, mas sem necessariamente ser proselitista. Apenas exibe visões de um mundo precário e tenso.

O problema está no posfácio. Muito longo, maior que a narrativa, e de forte endereçamento ideológico. Antes de comentá-lo, leal aos leitores, esclareço que, há anos, leio com atenção e já escrevi sobre as obras de Amós Oz, David Grossman e Abraham B. Yehoshua, autores judaicos de ficção para adultos que militam pela paz na região, posição que adoto sobre o tema.

Sob o título "Uma nota histórica", o paratexto é quase um julgamento de Israel, embora não fale isso claramente. Cita algumas vezes o Hamas, mas não explica do que se trata, algo importante diante da configuração política; usa discursos de políticos, com conteúdo valorativo, como o do primeiro-ministro inglês David Cameron, em nota de rodapé, para descrever o que é Gaza; e no único item em que podemos ler como contraponto ("Por que as crianças desejam um céu calmo?") considera como "extremistas" apenas os judeus. Refere-se aos mísseis disparados a partir de Gaza contra Israel, mas jamais usa a expressão guerra (usada na orelha corretamente por Luciana Villas-Boas) e não fala em paz. Assume o tom de libelo e não joga com a ideia da esperança.

**EQUILÍBRIO** – É outro o procedimento no livro *Martin e Rosa* (Pequena Zahar), de Raphaële Frier e Zaú. Na narrativa ficcionalizada sobre a luta de Martin Luther King e Rosa Parks pela igualdade de direitos nos Estados Unidos, também acompanhada de paratexto, igualmente muito extenso, a edição optou por caminho mais equilibrado.

Explica sem adjetivações o que era e quais os papéis desempenhados pela Ku Klux Klan e a NAACP (em tradução literal: Associação Nacional pelo Avanço das Pessoas de Cor). Ainda destaca, em quadros, as leis segregacionistas e as reações a elas, traz letra de música gospel e apresenta fotografia de Barack Obama sentado em um ônibus no mesmo lugar em que Rosa Parks se recusou a sair porque destinado a brancos. No meio, em folhas que se desdobram, expõe o processo que trazia homens e mulheres do continente africano para escravizá-los nas Américas. As ilustrações lembram em alguns momentos grafites e perpassam o sentido do ficcionalmente narrado com propriedade.

Exemplifico com outro livro, este verdadeiramente encantador, *Zero, pra que te quero?* (FTD), de Gianni Rodari e ilustrações de Elena Del Vento, tradução primorosa, porque sonora, de Claudio Fragata. Conta a história do numeral em forma poética e também apresenta paratexto. Conciso, direto, escrito pela especialista em matemática e doutora em Educação pela Universidade de São Paulo, Katia Stocco Smole, o posfácio situa a história do numeral sem juízo de valor. Como aprendi que qualquer coisa pode ser passível de ganhar viés ideológico, inclusive numerais, parabenizo a educadora por recolocar o paratexto em seu lugar, que é o de suporte explicativo. E, a partir dele, suscitar nos leitores a curiosidade para pesquisas. Bom dia do livro, que se comemora amanhã.

28 de outubro de 2014

# A seriedade do humor

ui à Primavera dos Livros, realizada pela Liga Brasileira de Editoras nos jardins do Museu da República (RJ), e procurei por livros para crianças que tivessem o humor como principal característica. De estande em estande, de editoras muito pequenas a algumas com maior poder econômico, folheei exemplares na tentativa de identificar livros novos que realçassem o divertido. Adquiri poucos exemplares com esse viés. Fiquei com a sensação de que, no segmento infantil, o humor está sendo pouco levado a sério.

Em obras destinadas a crianças, o humor desempenha muitas funções. Além de tornar mais afetiva a relação com o objeto livro e com possíveis intermediários da leitura, o riso permite certo relaxamento de tensões que costumam aparecer, em especial, quando a criança está no início do processo de se tornar leitora. O receio de falhar pode gerar ansiedades e, se o livro provocar risadas, repercussões negativas poderão ser amenizadas ou eliminadas.

Poucos autores conseguem o equilíbrio entre o sentido mais sério de uma trama e o uso do humor quando se propõem a escrever por esse caminho. Autora de impressionantes 650 livros de iniciação à leitura, a neozelandesa Joy Cowley acaba de ter lançado no Brasil o livro *Escrevendo com o coração – como escrever para crianças* (Gryphus), e nele discute as funções do humor. Ela defende que o riso restaura a objetividade exatamente por distanciar as crianças de suas preocupações.

**SEGURANÇA** – Ao estabelecer conexões sugeridas pelo humor, o jovem leitor também se sente bem-sucedido e isso o deixa mais seguro, argumenta a escritora. "A surpresa de uma piada numa história era como tesoura num elástico retesado", afirma Cowley, ao relembrar experiência positiva realizada pela via do riso com alunos que apresentavam dificuldade de leitura, e encaravam o livro como inimigo. Segundo ela, a existência do humor nos textos permitiu "libertação instantânea" dessas crianças.

Em minha opinião, o humor não precisa ser necessariamente uma piada, mas forma de encaminhar a história em que o inusitado e o jocoso se tornam elementos importantes. Tanto pode aparecer no texto verbal, como no visual. Melhor ainda se surgir nos dois tipos de textos. A possibilidade de a criança se desarmar e, ao mesmo tempo, ficar mais atenta à narrativa só aumenta. Segundo Cowley, no uso da estratégia do humor, autores só não podem rebaixar o outro – jamais fazer piada com uma criança. O mais sábio, de acordo com ela, será se concentrar em explorar o humor das situações.

**INTELIGÊNCIA** – Os poucos livros com esse viés que amealhei na Primavera me divertiram muito por terem feito uso inteligente do humor. O mais engraçado deles leva a assinatura da artista plástica Tatiana Blass e se chama *A família Mobília* (Cosac Naify). Nele, o mobiliário da casa se transforma numa estranha família, em que todos são móveis, mas "ninguém consegue se mover direito". Paradoxos como esses se repetem e dão o tom engraçado da narrativa.

A recatada Albertina Cortina anda sempre nos trilhos, "só quando o vento bate forte, fica fora de si". A cada personagem, ilustrações fortes e inusitadas compõem o cenário. Artista plástica muito vinculada à performance, Blass parece ter sido influenciada por essa linguagem. Todos os membros da família Mobília são performáticos. Inserem-se em páginas com muitos apelos de cores, formas e ritmos. Temperamental, Cleusa Toalha de Mesa não suporta quando derramam líquido sobre ela. Quando ocorre, "chacoalha tão forte que solta seus retalhos". A imagem dessa irrupção espalha-se pelas páginas. Ao assinar os dois textos, verbal e visual, Blass consegue criar coesão nas esquisitices e sua narrativa tende a ganhar a adesão imediata do leitor.

**RUMORES** – Publicado pela Artes e Ofícios, *Sabe o que Joana sabe?*, de Martina Schreiner, trata de tema muito especial, o momento em que a criança percebe que aprendeu a ler. À moda dos rumores familiares que se espalham quando aparecem novidades e todos comentam, o livro abre avisando ao leitor que "a avó conta pro avô,/ o que escutou/ do neto maior/ E que o pai e a mãe já sabem/ desde ontem e até o papagaio já desconfiou:/ que Joana sabe ler".

O humor está incrementado nas ilustrações. Todas as personagens humanas da família (vejo o papagaio também como um familiar) aparecem com as cabeças separadas dos corpos. Feitos com traços elementares, os desenhos destacam o mesmo formato de olho para todos e apresentam Joana com os cabelos vermelhos. Texto verbal e texto visual são, portanto, simples, mas possuem eficácia narrativa em função da provocação do riso.

A menina começa a ler tudo o que encontra pela frente. Palavras estão em sinais urbanos, nas caixas de alimentos, em receitas, na lista de compras e, o melhor, em livros de aventuras. Assim, cabelos de fogo, como a denominei, percebe que a escrita e a leitura fazem parte do mundo e são importantes. Tudo de maneira leve e despretensiosa.

Joana também despertou empatia porque me fez recordar o momento em que aprendi a ler. Fiquei como ela, apontando o dedo para tudo e falando alto o que as palavras diziam. Lembro-me que, por ter dificuldades auditivas, trocava o som de letras, mas isso jamais foi motivo de piadas. Ao contrário, o incentivo carinhoso à correção estava sempre presente. E, muitas vezes, acompanhado de gostosas risadas de cumplicidade.

Dos livros adquiridos, o mais longo é *Janelas assombradas* (Volta e Meia), de Christoph Marzi e ilustrações de Monika Parciak. Com tradução de Christina Wolfensberger, a narrativa ancorada no universo de fantasmas, mas com linguagem moderna, ganha humor no projeto gráfico. Letras se movimentam, tornam-se maiores ou menores, expressam susto ou arrepios. Palavras adquirem formato de telhados ou crescem para os lados, quando a personagem é gorda. Em formato paisagem, o livro também alterna a leitura na horizontal com a vertical, forçando a criança a brincar com ele. Contudo, como a profusão de estímulos se faz grande, recomendo-o apenas para leitores já com fluência.

**ESQUISITOS** – Minha estação de livros de humor teve a bagagem aumentada dois dias depois da ida aos jardins do museu graças à aquisição de Os cinco esquisitos, assinado por Beatrice Alemagna. Publicada pela Martins Fontes, com tradução de Carlo Alberto Dastoli, a deliciosa narrativa trata de maneira hilária da questão da diferença. Cada um dos cinco personagens apresenta-se mais esquisito que o outro, tanto na forma física quanto nos comportamentos e nos discursos. Mas eles vivem em harmonia, até que aparece um chato que se acha perfeito.

Detentora do Prêmio Andersen para ilustração, Alemagna brinca com o improvável ao criar seres os mais extravagantes. Só de olhar para eles já dá vontade de rir. O furado (com minúscula mesmo, eles não se sentem importantes) tem quatro buracos no corpo e por isso mesmo todas as ideias o atravessam. O dobrado não acha as ideias por elas se esconderem nas dobras. E, assim, seguem os outros, menos o enfadonho perfeito. A narrativa desconstrói o certo e o errado e apresenta passeio visual poético reforçado pelo humor.

4 de novembro de 2014

# A emigração como tema

Nos últimos anos, a singularidade da condição de migrante tem sido marca em muitos livros infantis e juvenis. Há beleza comovedora nos cinco livros que comentarei hoje e também intensa sensibilidade para abordar a condição de estrangeiro. Quase todas as obras ganharam ilustrações, sendo uma delas elaborada exclusivamente com imagens. Nelas, ainda que em algumas a voz do narrador seja infantil, migrar vincula-se à solidão e à nostalgia.

No segmento juvenil, duas narrativas aparecem tecidas com ternura e, embora ficcionais, apontam para resgate de memórias familiares, reelaboradas pelas autoras. Faz-se grande a disparidade da experiência das duas escritoras que as assinam. Mas considero que as duas narrativas se constroem a partir de vozes que buscam com delicadeza expressar a dor do desterro, as dificuldades de acolhimento em outra terra. Chamaram atenção por essa habilidade.

A argentina Maria Teresa Andruetto, ganhadora do Hans Christian Andersen em 2012, teve traduzida para o português *Stefano* (Global), um dos seus livros mais premiados. E a brasileira Daniella Bauer assina *Morada das lembranças* (Biruta), romance de estreia. A edição do primeiro restringe-se ao texto verbal, a do segundo ganhou imagens coloridas, que parecem feitas em computador e não são assinadas. Elas funcionam como descanso entre capítulos, pois fortes são os acontecimentos ficcionalizados.

**DIÁLOGOS** – Andruetto apresenta texto breve, ancorado na forma de diálogo. Recorre a letras de músicas do cancioneiro popular italiano, que a tradutora Marina Colasanti preferiu deixar no original, estratégia melódica de sedução do leitor. Conta a história do adolescente que sai da

Itália empobrecida com destino à Argentina, a exemplo do pai da escritora. A personagem deixa para trás a mãe, os amigos e uma paixonite.

Aos poucos, o leitor se deixa enredar pelo amor acolhedor que existia entre ele e a mãe, relação que sobressai no narrado. Ao criar história que emerge da força do amor materno e da saída despreocupada do filho para o outro lado do mundo, Andruetto aponta para questão já analisada por Julia Kristeva, no clássico *Estrangeiros para nós mesmos*, a de que o exilado é estrangeiro para sua mãe.

Narradora experimentada, Andruetto torna *Stefano* narrativa mais complexa graças à estratégia de lançar mão de diferentes tipos de narradores, o que concede movimento à trama. Um narrador usa o ponto de vista em terceira pessoa e o outro é a voz de Stefano, que revisita sua memória em primeira pessoa. As passagens entre os modos de narrar são, porém, suaves, quase se fundem, a exigir do leitor muita atenção ao narrado.

**CONFIDÊNCIAS** – Em *Morada*, Bauer apresenta dicção mais simples, entretanto não menos emotiva. Recorre à narradora em primeira pessoa, menina que acompanha todo o percurso de migração de sua mãe com dois filhos pequenos – ela e o irmão bebê –, desde Odessa, na Ucrânia, passando pela Polônia, até o Brasil, viagem iniciada em 1920. O interessante da obra se dá no recurso à suave voz infantil, que possibilita à narrativa apresentar tom de confidência, embora se trate de texto extenso e dolorido, aparentemente inspirado em relatos reais.

A menina narra a difícil viagem de trem até a Polônia, amarrada à perna da mãe e escondida debaixo da saia dela, e o leitor é levado a sentir cheiros, a perceber o medo e a disciplina da garotinha. Depois, já no Rio de Janeiro, ela vai desfiando a perversidade com que foram tratadas pela avó materna, que já se encontrava no país. Também aqui a condição estrangeira se agudiza na relação estabelecida entre essa avó, que renega as tradições judaicas como forma de aceitação social, e a filha.

O livro surpreende pela maciez do discurso da menina, como se ela contasse a história para alguém com calma, mas o relato perde força nas páginas finais, efeito comum a autores iniciantes pouco habituados à tendência entrópica dos epílogos. E teria ficado bem melhor sem o paratexto que explica o papel desempenhado pelas mulheres chamadas de "polacas". Trata-se de texto bem formulado, assinado pela professora de História da Unicamp, Magareth Rago, mas interfere de maneira muito racional na finalização das memórias da garota.

**MURAL** – Dos livros infantis sobre deslocamentos que conheço, me encanta *Migrar*, de José Manuel Mateo e Javier Martínez Pedro, editado originalmente pela mexicana Tecolote, publicada no Brasil pela Pallas, com tradução de Rafaella Lemos. Em formato paisagem, as páginas se desdobram como uma sanfona, em narrativa visual mais forte que a verbal. Elaborado em papel *amate* – folhas que povos antigos do México usavam para narrar –, apresenta os desenhos em preto e branco, que funcionam como um grande mural, evocação de outra tradição artística do país.

Superatual, a história conta a aventura de uma mãe, filha e filho pequenos ao emigrarem para os Estados Unidos. O sonho de milhares de mexicanos metaforiza-se ali. Nele, a voz do menino conta desventuras da travessia e ressalta o amor da mãe, que enfia os rebentos em um buraco, se deita sobre eles, para escapar de perseguidores, momento clímax da trama. Há certo tom de conscientização no texto verbal, mas ele se esvazia diante da força das imagens elaboradas por Martínez Pedro, ilustrador bastante premiado.

Ambientado na Transilvânia, a terra do conhecido e temido Conde Drácula, mas sem ele como personagem, *O lenço branco* (Pequena Zahar), de Vorel Boldis e Antonella Toffolo, aponta importante diferencial. O jovem emigrante regressa ao lar dois anos depois da partida. Volta à casa dos pais, em busca de seus afetos. O lenço branco simboliza a acolhida dos que permaneceram, pedido de aconchego após o período de lonjuras.

Desconheço o original italiano, mas observo que a tradução de Eliana Aguiar buscou manter a melodia do idioma original, sem recorrer à tentativa de rimar. Quanto às ilustrações, feitas na técnica da xilogravura, em preto e branco, apresentam aspecto, a princípio, sombrio, adequado ao que o protagonista-narrador chama de "frio mundo ocidental". Depois, se tornam mais claras, como se tomadas pela influência semântica do lenço branco.

**SUGESTÃO** – Quando pensava este texto, recebi indicação de leitura da professora de Literatura da Universidade Federal Fluminense (UFF), Stefania Chiarelli, que se dedica a pesquisar poéticas do deslocamento. Ela mostrou-me o premiado livro de Shaun Tan, na edição espanhola intitulada *Emigrantes* (*The arrival*), de 2007. Apenas com imagens – desenhos de pessoas e até de engraçados animais imaginários –, elaboradas a partir de fotografias que amealhou no Museu da Imigração na Ilha de Ellis, em Nova York, o artista teceu a narrativa sobre o ir-se em direção ao outro, em busca do diferente.

"Classificado como infantil, o livro não se reduz a uma fábula edulcorada ou revela qualquer pretensão didática", escreveu Chiarelli em artigo sobre a obra, pois nele são abordados temas como totalitarismo, trabalho infantil, incomunicabilidade e opressão. Como ainda alertou a estudiosa, "o leitor vai acompanhando uma espécie de álbum, cujas fotos em preto e branco revelam uma história vivida há muito tempo". As narrativas analisadas, a de Tan em especial, exibem diferentes modos de se viver a emigração. Condição que, imposta ou escolhida, impõe renascimentos.

11 de novembro de 2014

# Geopolítica no infantojuvenil

A lista deste ano do White Ravens confirma tendência importante: o fortalecimento da literatura infantojuvenil na Austrália, que recebeu oito indicações, mesmo número da Itália e Estados Unidos, países com maior tradição na produção editorial para crianças e jovens. Alemanha, com 14 títulos, e França, com 10, ocupam a posição de países com o maior número de livros reconhecidos como referenciais na produção de 2013. O catálogo tem divulgação anual, sendo organizado pela maior e mais reconhecida biblioteca de literatura infantil e juvenil do mundo, a alemã Internationale Jugendbibliothek, sediada em Munique.

O Brasil também está de parabéns. Quatro livros nacionais foram escolhidos. São eles: *Bárbaro*, de Renato Moriconi, *Sete patinhos na lagoa*, de Caio Riter e Laurent Cardon, *A árvore de Tamoromu*, de Ana Luísa Lacombe e ilustrações de Fernando Vilela, e *As cores da escravidão*, de Ieda de Oliveira, com ilustrações de Rogério Borges. Quase todos destinados ao público infantil. Na lista australiana, chama atenção a presença de livros direcionados a adolescentes, que ganharam três das oito recomendações.

Nos últimos anos, cresceu a produção australiana orientada para leitores a partir de 14 anos. Boa parte dos autores frequentou cursos de escrita criativa oferecidos por universidades e muitos têm conquistado prêmios. São romances que abordam temas sociais, pouco trabalhados pelos autores brasileiros que se dedicam a essa faixa etária. Orientação sexual, maus tratos, violência nas relações familiares, diferenças de gênero, solidão e questões pertinentes à emigração são assuntos que caracterizam obras destinadas aos jovens leitores australianos.

**INTERSEXUALIDADE** – Dos três australianos indicados – *Alex as well*, de Alyssa Brugman, *The sultan's eyes*, assinado por Kelly Gardiner, e *The first third*, de Will Kostakis –, conheço apenas o primeiro, por estar atenta ultimamente a obras que tratam do tema da orientação sexual no universo adolescente. Fui motivada pela leitura de *Garoto encontra garoto*, de David Levithan, publicado nos Estados Unidos em 2003, agora traduzido por Regina Winarski para o português, no selo Galera.

A narrativa de Brugman apresenta-se mais elaborada, pois trabalha com dois pontos de vista, recurso apropriado para a discussão sobre intersexualidade que o romance provoca. A decisão de Alex, criada como rapaz, de assumir o feminino que também lhe habita desde sempre, provoca tensões familiares e escolares, expondo o perfil perverso da mãe incapaz de escutar a cria. Torna-se ela a negação do acolhimento e, paradoxalmente, é a mulher adulta que esparrama seu descontentamento raivoso em um *blog*. Em determinados momentos, a narrativa exibe pinceladas de sarcasmo, provocação ao leitor, chamado a refletir sobre os seus posicionamentos a respeito dos transgêneros.

A obra de Levithan segura-se no humor. Paul, no jardim de infância, é identificado pela professora como gay. Ele vive em uma comunidade que aceita a homossexualidade, a bissexualidade e os transgêneros da mesma maneira que lida com os heterossexuais. Portanto, saber-se gay pela voz de outro não provoca grandes questões nem para ele nem para sua família, formada por pais heterossexuais. Se o tema aponta para o diferente, o modelo do livro recorda parte da literatura destinada ao sexo feminino muito difundida na atualidade. O narrador em primeira pessoa é também o protagonista. As tensões desfazem-se rapidamente, porque normalmente partem de pequenas intrigas escolares, e o eixo da trama é o apaixonamento entre Paul e Noah, rapaz recém-chegado à escola.

Talvez por receio de reações conservadoras, ao elaborar a ficha catalográfica, a editora brasileira decidiu indicá-lo apenas como ficção norte-americana. Mas claramente se trata de narrativa destinada a leitores adolescentes. A ambientação se dá em colégio de ensino médio, o narrador apenas rememora a infância e a maior parte dos fatos transcorre em sua adolescência. A escrita baseada em diálogos recorre a modos de expressão e gostos típicos desta faixa etária nos Estados Unidos. Aliás, esse é dado não solucionado pela tradução, pois são citados muitos produtos característicos da sociedade americana e isso pode ser um complicador para leitores brasileiros sem intimidade com essa cultura.

**PESQUISA** – A diferença de abordagem do tema social entre a produção norte-americana e a australiana ecoa no formato adotado pelos autores. Embora ambos pertençam ao reino da ficção, a obra de Brugman estrutura com mais complexidade a questão da orientação sexual, que provoca fortes indagações sobre identidade e autoconhecimento na protagonista e, provavelmente, em bom número de leitores. Observa-se grande esforço de pesquisa da escritora sobre o tema, mas ele se dissolve graças ao estilo narrativo que busca se aproximar ao máximo da linguagem dos jovens, sem recorrer a caricaturas, tópico em que Levithan resvala ao elaborar o perfil de algumas personagens.

Além de ser país com baixo índice de analfabetismo, localizado em apenas 1% da população maior de 15 anos, a riqueza da literatura australiana para crianças e jovens pode ser atribuída em parte à política desenvolvida pelo Children's Book Council of Australia, que existe desde o final da Segunda Guerra Mundial. A entidade, com representação em todos os estados do país, desenvolve estudos e pesquisas em caráter nacional e distribui importantes prêmios de reconhecimento para autores dedicados ao segmento. E também para personalidades que se destacam por contribuições dadas ao desenvolvimento da leitura. Quanto à liberdade temática dos escritores, provavelmente ela reflete a posição multicultural e, portanto, menos preconceituosa da sociedade australiana.

No caso dos livros brasileiros indicados pelo White Ravens, a escolha confirma uma característica de nossa produção. Temos grande número de autores dedicados ao universo infantil e uma produção de qualidade, mas ainda nos faltam obras de fôlego direcionadas ao final da adolescência, aquela que foca no leitor com mais de 16 anos. *As cores da escravidão* (FTD) é o único que se aproxima dessa faixa etária, por estar indicado para o público acima dos 12 anos.

O texto verbal trata da experiência de dois garotos, Tonho e João, que decidem seguir um "gato", intermediário entre trabalhadores e empresários, e terminam entregues a condições desumanas de trabalho e vida, universo árido que as imagens retratam de maneira pouco metafórica. Parte ficção e parte informação, pois baseado em pesquisas sobre o trabalho infantil, o livro tem o mérito de propor reflexão metaliterária. O "gato" pode ser associado a uma das mais ambíguas personagens da literatura infantil, o Gato de Botas, espertalhão que sempre buscava se sair bem em qualquer situação. Intuo que foi a partir desse trabalho que a autora, Ieda de Oliveira, decidiu escrever nova e politicamente correta versão para a história tradicional. Este ano ela lançou *As aventuras do Gato Marquês* (Global), com ilustrações de Lúcia Brandão. Nele, o neto do Gato de Botas descobre o valor da amizade e aprende a respeitar o diferente.

**INDÍGENA** – Como já analisei, positivamente, em postagens anteriores, os livros *Bárbaro* e *Os sete patinhos na lagoa*, ressalvo apenas que neles as imagens e o humor têm densidade grande. Avalio também que são as imagens que reforçam o quarto indicado brasileiro. Lançado pela Saraiva, o ponto forte de *A árvore de Tamoromu* reside na ilustração. Os traços de Fernando Vilela atualizam o reconto adaptado por Ana Luísa Lacombe a partir de um mito do povo Wapixana, que já havia sido recolhido em 1960 por Herbert Bauldus em *Estórias e lendas: antologia ilustrada do folclore brasileiro* (Literart), com ilustrações em preto e branco de J. Lanzellotti.

Desde a origem, o mito indígena é relato de caráter bem-humorado. Ele diz respeito a uma cutia que se esbalda na voracidade de comer tudo o que uma árvore frondosa produz. Na primeira vez que folheei a obra atual, desejei que aquela árvore colorida e tão prenha de alimentos diversificados passasse a morar em meu jardim de livros. Ela me lembrou uma rainha maluca, excessiva em cores e formas, símbolo idealizado da natureza brasileira. Mas, outro dia, ao reencontrá-la na estante de uma escola na Amazônia, senti vontade de ser apenas a cutia. Pequenina, engraçada e arguta. O poder de uma narrativa de qualidade, seja verbal ou visual, reside em ser atualizada pelo leitor a cada leitura.

18 de novembro de 2014

# Livros-brinquedo na Biblioteca Parque

Você convive com crianças menores de 10 anos e está no Rio de Janeiro? Sugiro um passeio delicioso: levá-las para visitar a Biblioteca Parque Estadual localizada na Avenida Presidente Vargas. Acervo dos mais ricos compõe a biblioteca infantil ali instalada. Neste espaço de ambientação acolhedora, estante em formato de casa se encontra repleta de livros para os muito pequenos, compondo a bebeteca, com vários exemplares de livros-brinquedo.

Um dos mais caros produtos do mercado editorial no segmento infantil, o livro-brinquedo, segundo Ana Paula Mathias de Paiva, "se vale do magnetismo do brinquedo e estimula verbos de ativação tais como: sinto, faço, provo, giro, movo, toco, pego, abro, puxo, monto, enceno, brinco, cheiro". Autora da tese de doutorado, defendida na Universidade Federal de Minas Gerais, *Um livro pode ser tudo e nada: especificidades da linguagem do livro-brinquedo*, a pesquisadora considera que esses livros são performáticos. "Eles validam relação de prazer ou lazer, que lembra o gosto por um objeto, o livro, antes mesmo de as crianças saberem o que é arte, mercadoria, cultura ou literatura", diz ela.

Extenso e detalhado, o trabalho de Ana Paula apresenta diferentes modelos de livro-brinquedo e também mapeia exemplares de inúmeros países. Segundo ela, na produção editorial contemporânea, os livros que possuem essa denominação marcam um lugar de transição de uso, pois entretêm e convidam à ação. Também valorizam a percepção visual, a performance do suporte e seus substratos de leitura (macios, ásperos, fragrantes). E ainda surpreendem o leitor com apelos sensoriais e táteis.

**ESPALHADAS** – Era o que ocorria com crianças muito pequenas no dia em que dediquei a conhecer a Biblioteca Parque. Sentadas, em pé e até mesmo deitadas, elas folheavam os livros que iam puxando da estante--casa. Entre eles, uma das obras mais premiadas de uma autora que adoro, a inglesa Lauren Child, com seu livro-brinquedo *Eu nunca vou comer um tomate*. Vencedor da medalha Kate Greenaway, ele tem engenharia de papel de Corina Fletcher, nome dos mais respeitados nessa área do *design*, e foi publicado no Brasil pela Ática.

Na narrativa sobre dificuldades que crianças apresentam na hora de comer, os irmãos Charlie e Lola brincam muito até ela passar a gostar de comer alimentos como cenouras e ervilhas, identificadas sempre com pitadas de fantasia, do tipo "palitinhos laranjas de Júpiter" e "pingos verdes de Cabo Verde". O leitor também se delicia com os movimentos que pode realizar nas páginas, como o de rodar o prato de comida.

Embora estrategicamente fabricado para promover momentos de alegria e propiciar descontração, conforme explica Ana Paula, o formato deve instigar a ficcionalização ou o ler brincando. "Livros-brinquedo convidam à leitura não passiva, propondo jogos de intensidade visuais ou sensoriais, ou ainda sensações de descoberta via interação", afirma a estudiosa. E tudo isso tem um objetivo, que é "tornar a criança leitora o sujeito da brincadeira". E esse é aspecto fundamental do livro-brinquedo, ele precisa apresentar qualidade verbal para não ser confundido com um mero brinquedo.

**LITERÁRIO** – Em frente à estante-casa, debaixo de uma árvore decorativa que brota livros, o motivo de curiosidade era *O que a Joaninha ouviu – livro dos sons* (Salamandra), de Julia Donaldson e ilustrações de Lydia Monks. Uma mãe lia para duas crianças, aparentando dois e três anos, a história da Joaninha que tudo via e ouvia, mas nada dizia. Ao mesmo tempo que procuravam o pequeno inseto escondido nas páginas, menina e menino eram estimulados a apertar botões de onde saíam sons de 10 diferentes animais. Quando terminaram a aventura da leitura acompanhada, fui avaliar o livro. O texto verbal tem caráter literário ao contar a divertida história de um roubo que estava sendo organizado e a esperta Joaninha terminou por impedir.

Com diferentes denominações – *toy books*, livro interativo, *libro juguete*, *livre jeu*, *movable book* –, o livro-brinquedo apresenta uma característica determinante, a de ser sempre interativo. Ele pede à criança participação ativa, normalmente com manuseio mais intenso. Por isso, precisa ser mais resistente e para tanto requer boa engenharia de papel. Nada mais chato que comprá-los e, nos primeiros dias de uso, páginas começarem a se desfazer. Tal sofisticação encarece o produto final e muitas vezes inibe sua adoção, embora em muitos países esse gênero já esteja legitimado.

O Brasil está atrasado na criação de livros-brinquedo. Em especial, segundo Ana Paula, porque o mercado editorial "ainda confunde o amplo conceito de livro-brinquedo com o simplismo da espetacularização de livros que saltam aos olhos em formato 3D e *pop-up*". Outra questão diz respeito ao pouco interesse de nossos autores em pensar esse tipo de produto. Algumas editoras, porém, começam a ampliar a aquisição de direitos de publicação de livros-brinquedo estrangeiros. Caso da Girassol, que acaba de lançar *O pirata dos piratas*, de Saviour Pirotta, com ilustrações de Mark Robertson e tradução de Mônica Fleischer Alves. Nele, imenso pirata (1,20 m) sai das páginas e o leitor em processo precisa puxar linguetas para encontrar tesouros escondidos.

Pergunto a Ana Paula quais são seus preferidos. Eis sua lista: o argentino *La escuela* (Atlantida), de Giovanna Mantegazza e ilustrações de Francesca di Chiara, e a coleção Le Petit Théâtre d'Ombre, da francesa Gallimard Jeunesse, obras com diálogos para encenação, palco, personagens e cenários impressos em acetato. Acompanhada de uma lanterna, a narrativa é projetada na forma de sombras. Ela também aprecia os livros de pano da Editions Quatre Fleuves, como *Regarde Moi!*, que funciona como travesseiro e fantoche. No meu caso, tenho um incrível herói que vive em livro-brinquedo de língua espanhola chamado *La fantástica historia del Ratoncito Pérez*, de Merixell Martí e Xavier Salomó, publicado pela Beascoa, hoje integrante do grupo Penguim Random House.

**DEMOCRATIZAR** – Como a maioria das crianças brasileiras não tem acesso a esse tipo de material, em função do preço elevado e também porque dificilmente eles são oferecidos nos editais de compras institucionais, a seleção da Biblioteca Parque se torna ainda mais importante ao democratizar o uso de produto com acabamento caro e, pelo que vi, muitos com boa qualidade literária. Só acho que a Biblioteca precisa ter seu uso mais incentivado. Percorri todos os andares, destinados à literatura adulta e para jovens, e percebi que os usuários ainda são poucos. As diferentes comunidades que compõem a sociedade carioca não a adotaram como lugar de afeição, compartilhamento e uso cultural. Quero acreditar que, aos poucos, isso ocorrerá[2]...

A visita à Biblioteca Parque ocorreu há 15 dias. Curiosa e anônima, fui bem atendida em minhas poucas demandas. Às funcionárias que cuidavam da biblioteca infantil, situada em bloco separado do universo adulto, perguntei sobre o tamanho do acervo daquele setor – o que inclui a bebeteca e os livros-brinquedo. São nove mil títulos e era esperado um lote entre dois e três mil novos livros, que já estavam sendo catalogados. Li alguns dos já manuseados por crianças, folheei outro tanto e ri muito com um exemplar de *Como reconhecer um monstro* (Jujuba), de Gustavo Roldán, tradução de Daniela Padilha. Sem querer, bagunçei uma estante, derrubando alguns volumes, e, como não percebi nem mesmo um olhar de reprovação, continuei minha experiência de leitora-observadora. O resultado é o texto que lhes ofereço. Boa visita à Biblioteca Parque! Por acaso, não sabem como chegar? É só pegar o metrô e descer na estação Presidente Vargas ou na Central.

25 de novembro de 2014

---

2   Em dezembro de 2016, a Biblioteca Parque teve seus serviços interrompidos.

# Leitura nas férias

Dezembro chegou e a criançada está prestes a entrar de férias. Faço algumas sugestões de leitura para serem compartilhadas em família. Quase todos os livros indicados foram enviados ao *blog*. Há apenas duas exceções, um recebido como presente e outro adquirido em livraria. Às famílias que não conseguem ou não querem comprá-los, recomendo uma ida a bibliotecas de suas cidades em busca de títulos interessantes, pois eles quase sempre existem nas prateleiras. Ler nas férias pode ser mais lúdico do que assistir desenhos na televisão ou brincar com *tablets*. A questão resume-se ao prazer que atribuirmos ao momento da leitura.

*Leo e a baleia* (Paz & Terra) marca a estreia do premiado ilustrador britânico Benji Davies como autor do texto verbal. Com tradução de Marília Garcia, a narrativa fala do solitário menino que encontra um filhote de baleia na praia, leva-o para casa, e o transforma em amigo. O pai, até então um ausente, decide devolver o animal ao mar com a ajuda do garoto. O texto verbal adota tom explicativo, mas as imagens são poéticas e cativantes, em especial, quando exibem a viagem pelo oceano.

Benji domina a arte da animação e o passar das páginas recorda essa técnica que tanto atrai os pequenos. Exalam calma as paisagens criadas por ele, como se o tempo também fosse personagem da narrativa. Ganhador de prêmios, já traduzido para vários idiomas, o livro apresenta pequena charada na página que contém a ficha catalográfica. No alto, quase escondido no encontro do mar com o céu, estão gravados os versos: "O encanto do mundo,/ A beleza e a força/ As formas das coisas,/ Suas cores, luzes e sombras./ Tudo isso eu vi". O poema pode ser interpretado como apelo às descobertas da leitura, pois diz ao leitor "olhe também enquanto/ houver a vida".

Para os que estão em processo de alfabetização, *Jabuticabeira* (Alfaguara), de Raul Fernandes, mostra como "um mundo inteiro cabe numa árvore". Com textos verbais breves, em quadras, o livro apresenta ilustração em cores variadas. E os desenhos se encontram muito próximos dos traços livres característicos daqueles feitos por crianças. O autor conseguiu elaborar narrativa verbal lúdica, reforçada por saboroso jogo visual de aliterações. A repetição de fonemas aparece quando apresenta animais amigos da singular árvore brasileira, que desempenha muitas funções, sendo "o cabide da coruja carlota", "o varal da vira-lata veroca", ou "a rede da risonha rosinha".

**SUBSTITUIÇÃO** – Para pais que pouco desfrutam da leitura em conjunto com os filhos, porém nas férias estão mais disponíveis a essa aventura, *O dia em que troquei meu pai por dois peixinhos dourados* (Rocco Pequenos Leitores), de Neil Gaiman e ilustrações de Dave Mckean, tem gosto de vingança à moda infantil. Como o pai vive a ler jornais e um dia lhe dá uma ordem que considera injusta, o menino resolve trocá-lo pelos dourados. As ilustrações recorrem ao estilo das *graphic novels*, no uso de balões de diálogos, exagero nos traços e muito humor. À primeira vista, os desenhos parecem ser desordenados, mas se trata de estratégia do ilustrador para revelar um mundo infantil movido por associações, mais do que pelo processo racional. Com texto verbal em letra cursiva, se trata de narrativa verbo-visual, sendo as imagens essenciais para a apreensão da história.

Para muitos leitores, férias no verão são sinônimo de água, como banhos de mar, cachoeiras, rios, piscinas e duchas com mangueira. Um livro que evoque esse universo ajuda muito na hora de dormir, pois dá a sensação de que essa liberdade de movimentos acompanhará a criança até a chegada do sono. *Flubete* (Companhia das Letrinhas), de Dálcio Machado, outro autor-ilustrador, conta a história de uma raia de olhos sensíveis, que ardiam muito nas águas salgadas do oceano. Ela precisa fechá-los para percorrer as águas e isso provoca muitos desastres. Ajudada por moluscos, ela decide se transformar em outros animais ou objetos e gera ainda mais confusões.

Sendo Dálcio cartunista conhecido, os desenhos lembram charges na ampliação dos traços e na liberdade com que se espalham na mancha da página. Em formato paisagem, o livro explora os diferentes limites das páginas, trocando a posição das palavras e das ilustrações, em movimentos que podem atrair ainda mais a atenção, em especial, daqueles pequenos mais irrequietos, resistentes ao descanso do sono.

**TECIDO** – O estilista Ronaldo Fraga, conhecido pelo lançamento de figurinos descolados, também estreia como autor de livro infantil. Em parceria com a ilustradora Anna Göbel, elaborou *Uma festa de cores – memórias de um tecido brasileiro* (Autêntica). Fã de chitas, chitinhas e chitões, achei o livro encantador e o recomendo para leitores diversos. Desde aqueles recém-alfabetizados até adultos curiosos em conhecer essa personagem, a Chita, que percorre a história do Brasil e está presente em muitos cenários.

A ilustração de Göbel inspira-se na alegria da estamparia e parece ter sido feita a partir de colagens com o tecido. Ela enfatiza as cores de fundo desses panos tão populares, veste as personagens citadas com as padronagens, recorta detalhes do tecido e realça o caráter mestiço dos brasileiros ao definir diferentes tons para a cor da pele de homens, mulheres e crianças. Fraga, na narrativa verbal, faz uso da primeira pessoa, se baseia na apresentação paulatina dos caracteres da personagem e deixa para o final a sua identificação. A capa dura reflete a técnica *composée*, quando se combina o tecido muito colorido com outro de base neutra.

Crianças já bastante fluentes na leitura – ou pais dispostos a compartilhar esse ato com aquelas de menor repertório – poderão usufruir com o sentido mágico das *Histórias africanas* (FDT), recontadas por Ana Maria Machado e ilustradas por Laurent Cardon. A começar pelas páginas da ficha catalográfica, do sumário e do prefácio, este último assinado pela autora, o livro explora imagens em tons próximos ao dourado, maneira de transmitir a ideia de que as narrativas apresentadas são tesouros. Os desenhos exibem representações figurativas que se tornam atraentes devido à adoção de coloridos harmônicos e, em algumas pranchas, graças à exploração de planos sucessivos, caso daquela em que são apresentados alguns dos grandes animais da região.

A estratégia narrativa de Ana Maria para fisgar o leitor-alvo se baseia no uso de diálogos ágeis e na forma sutil com que o narrador dialoga com o leitor. No conto que julgo mais divertido, "Mesmo lugar outra festa", recolhido na Nigéria, a escritora recorre aos subterfúgios dos contadores de história para provocar a participação do leitor, indagando, quase ao final da narrativa: "Vocês querem esperar até que ele acabe de cair?".

**NOTURNO** – Ganhei de presente de aniversário *4 contos* (Cosac Naify), de e.e. cummings (em minúsculas, como ele assinava), com ilustrações de Eloar Guazzelli e tradução de Claudio Alves Marcondes. Embora parte das narrativas tenha sido escrita pelo escritor para sua filha, Nancy, quando era bem pequenina, os contos são indicados para os já fluentes na leitura. Entretanto, tenho convicção de que muitos adultos saberão degustá-los por causa da prosa elegante e imaginativa de cummings.

O objeto livro tem o formato alongado na vertical e intrigante jogo de imagens compõe a capa, pois o numeral quatro se assemelha a uma figura geométrica inscrita em paisagem de sonho. No interior, predomina o uso de cor que chamo de azul noturno. Em contraste com roxos, lilases e verdes, as ilustrações estão bem demarcadas nas páginas, separadas do texto, mas desenhadas de maneira orgânica, como se fossem uma continuação deste último. Na quarta capa, há uma surpresa para o leitor: poema de Alexandre Barbosa de Souza apresenta o livro e dialoga com as narrativas do poeta norte-americano que encanta gerações.

Há algum tempo, adquiri o último livro analisado, motivada por questões táteis, pois deslizar a mão sobre suas páginas foi experiência apaixonante. Em formato paisagem, capa dura, e apenas em preto e branco, *O livro negro das cores* (Pallas), das venezuelanas Menena Cottin e Rosana Faría, é o único que não foi lançado este ano. Feito originalmente com tradução em braile, para ser lido por deficientes visuais, o título me conquistou por investir na memória dos sons e cheiros, e na tactibilidade.

Leitores são desafiados a identificar cores apenas pela descrição verbal e pelo toque nas ilustrações. Quando, na página par, está dito que "o vermelho é azedinho como o morango e doce como a melancia, dói quando aparece no joelho machucado", ao lado, na ímpar, aparece apenas o desenho em relevo do morango. Com fundo e figura em negro, apenas texturas sobressaem. Sugiro que o adulto leia para a criança e ela permaneça com os olhos fechados e use as mãos. Com tradução de Rafaella Lemos, o livro amplia o conceito de leitura inclusive para leitores mais experientes. Desde que, como crianças, estejamos dispostos a vivenciar a seguinte proposição: cena de leitura = entrega dos sentidos. Boas leituras nas férias.

2 de dezembro de 2014

# Celebrar os clássicos

O novo ano começa daqui a pouco e, no último artigo de 2014, regresso a autoras clássicas que se voltaram para o universo infantil. Clarice Lispector trabalhou com a prosa, enquanto Cecília Meireles foi exímia na poesia. Ainda trago Sylvia Orthof para a tela, a única dedicada somente ao infantil, em diferentes gêneros. Questiono-me se esse retorno relaciona-se a certa nostalgia que acompanha a mudança do calendário. Sim, senti saudades de escrever sobre essas escritoras que me encantam.

O encanto inexiste enquanto categoria literária, embora seja aspecto quase sempre apontado por leitores quando falam de leituras ou autores prediletos. Enrique Vila-Matas, no brevíssimo e delicioso livro *Ella era Hemingway/No soy Auster* (Alfabia), recupera a discussão sobre a questão do encantamento, levantada antes pelo filósofo Fernando Savater. Como eles, creio que a esses escritores que despertam a simpatia literária, o leitor "perdoa tudo e agradece os acertos", nas palavras de Vila-Matas. São autores que podem gerar uma adição naqueles que os admiram. Confesso-me, pois, adicta a Clarice, Cecília e Sylvia. E me refiro a elas pelo prenome, pois de tanto lê-las, me sinto íntima.

De Clarice reli *Doze lendas brasileiras – como nasceram as estrelas* (Rocco Pequenos Leitores), edição recém-lançada em capa dura e ilustrada por Suryara. Escrito a partir de releituras do folclore brasileiro, a novidade se deve à publicação pela primeira vez em livro de texto introdutório elaborado pela autora e incluído no calendário em que os contos foram publicados em 1976. Trata-se de uma celebração do calendário, pois, a cada mês do ano, a escritora resgatou uma lenda do país.

**FABULAÇÕES** – Reflexiva, pouco afeita a facilitar a linguagem para os jovens leitores – e mesmo assim ser capaz de manter a atratividade sobre eles –, no texto introdutório intitulado "A força do sonho", Clarice indaga se uma lenda é verossímil? Ela mesma responde: "sim, porque assim o povo quer que seja". E continua: "De pai para filho, de mãe para crianças, é transmitida uma fabulação de maravilhas que estão atrás da História".

Ao reconhecer a força das transmissões populares, ela concede à literatura oral as qualidades de "plena e suculenta". E a partir daí passa a contar essas narrativas ao seu modo, com elegância, e com alguma picardia, ressaltando sempre o caráter imaginoso das personagens. Caso dos travessos curumins que subiram aos céus em cipós amarrados pelos colibris para fugir da bronca de suas mães e deram origem a "gordas estrelas brilhantes". As ilustrações de Suryara jogam com a mancha de texto, permitindo maior flexibilidade entre os espaços do texto visual e do verbal, contudo, elaboradas de acordo com o imaginário popular, elas funcionam mais como suporte ao trabalho de Clarice.

Na nova edição de *Ave, alegria!* (Gaia), de Sylvia Orthof, com ilustrações de Ellen Pestilli, reconheço o caráter de celebração da vida e da natureza, que julgo importante ser transmitido aos mais pequenos. A escritora retoma a oração cristã "Ave, Maria" e a parodia em ritmo de litania. As imagens de Pestelli, em cores vivas e nas dimensões das páginas, acompanham o sentido de exuberância, de miscigenação entre povos e seres, pretendido por Orthof. Embora apresentem traço imaginativo, também exercem a função de suporte diante da força do texto verbal.

Lidar com a paródia pode ser um problema, pois em muitos casos o texto-base exerce efeito tirânico sobre a obra mais recente, reduzindo o impacto pretendido pelo novo autor. No caso do livro de Sylvia, reside no recurso à alegria a superação do sentido da oração religiosa. "Ave alegria,/ cheia de graça,/ o amor é contigo, bendita é a risada/ e a gargalhada". Um humor positivo, que busca dar aos leitores a ideia de futuro feliz, quando diz: "Ave a criança,/ que nela eu creia".

**LIBERDADE** – Da extensa bibliografia da autora, *Ave, alegria!* não é um dos meus textos prediletos, porque em seus livros sou mais afeita ao humor meio debochado e às narrativas *nonsenses*. Como em *Uxa, ora fada, ora bruxa*, relançado ano passado pela Nova Fronteira, com ilustrações de

Gê Orthof. Edição que teria ficado muito mais instigante para as crianças se feita em formato paisagem, o que possibilitaria maior liberdade às imagens criadas pelo filho da escritora. Aliás, em minha opinião, ele é o artista que melhor compreendeu as narrativas orthofianas, estabelecendo produtivo diálogo e transformando os livros que assinam juntos em verbo-visuais, pois seus desenhos terminam por acrescentar informações ao que é narrado verbalmente.

Dos livros de nossas autoras clássicas que reli este ano, o mais bonito – também não é um critério literário, mas ajuda a definir uma edição –, sem dúvida, é *Ou isto ou aquilo*, de Cecília Meireles (Global), com ilustrações de Odilon Moraes. Com capa dura, organizado pelo crítico literário André Seffrin em 2012, o livro apresenta excelente unidade entre os sonoros textos de Cecília e as ilustrações de Moraes. Juntos, formam uma poética de delicadezas. Percebe-se o esforço editorial para reapresentar a obra-prima da poeta com a qualidade que ela com certeza exigiria. Obra que se alimenta de tradições orais, das parlendas, dos trava-línguas, do cancioneiro popular.

O jogo de ritmos, as repetições sonoras, tudo baseado em aliterações e assonâncias, somado à inteligente maneira de expor para o jovem leitor que a vida é feita de escolhas, fazem com que *Ou isto ou aquilo*, lançado em 1964, permaneça clássico. Relembro a professora de literatura que tive na Universidade de Brasília, Ana Maria Lisboa de Mello, especializada na obra ceciliana, que enfatizava ter sido o livro divisor de águas na literatura infantil brasileira, por inaugurar modo de criação que privilegia o olhar da criança.

Segundo Salvatore Settis, em *El futuro de lo clássico* (Abada), para ter identidade e força, os clássicos lançam raízes no passado, dizem do presente e miram o futuro. Clarice, Sylvia e Cecília inspiram-se em nossas tradições populares, reescrevem narrativas, imprimem personalidade literária ao dito e, nos livros infantis, valorizam a alegria. Ao ganharem edições atualizadas, continuam capazes de encantar novos leitores, quiçá, reencantar os que já as conhecem. Inspirada nelas, desejo que saibamos desfrutar alegrias que 2015 trará!

30 de dezembro de 2014

# Adolescentes exigentes

Começo de ano e período de férias. Combinação das mais gostosas para milhares de adolescentes do país, que podem usufruir o tempo sem amarras. Essa geração que se encontra entre 12 e 17 anos tornou-se exigente no sentido de que foi educada muito mais pela técnica da montagem – cinema, televisão, telas de computadores – do que pelas narrativas escritas. Para atrair boa parte deles, textos de ficção em papel precisam fazer frente a esse imperativo. Falarei de alguns títulos que poderão interessá-los por apresentarem modo de narrar menos convencional, ideais para serem lidos neste verão.

Defrontei-me com *Zona de sombra* (Artes e Ofícios), de Luís Dill, escrito em ritmo de *hiperlink*. Seria desonesto dizer que a cadência ao lê-lo foi semelhante a de outros tantos livros que já apreciei. Fui levada a ser mais lenta. Precisei recorrer muitas vezes à memória para recuperar trechos da narrativa. Sou leitora egressa do mundo analógico. Entretanto, adepta da tese de que as tecnologias digitais transformaram modos de cognição, ouso dizer ser esse um livro que experimenta uma estrutura diferente, muito próxima dos jogos apreciados por essa nova geração.

Tamara desobedece aos pais e decide ir ao show de seu cantor predileto. Na entrada, após um tumulto, ela esbarra em uma moça ferida, que, de maneira escondida, joga na bolsa da adolescente um objeto. Por causa dele, a protagonista será perseguida por bandidos, e se esconde em feio prédio abandonado. Ali viverá situações de perigo, pois o conteúdo do objeto coloca em risco negociatas de uma empreiteira. Na trama bastante atual, se levarmos em conta os permanentes casos de corrupção no país, o ponto de vista adotado é o do narrador em terceira pessoa.

O diferencial encontra-se no modo de construção do enredo. Para cada episódio de perigo, o narrador oferece duas ou três possibilidades de leitura. Por exemplo, a garota bateu na porta do apartamento 101 e o leitor acompanha o encontro dela com outras personagens. Desenvolvido esse episódio, a denominação é minha, o narrador faz um pequeno aviso e propõe outra chave de leitura para aquele evento. "Vejamos o que ocorreria se, após descobrir o gravador em sua bolsa, Tamara resolvesse sair do apartamento 101", propõe o narrador. Ato seguinte, apresenta outra versão.

**CONDUÇÃO** – Trata-se de narrador hiperativo, pois capaz de propor muitos retrocessos e adiantamentos no encaminhamento da trama, e também imperativo – ele não persuade o leitor, prefere usar expressões de comando no plural, como "vamos retroceder", "digamos" e "vejamos" na hora de propor novos caminhos de ação. Ao desconfiar do andamento da narrativa, abrindo o leque de possibilidades, como se quisesse mostrar que poderia haver uma melhor condução da trama a depender da capacidade de imaginação de quem lê, ele funciona de maneira semelhante ao comportamento daqueles que escrevem texto em telas. Como se fossem se acumulando páginas e páginas abertas de internet. Ao propor recuos e modificar o encaminhar dos fatos, força o leitor a refletir constantemente sobre os rumos da aventura e também sobre os modos de narrar um mesmo acontecimento.

O tratamento dado pelo autor à condução da trama, ou das tramas, para ser mais apropriada, perfaz aposta de alto risco. O leitor poderá ficar muito curioso e trabalhar a narrativa como se fosse um jogo de combinações, se sentindo desafiado a elucidar as variadas possibilidades propostas pelo narrador. Ou, talvez, se enfade ao percorrer tantos caminhos que lhe são propostos. No meu caso, houve momentos em que a repetição de algumas descrições – em especial, do edifício "abandonado, invadido, inacabado" – provocou certo cansaço. Mas a curiosidade de leitora – e também o olhar de quem analisa e vive a reivindicar livros mais elaborados para o segmento juvenil – me manteve na circum-navegação em torno das aventuras da adolescente que vive em Porto Alegre.

Penso que a narrativa de Dill exige um leitor à altura do texto, isto é, familiarizado com esse tipo de linguagem, feita de aberturas, de janelas e portas dentro do mesmo espaço narrativo. Talvez por tal peculiaridade venha a agradar adolescentes em busca de novidades na estruturação de romances – ou mesmo adultos que se interessem por técnicas de escrita.

**POESIA** – "Literatura pop" é termo apropriado para *Meninos não escrevem poesia* (Leya), de Sharon Creech, com tradução de Flávia Souto Maior. O garoto Jack tem dificuldades na aula de literatura orientada para a poesia, mas, com a ajuda de uma professora, descobre os poemas de Walter Dean Myers. Contato que o levará a escrever seus próprios poemas, versos livres que portam questionamentos característicos da adolescência. "Eles ficam bonitos assim, digitados,/ em papel azul sobre um mural amarelo/ ... (mas ainda não conte a ninguém/ quem os escreveu, está bem?) / ... (E o que significa anônimo?/ É algo bom?)".

Ao elaborar seus poemas de maneira despretensiosa, como se fossem desabafos, ele seduz leitores da mesma faixa etária. Sua performance recebe a ajuda da apresentação gráfica do livro, programada com letras azuis sobre a mancha amarela e desenhada de maneira que lembra uma edição improvisada, como se feita artesanalmente pelo menino-autor. Indiretamente, a obra estimula e convida meninos a se expressarem por meio da poesia, mas tudo feito por alusões, sem qualquer indicação didática.

Como o desenvolvimento poético de Jack ocorre a partir da leitura de nomes consagrados da tradição inglesa, ao final da edição são apresentados, em páginas azuis, alguns poucos poemas de autores como Robert Frost e William Blake ("Tigre! Tigre! chama intensa./ À noite, na mata densa, que mão ou olho imortal poderia/ moldar tua feroz simetria"). Textos de fácil absorção para jovens leitores, que costumam possuir pequeno repertório na arte poética. Há outro aspecto da edição que me agrada. No lugar de paratextos[3], normalmente inseridos no interior de livros, foi encartado um suplemento de leitura com propostas de atividades orientadas para o jovem leitor, e não aos professores. Assim, o corpo do livro restringe-se à narrativa.

---

3   O termo, criado por Gérard Genette, se refere a textos ou imagens que dão sustentação ao texto principal de um livro e possibilitam a ampliação da leitura e da capacidade de interpretação. Na literatura infantojuvenil brasileira, costumam ser publicados no final da edição.

**APRENDIZAGEM** – Em *O paraíso são os outros* (Cosac Naify), de Valter Hugo Mãe, chama atenção o modo de elaboração da escritura em si. A partir de série fotográfica retrabalhada pelo artista Nino Cais, o escritor compôs o texto em primeira pessoa, desabafos de uma menina que apreende sobre o amor ao observar casais, inclusive os não racionais. Às fotografias antigas que retratam casamentos, Cais adicionou pedras de bijuteria. Os rostos ficam encobertos por elas e temos apenas a impressão da cena documentada. Presumimos que sejam momentos de alegria, mas o futuro permanece obscuro, como os rostos. As imagens aparecem em páginas pares, dentro de molduras. Nas ímpares, os textos de Mãe, que podem ter de três a 20 linhas, também emoldurados, trazem o discurso da garota.

A menina tece suas considerações sobre o amor, com acentuado tom lírico, mas também com boa dose de humor. O leitor enreda-se em suas considerações, tais como quando diz "o amor é urgente. As pessoas ficam aflitinhas com o amor como quando queremos ir fazer xixi". Ou: "amor é namorar com cuidado". Se as imagens reproduzidas referem-se apenas a casais heterossexuais, em seu fluxo de consciência, a pequena demonstra saber que o amor se manifesta por distintos caminhos, variadas formas de encontro – "mulher com homem, homem com homem e outros de mulher com mulher". Em suas reflexões, ela que sofre "de um problema de sossego", desconfia que a "solidão é uma perda de sentido que faz pouca coisa valer a pena".

A engenharia do livro permite que os 18 textos sejam lidos de maneira tradicional, com começo, meio e fim, como um conto. Ou o leitor poderá ler de maneira livre cada um dos textos. Essa liberdade de manuseio poderá agradar a muitos adolescentes, pois essa geração pouco se apega ao linear. Outro aspecto que me atraiu foi a sutil valorização do imagético, tanto em relação ao material produzido por Cais – apenas cinco imagens definem texto e edição – como das associações realizadas pela observadora menina, capaz de concluir sinteticamente que nossos corpos são casas, "habitados com maior ou menor juízo". No olhar singelo e arguto de sua aprendizagem do amor, se dá a configuração do outro como sendo o paraíso. O que termina por remeter a narrativa a outra obra de Mãe, *A desumanização*, de onde foi retirada a frase que dá título às confissões.

**VEEMÊNCIA** – A obra *Como gata e rato, como cão e gata – pequenas noções de zoologia humana* (Galera), de Luiz Raul Machado, com ilustrações em cor grafite de Ana Freitas, pode ser considerada a junção de dois livros em um. Os textos configuram espécie de zoologia das emoções, ao remeter a comparações com animais irracionais, machos e fêmeas, cujos nomes dão títulos às pequenas crônicas. Em uma parte, o discurso feminino exibe seu olhar sobre o encontro amoroso e os jogos de sedução. Na outra, a voz masculina apresenta sua versão. No meio, ponto de encontro ou desencontro, um poema resume encantamentos e desilusões. "Como gato e rato/ – cobras e lagartos –/ é um para o outro/ como cão e gato".

Ácidos, ambos os discursos apresentam linguagem curtida em ênfases violentas aliadas a humor quase cáustico. Ele diz sobre ela: "as minhas arremetidas se desmanchavam como onda na praia. Eu, tão felino e ferino, avançava, respondia, ironizava". Ela antes havia dito a ele: "relendo tudo isso antes de jogar fora, ouvi dentro de mim o grito de porco quando é sangrado. Só que silencioso". Em pequeno formato, o curioso livro trata o leitor juvenil com uma veemência que me fez recordar a leitura, quando jovem, de *Porcos com asas*, de Marco Radice e Lidia Ravera, diário político e sexual de dois jovens, hoje texto quase pueril.

No verso e anverso dos endereçamentos amorosos, no livro escrito por Machado, ela e ele deixam exalar a potência de seus desejos transmutados em palavras. Nada mais semelhante a adolescentes reais que costumam viver sentimentos extremos. Enquanto preparava a análise deste e dos outros livros de feitio exigente, lembrei-me de Henry David Thoreau, em *Walden*: "os livros devem ser lidos com a mesma deliberação com que foram escritos". Só posso desejar que cada uma dessas obras encontre seus leitores ideais.

6 de novembro de 2015

# A cruzada dos pequeninos

Quando o *Charlie Hebdo* foi atingido pela fúria indecente dos terroristas praticantes da religião islâmica, estava concluindo a leitura de *El barco de los niños*, o segundo livro infantil do escritor Mario Vargas Llosa, lançado no final do semestre passado pela Alfaguara no mercado hispânico, ainda sem previsão de lançamento no Brasil[4].

O Prêmio Nobel de Literatura adaptou *La croisade des enfants*, escrito por Marcel Schwob, em 1896, narrativa ficcionalizada da Quinta Cruzada, realizada por adolescentes europeus decididos a reconquistar Jerusalém, dominada por turcos muçulmanos no distante ano de 1212. Tema que inspirou Bertolt Brecht, no livro *A cruzada das crianças*, que ano passado ganhou esmerada edição da Pulo do Gato, com ilustrações de Carme Sole Vendrell.

Circunscrito à terrível viagem, que dizimou os "peregrinos pequeníssimos", como foram chamados os passageiros da lunática nau, o livro de Llosa provocou em mim associações com a insanidade que ronda esses dias atuais vividos por "gentes ferozes". A expressão pertence à personagem criada por Llosa – o ancião que conta as aventuras passadas no estranho barco a um menino contemporâneo. Ela alude aos piratas que na Idade Média transformaram o Mediterrâneo em seu paraíso, originários de todas as nacionalidades e adeptos de variadas crenças: "gregos, turcos, egípcios, italianos, franceses, argelinos, marroquinos, portugueses", gente de "crueldade ilimitada", nas palavras daquele senhor.

---

4   No final de 2015, o livro foi lançado no Brasil, com tradução de Ari Roitman e Paulina Wacht, pela mesma editora, que manteve as ilustrações da edição espanhola.

A história real conta que a quinta expedição à Terra Santa foi composta por 30 mil adolescentes, mas que os barcos jamais chegaram ao destino previsto, vitimados por inúmeros perigos e pela fome. Diferente das outras cruzadas, esta necessitava de "almas puras" e foi organizada a partir de um grupo que garantia ter recebido a mensagem diretamente de Jesus Cristo. O que mais se sabe sobre a viagem se tornou lenda, transmitida às gerações oralmente até que Schwob, escritor francês de origem judaica, decidiu registrá-la.

A crença que recuperariam Jerusalém e ganhariam o reino de Deus moveu aqueles passageiros, que "lotavam as rotas como um enxame de abelhas brancas", segundo o texto de Schwob. Eram advindos dos quatro cantos do continente europeu, com destino a Marselha, de onde navegariam rumo ao Oriente Médio. O resto do caminho até Jerusalém estava programado para ser feito a pé. Por mais que discursos de líderes políticos e religiosos e da própria mídia tentem desvincular o atentado terrorista em Paris da questão religiosa, foi uma das interpretações ortodoxa e politizada da fé islâmica que engendrou as ações dos dois irmãos que atacaram a redação do jornal e daquele que invadiu o supermercado em apoio aos primeiros.

Uma fé exasperada que, misturada a outras contingências, assusta a terra dos descendentes de Schwob, escritor admirado por Paul Valéry e Oscar Wilde, adepto de uma poética de viés simbolista no uso de alusões e sinestesias, percussor do imaginário surrealista e influenciador de escritores como Alfred Jarry e Jorge Luis Borges. Organizador da coleção Save the Story, que apresenta às novas gerações clássicos da literatura adaptados por importantes escritores da atualidade e pela qual *El barco de los niños* foi publicado, o escritor italiano Alexandre Barrico defende que *La croisade dês infants* é "uma história muito bela em que todos os meninos se perdem no nada".

**CRENTES** – Parece que é esse nada, o indizível, o que também moveu os meninos ficcionalizados e os adultos que, recentemente, assassinaram mais de uma dezena de pessoas. Os meninos crentes viajantes do passado estavam dispostos a perder a vida em nome do ideal de recuperar a terra chamada de santa. Os do presente terminaram mortos pela polícia, após assassinarem várias pessoas, movidos pelo objetivo de vingar o profeta Maomé, que consideraram ofendido pelas charges publicadas pelo periódico. Séculos separam os dois atos organizados a partir de posições resguardadas em crenças religiosas. O grave é que o mundo acreditou ter mudado nesse período e a realidade mostra que, em alguns lugares, religiões continuam atreladas à intolerância e à violência física, quase militar.

A radicalização de grupos que se dizem seguidores de Alá reitera que muitos ainda defendem (e praticam) sentenças de morte contra aqueles que ousam discordar de sua crença, de seus pontos de vista. Gente que jamais admitirá o existir de seres dispostos a questionar a ideia do sagrado – em suma foi isso que os caricaturistas fizeram. No discurso de suas charges, eles deixaram claro que tudo é passível do riso, da sátira, da burla, enfim, do mais ácido questionamento. Os que reagem com violência a essa radical dessacralização, ao contrário do narrador de Schwob, são incapazes de perceber que "o fim de todas as coisas santas está na alegria", e terminam no apego ao ódio.

Na ficção recontada por Vargas Llosa, após certo tempo enfrentando as durezas do mar, as meninas e os meninos se tornam invisíveis, transparentes, inconsistentes. Aprendem tudo sobre o barco, rezam, bailam, vivem alegres e não envelhecem. Não chegam a Jerusalém, mas continuam a navegar pelos oceanos e descobrem outros mundos. Quanto aos três terroristas mortos pela polícia, jamais saberemos se conseguirão chegar ao paraíso pregado pelo *Alcorão*. Pode ser, no entanto, que, em algum lugar de um tempo qualquer, o relato do mal que fizeram venha ser ficcionalizado como aventura de heróis. Cada povo cultiva suas narrativas ficcionais como quer. No reino da ficção, todas as possibilidades existem. E, por mais duras que sejam, temos que aceitar sua existência, mesmo que jamais venhamos a examiná-las ou apreciá-las.

**EXAGERADO** – A charge, em minha opinião, significa ficção. Ao aumentar os traços, ao tornar o real mais exagerado e fora do esperado, ela entra para o reino do imaginado, que é o da arte. Há tempos penso isso. Costumo defender que o trabalho de um chargista ou caricaturista é arte, assim como o é o do ilustrador. Para os que possam argumentar que estou criando sofismas de última hora, também argumento que, mesmo se a crítica dos jornalistas fosse virulenta análise restrita ao real, nada justificaria a mortandade, pois a liberdade do discurso é das poucas que nos resta. Contra discursos absurdos, abusivos: empregue-se a lei, se organizem protestos.

O texto de Llosa apresenta o inconfundível caráter de elegância de seus romances adultos. O ritmo tem muita fluidez, obtida graças à estratégia de desenvolver o enredo a partir do diálogo entre as personagens. Aspecto realçado pelo projeto gráfico que aumenta o tamanho das letras e diminui o tamanho dos parágrafos, a cada novo capítulo, dando mais movimento às páginas. As 50 ilustrações da polonesa Zuzanna Celej, em tons delicados, pouco me atraíram. Quase nada acrescentaram ao verbal. Têm, no entanto, a qualidade de tornar mais leve a edição peruana, cujo exemplar adquiri na agradável livraria El Virrey, em Lima.

Ao modernizar a narrativa da caravana dos jovens cruzados, enfatizando o caráter de incrível aventura, Llosa fez a personagem-anciã esperar sentada, todos os dias, em um banco às margens do mar, o garoto Fonchito chegar para tomar o ônibus escolar. Nesse intervalo, aproveitam para prosear, conforme vai relatando o narrador onisciente. O mais velho apresenta ao menino muitos mundos, evocando a transmissão de conhecimentos e saberes por via oral, maneira de relembrar como se deu a construção da narrativa trágica e fantástica dos adolescentes, que sobreviveu seis séculos antes de ser firmada no papel. O garoto, que tem o mesmo nome da personagem central do primeiro livro infantil do escritor, *Fonchito y la luna* (Alfaguara), questiona vários aspectos da narrativa, indaga sobre outros, mas o que impera entre as duas personagens é a frutífera conversa entre gerações, que são bem distanciadas no tempo, mas regidas por curiosa tolerância. Palavra das mais proferidas no tempo presente, ação das menos praticadas.

13 de janeiro de 2015

# Festa para Alice

Uma das mais carismáticas personagens da literatura completa 150 anos e recebe muitas homenagens. Alice, de Lewis Carroll, criada em 1865, permanece – e, creio, permanecerá para sempre – criatura fascinante, capaz de encantar leitores de diferentes gerações[5]. Em vários países, exposições, conferências, lançamentos de livros, performances, concertos, sessões de degustação e até mesmo um jogo de críquete com a presença de flamingos cor-de-rosa serão realizados em torno da narrativa *Alice no País das Maravilhas*, uma das obras mais traduzidas e adaptadas da literatura mundial.

*Site* dedicado ao aniversário, www.alice150.com/, listou quase uma centena de eventos a serem realizados em apenas 10 países, além do lançamento de 63 publicações relacionadas ao tema. A maior parte das comemorações concentra-se na Inglaterra, país de nascimento do autor e também da protagonista, e nos Estados Unidos. Bélgica, Áustria, França, Indonésia, África do Sul também se renderão à menina que cai na toca de um coelho, muda de tamanho ao longo da história e vive as mais bizarras situações.

No Brasil, a data começou a ser comemorada em dezembro com o lançamento de *Jaguadarte*, pela editora Nhambiquara. Publicado pela primeira vez no livro *Alice através do espelho*, continuação de *Alice no País das Maravilhas*, o poema é obra de extrema complexidade, porque fundado em neologismos, em que até três vocábulos juntam-se para formar novo

---

5   Para leitores adultos, recomendo duas das muitas interpretações da narrativa inserida nos dois primeiros artigos do livro *Ornicar?: v. 1 – De Jacques Lacan a Lewis Carroll*, organizada por Jacques-Alain Miller (Zahar, 2004).

sentido. O texto foi traduzido por Augusto de Campos e ganhou ilustrações de Rita Vidal. Imagens que, segundo Campos, buscam "mais despertar a imaginação do que circunscrevê-la a um formato previsível".

**LANÇAMENTO** – Em maio, a Cosac Naify lançará *Alice através do espelho*, em duas edições, comercial e para colecionadores, a exemplo do que fez em 2009 com *Alice no País das Maravilhas*. Se esta última recebeu tradução do historiador Nicolau Sevcenko e ilustrações do artista plástico Luiz Zerbini, agora será o poeta Alexandre Barbosa de Souza o responsável por traduzir para o português o texto carrolliano. As ilustrações serão assinadas pela também artista plástica Rosângela Rennó.

O Brasil aprendeu a gostar de Alice e de seu mundo fantástico com a ajuda do escritor Monteiro Lobato. Em 1931, ele adaptou *Alice no País das Maravilhas* (Companhia Editora Nacional), modificando a narrativa para torná-la mais acessível aos leitores locais. A partir daí, muitos autores nacionais e também ilustradores recriaram o livro, que teve um texto prévio, intitulado por Carroll de *Alice underground*, cujo belo manuscrito, encadernado, pode ser acessado no *site* da British Library.

Das edições lançadas em português, nos últimos cinco anos, uma das mais conhecidas pertence ao selo Zahar (2010), e reúne os dois primeiros textos de Carroll: *Aventuras de Alice no País das Maravilhas & Através do espelho e o que Alice encontrou por lá*. Com tradução de Maria Luiza X. de A. Borges, o livro recorre ao tradicional no quesito imagem, pois apresenta os desenhos de John Tenniel, o primeiro a ilustrar a obra de Carroll. Por ser caricaturista, ele imprimiu às imagens alguma dose de humor, mas manteve o sentido quase realista da representação.

**FEIÇÕES** – Aprecio bastante *Alice no País das Maravilhas* lançado pela FTD (2010), com tradução de Ligia Cademartori e ilustrações de Marilia Pirillo. Cuidadosa, a tradutora preservou, na prosa, o humor de Carroll e procurou, nos versos, se aproximar do ritmo original ("Ouvi a voz da lagosta,/ Que veio aqui declarar:/ Se fiquei tostada,/ Preciso me açucarar"). Já a ilustradora criou uma Alice de feições contemporâneas, cabelo curto em cor preta – dizem que a verdadeira Alice, a caçula da família Liddel, a menina que inspirou Carroll, não era loira, como a ficção retrata a personagem. No traço de Pirillo, ela traja vestido semelhante ao da primeira versão de Alice para o cinema, produzida pelos estúdios Disney, em 1951, que terminou impregnando o imaginário de muitos ilustradores.

Embora as aventuras de Alice rejeitem a lógica, desafiem o senso de autoridade e inventem outra noção de tempo, o que possibilita boas gargalhadas, mas exigem do leitor adesão de caráter reflexivo, a narrativa recebe também adaptações para crianças bem pequenas. Com texto de Jennifer Adams, ilustrações de Alison Oliver e tradução de Janaína Senna, *O pequeno Lewis Carroll: Alice no País das Maravilhas*, publicado pela Nova Fronteira (2012), apresenta as personagens da história de maneira sucinta e ao mesmo tempo introduz a noção de cores para os pequenos. Assim, quando a garota cai na cova do coelho, são destacados os sapatos pretos. O livro permite que a criança e o intermediário da leitura inventem sua própria versão para o que as imagens narram.

Para aqueles que gostam de aliar leitura com habilidades manuais, a Ciranda Cultural (2010) traduziu a adaptação feita por Harriet Castor, com ilustrações de Zdeno Basic. A *Alice no País das Maravilhas* deles permite à criança abrir e fechar portas e janelas, puxar a cabeça da menina e vê-la crescer desproporcionalmente ou desvelar um papel e descobrir o sinistro gato risonho sobre uma árvore. O texto, superssimplificado, funciona para introduzir a secular narrativa no repertório dos mais novos.

Além do seu caráter sempre transgressor, dos muitos exercícios intertextuais que as aventuras da garota inglesa suscitam, por duas vezes, Alice foi fundamental para a compreensão de fenômenos distintos em minha trajetória de leitora. A primeira vez que li a narrativa, garota ainda, tive dificuldade em assimilá-la. Na adolescência, a loucura daquelas personagens fez sentido e se tornou objeto de releituras. Nessa época, a famosa e tão repetida frase de Alice, "De que serve um livro sem figuras nem diálogos", me alertou para a importância da ilustração em livros infantis e também para a necessidade de que textos para esse público dialoguem com o leitor.

**VIRTUAL** – Adulta, aficionada pela literatura infantojuvenil, com bom acervo de obras em papel, foi a adaptação de *Alice no País das*

*Maravilhas* para as telas, feita pelo estúdio Atomics Antelope, que me convenceu a comprar o primeiro *e-book*, há quase cinco anos. Antes, os livros em linguagem digital que pesquisava não exerciam grande atração. A nova forma de apresentação da história escrita por Carroll e também das ilustrações de Tenniel conseguiu demonstrar o quão fascinante poderia ser uma narrativa adaptada para as diferentes funcionalidades existentes em um *laptop*, *tablete* ou *e-reader*. Bastava movimentar a tela, deslizar o dedo e as aventuras de Alice se tornavam virtualmente reais.

Acompanhar as mudanças de tratamento de *Alice no País das Maravilhas* permite verificar as transformações na forma de apresentação dos livros e também nos processos de leitura ocorridas ao longo desse século e meio. Texto canônico, que se tornou de caráter quase universal, a absurda história da menina e de seus companheiros de aventura, seres fantásticos, resiste por ter a narrativa se distanciado do comum, irrigando a imaginação de seus leitores – crianças ou adultos – com inúmeras possibilidades de interpretações. Alice resume isso quando assume para a Lagarta: "Sei quem eu era, quando levantei pela manhã, mas acho que mudei várias vezes depois disso".

3 de fevereiro de 2015

# Primeiros lançamentos

O ano começou agora, às vésperas do Carnaval, para o mercado editorial infantojuvenil. O *blog* recebeu alguns lançamentos de 2015 e ainda vários livros editados no final de 2014. A leitura da maior parte deles não causou grande impacto e espero que isso não seja um indicativo para o ano. Entre nacionais e estrangeiros, eles confirmam que a literatura nesse segmento ainda vive muito do reconto, das adaptações e da ficcionalização de feitos históricos.

A princípio nada contra os três modos de configurar o narrar, todos são válidos e muito livro de boa qualidade já surgiu a partir da releitura de narrativas fictícias ou reais. A questão diz respeito ao fato de que a literatura se torna mais poderosa quando surgem narrativas com algum grau de novidade, aquelas que constroem inventos e, de alguma maneira, surpreendem o leitor. Na trama, na forma ou na maneira como o texto visual se articula com o verbal, a literatura para crianças e adolescentes exige descobertas e investigações talvez em maior intensidade da direcionada para adultos.

Como gosto de novidades, falarei primeiro de *Cabeça de José* (Nave), de Patrícia Galelli. Único dos livros avaliados em que identifiquei uma voz personalíssima, ele pode ser adotado para o universo juvenil, embora em sua ficha catalográfica esteja cadastrado apenas na categoria "Conto". Ilustrado por Yannet Briggiler, o livro fala de uma cidade chamada Paradoxo, onde vive José, personagem que leva o leitor a viagens por sendas incomuns.

Se "na cabeça de José correm dois rios sem sentido", de muitos sentidos se faz a prosa poética de Galelli. E também de não sentidos nessa escrita que brinca com absurdos da linguagem, dos corpos e também das cidades.

O inusitado José confunde helicóptero com satélite e é capaz de construir uma minihidrelétrica para dar luz aos pensamentos. As ações e o discurso dele o aproximam de reflexões existenciais de muitos "Josés" em plena adolescência, como na frase: "o tédio é uma morte que não desce do céu./ : o tédio é a morte pendurada".

As ilustrações em azul e branco sobre fundo preto, em papel com brilho, acompanham o delírio do texto verbal. Com diagramação também fora dos padrões – muitos parágrafos começam com dois pontos e em todo o texto somente nomes próprios aparecem em maiúsculas –, o livro confronta o leitor com seus paradoxos, lança-o ao desafio de alimentar alucinações. Apresenta, assim, a adultos ou adolescentes, as muitas cabeças de que somos feitos. Como não está claro para que leitor ideal se destina o livro, considero que o prefácio, escrito por Luiz Bras, nova assinatura do escritor Nelson Oliveira, está endereçado a adultos, sendo pouco pertinente para o público juvenil.

**FEMININA** – Quando criança li muitas vezes as aventuras de Mogli, o garoto que cresce na selva, criado pelos lobos, de autoria de Rudyard Kipling – adorava a personagem Baguera, a pantera. Agora fui surpreendida por *Selvagem* (Pequena Zahar), de Emily Hughes, a divertida versão feminina da narrativa. Na tradução feita por Maria Luiza X. de A. Borges, a menina era feliz vivendo na selva com os outros animais, até que encontrou uma estranha família.

Mais do que o texto, o diferencial do livro está nas imagens. Também assinadas por Hughes, que nasceu no Havaí e estudou na Inglaterra, as ilustrações são essenciais para a compreensão da narrativa. Em nenhum momento está dito que a família que adota a garota era de humanos, a informação está no desenho. Também é por meio de uma manchete de jornal que o leitor descobre que o pai adotivo é famoso psiquiatra, que, pelos traços e o caderninho de anotação, transforma a menina em objeto de estudo. Para a garota, a nova família fazia tudo errado. Até que ela fica primeiro infeliz, depois se revolta, se rebela, explode em fúria e parte de volta ao mundo dos indomáveis.

Primeiro livro de Hughes, *Selvagem* apresenta uma protagonista que só se sente em casa em meio à natureza. Ela tem os cabelos desgrenhados, os olhos gigantescos e considera o cotidiano dos humanos a pior coisa do mundo. Os irracionais somos nós, que não sabemos brincar e, pelo visto nas ilustrações, estamos sempre gritando e reclamando, como verdadeiros selvagens. A releitura ganha diferencial também ao apresentar a fúria da menina como algo legítimo, e quase inusitado para tempos tão enquadrados. Só estranhei a edição ter mantido o título *Selvagem*, quando se conhece outro livro para crianças no Brasil, com o mesmo título, de autoria do premiado Roger Mello (Global).

**AMIZADE** – *O para sempre de Pedrina e Tunico* (Galera Junior), de Claudio Fragata e ilustrações de Cárcamo, não deixa de ser uma releitura ficcional do difícil passado escravagista nacional. Conta a história de uma senhora negra, que vai trabalhar na casa do menino-protagonista-narrador da história, branco. Ela termina levando seu neto Tunico para viver ali por uns tempos. As diferenças sociais, étnicas e culturais entre os dois garotos não impede o surgimento de forte amizade. Quanto a Pedrina, ela evoca Tia Nastácia, de Monteiro Lobato, sendo cozinheira e analfabeta. Aliás, o escritor é mencionado na narrativa, pois a leitura de seus livros faz Tunico sonhar com sacis.

Fragata construiu com delicadeza texto sobre o poder da memória, a afetiva, a histórica e a literária, mas o desenrolar da narrativa não surpreende o leitor, pois as personagens são lineares, não passam por transformações e tampouco vivem grandes aventuras. As ilustrações apresentam o contumaz preciosismo de Cárcamo, que dota os meninos de humor ao arregalar seus olhos e afinar as pernas em demasia. E são suas imagens que oferecem ao leitor marcas temporais da narrativa. Elas permitem intuir a época em que se passa a história, devido às roupas usadas pela mãe do garoto-narrador, típicas de uma bem-comportada senhora da modernidade. Pedrina, por sua vez, utiliza sempre um vestido-avental longo que relembra a roupa tradicional das baianas e torna seu tempo histórico indefinido.

Indicado para crianças bem pequenas, *O livro bonito* (Rocco Pequenos Leitores), de Caulos, não se baseia em qualquer outra narrativa, mas recorda em determinados momentos personagens de alguns clássicos, como Alice e o gato risonho, e apresenta ao final letra de música do cancioneiro popular: "Se essa rua fosse minha". Não é um livro-imagem, nem um livro com narrativa propriamente dita. São páginas com pequenas frases e coloridos desenhos que traduzem o que o verbal enunciou. Se no alto da página aparece a palavra "elegância", abaixo surge um senhor bem-vestido, com chapéu, em gesto de gentileza. A obra tem o mérito de apresentar a multiplicidade da vida aos seus pequenos leitores. Mas não traz novidades, nem no verbal nem no visual, embora tenha recebido tratamento editorial de excelente qualidade.

**RECURSOS** – O título é autoexplicativo: *Entre raios e caranguejos – a fuga da família real para o Brasil contada pelo pequeno dom Pedro* (Alfaguara), de José Roberto Torero e Marcus Aurelius Pimenta, com ilustrações de Edu Oliveira, tem como diferencial o uso de uma voz infantil para narrar um dos momentos cruciais da história do Brasil. O texto dá início à série Historinhas do Brasil, que pretende usar a mesma estratégia narrativa em diferentes episódios da vida do país. De caráter informativo, o livro tem pequeno formato, ilustrações em grafite e branco, e usa o humor, marca dos dois autores, como recurso para conquistar os jovens leitores.

A estrutura da trama está bem desenvolvida, o pequeno Pedro tem dom de narrador, os desenhos são divertidos, mas confesso que adoraria ver um novo livro da dupla de autores – que no ano passado lançou *Joões e Marias*, pela mesma editora, com ilustrações de Laurent Cardon – que não fosse ancorada no passado, o histórico ou o literário. Como muitos leitores, estou ansiosa para ler narrativas que se distanciam do existente, que pode até aparecer de forma discreta como referência, e nos façam sonhar com entes literários diferentes.

10 de fevereiro de 2015

# Narrar a morte

Fui surpreendida por uma série de livros que tratam da morte. Persistente e pertinente, o tema pontua a tradição literária infantil – é só lembrar quantas personagens dos contos de fadas são órfãs –, mas a coincidência de tantas narrativas articuladas em torno do assunto me fez pensar se as famílias contemporâneas estão deixando que livros respondam às perguntas feitas pelas crianças a respeito do morrer. Se, no passado, a morte era apenas referenciada dentro de narrativas de conteúdo mais amplo, deixando ao leitor o exercício da curiosidade sobre ela, agora parece que há uma necessidade geral de tentar exaurir o tema.

Mesmo sendo temáticas, as narrativas analisadas expõem dificuldades que muitos adultos podem ter ao explicar para uma criança a única experiência inevitável. Como no mundo real, onde cada família constrói uma versão sobre o que é o morrer, a ficção também apresenta cardápio variado de escolhas. Literariamente, algumas obras surpreendem pela vivacidade do discurso, mas de modo geral quase todos os livros avaliados padecem de um problema – que talvez reflita a própria questão dos autores sobre o que abordam –, que é o da dificuldade de criar um clímax compatível com o desenrolar da trama.

Um dos textos assemelha-se a manual de autoajuda sobre como preparar crianças para superarem a "partida definitiva" do animal de estimação, sem se referir jamais à palavra "morte". Outro apresenta curiosas e afetuosas narrativas centradas no jogo vida-morte, mas, no final, fantasia sobre um não lugar maravilhoso, nas nuvens, onde impera o acolhimento. Há ainda a retomada de antiga história popular, com a construção de um final em que a morte aparece de maneira abrupta, como na vida real às vezes ocorre, mas que no texto ficou pouco elaborado. Em somente um dos livros, a morte é tratada como algo natural, parte do processo de existir e do deixar de ser, sem possibilidade para o além daqui. Porém, essa história transcorre muito apegada ao real, com reduzidas possibilidades imagéticas.

**ABANDONO** – O mais imaginativo dos livros que recebi é *A cadeira que queria ser sofá e outros contos* (Viajante do Tempo), com texto verbal do brasileiro Clovis Levi e visual da portuguesa Ana Biscaia. São três contos que versam sobre o tema com os títulos "Espanto feliz", "O piano de calda" e aquele que dá nome ao livro. No primeiro, um rei proíbe em seu reino o nascimento, a velhice e a morte. Ao abolir o tempo, a vida se torna insuportável até que ocorrem desobediências, o que me fez recordar o antológico *As intermitências da morte*, de José Saramago (Companhia das Letras). No segundo, o mais jovem membro de uma família de bombons vê partirem todos os seus familiares, sem consciência de que também o seu fim está próximo. E, no último, uma poltrona narra sua convivência de anos com a dona e aos poucos o leitor vai percebendo o abandono terminal de ambas, que se encontram nas nuvens.

Publicado primeiramente em Portugal, ele ganhou o Prêmio Nacional de Ilustração (2012) pela ousadia do trabalho de Biscaia. Segundo a análise do júri, "a obra exibe um valor plástico arrojado na figuração e na representação alegórica da morte e da solidão, respondendo ao texto de forma simultaneamente coerente e desconcertante". Os desenhos dela, que aparentam ter sido feitos com giz de cera, deformam seres e objetos com um viés entre o engraçado e o fantasmagórico. Ao mesmo tempo que tratam de temas perturbadores, provocam o riso por serem tão vistosos e, algumas vezes, alegres.

Mais do que na força do trabalho da ilustradora, o acerto do livro se dá na decisão de transformá-lo em narrativa verbo-visual. Nos três contos, as ilustrações invadem o texto, habilidoso e inteligente de Levi, que muda de forma e tamanho, podendo aparecer de maneira linear ou em balões. Inexiste timidez no uso das cores e os desenhos completam informações, fazendo-se essenciais. A escritura visual intercepta a verbal, e vice-versa, numa desordem organizada incapaz de causar bagunça na leitura. A narrativa-título tem um encaminhamento por vezes desconcertante, em outros momentos resvala na tristeza, sem deixar de ser muito curiosa. Minha crítica foca-se na solução final, pois toda a trama aborda imaginativamente questões do real e o desfecho puxa para um após morte idílico, vivido nas nuvens, o que soou como anticlímax.

**CONCENTRAÇÃO** – Em termos de ilustrações, o mais bonito dos livros examinados é *A velha história do peixinho que morreu afogado* (Edições de Janeiro), de Marilia Pirillo e Guazelli. Ambos são ilustradores, porém, nesse trabalho, Marilia assina o texto e Guazelli, os desenhos. E ele decidiu pela concentração reduzida de cores, entre o lilás, o branco e o ouro envelhecido, o que dá um aspecto luxuoso às páginas e remete a certo visual associado à senhora morte. Para torná-lo ainda mais charmoso, as imagens se desdobram em movimentos sequenciais, que remetem ao que ocorre no manuseio de telas, e induzem o leitor a ampliar o imaginário.

Inspirado no conto "Velha história", do querido Mario Quintana, trata da amizade entre um homem e um peixe por ele fisgado. O conto teria sido recolhido primeiramente por Monteiro Lobato no começo dos anos 1920 e depois foi escrito pelo poeta gaúcho no livro *Sapato florido* (1948). Sucessivas gerações conheceram versão musicada do cancioneiro popular chamada "Peixe vivo" ("Como pode um peixe vivo/ viver fora da água fria?"). A versão de Pirillo aproxima-se bastante da de Quintana. Com o diferencial de o cenário ter sido adaptado para uma grande cidade, dando ares mais contemporâneos ao conto. Para reiterar tal aspecto, o formato é vertical, evocação dos arranha-céus das metrópoles, onde os seres vivos aparecem sempre em escala mais reduzida que a imensidão da cidade.

O texto explora vocabulário elegante, porém, ao contrário do de Quintana, reforça muito o caráter descritivo, em especial ao falar do pescador urbanoide, transformado em ser atormentado. A outra questão relaciona-se ao estado anímico do peixinho. Em Quintana, ele vai ficando quieto ao longo da narrativa, precisando até mesmo tomar laranjada com canudinho especial, hábil imagem para um ser terminal. O *nonsense* tão característico da prosa poética do escritor jamais provoca no leitor dúvidas sobre o estado do animal, que quase não vive fora do mundo líquido. Em

Pirillo, os movimentos do peixe se alternam de sonolento a desperto, até mesmo surpreso, e, quando jogado de volta na água, ele mostra força para se debater e formar um redemoinho – em Quintana é a água que cria o redemoinho, tragando-o. A morte, em Pirillo, rompe o pacto que vem sendo firmado com o leitor, em especial se ele tiver repertório de leitura pequeno.

**EXISTÊNCIAS** – Em *Mari e as coisas da vida* (Pulo do Gato), com texto de Tina Mortier e ilustrações de Kaatje Vermeire, autoras premiadas na Bélgica, a garota que dá nome ao título tem grande apego à avó idosa. Elas comunicam-se intersubjetivamente e, quando a ancestral adoece, a menina é a única a entender o sentido de seus sons, que se revelam linguagem. No meio do percurso, o avô morre inesperada e silenciosamente. A garota ajuda a avó a se despedir do companheiro. Embora abra com uma linda imagem poética – a menina nasce em uma cadeira de palha colocada abaixo de uma cerejeira, enquanto a mãe lê um livro –, a narrativa apresenta poucas metáforas. As ilustrações, também no exercício reiterativo, acompanham a delicadeza do texto, que navega em direção à morte sem sobressaltos. Em formato vertical, de largura expressiva, o livro transmite ao leitor a sensação de que morrer se resume apenas a uma etapa que se encerra, geradora de dor e sofrimento, mas que não impede os que ficam de seguir o curso de suas existências.

Em *A viagem de Fofo*, de Telma Guimarães e ilustrações de Mima Castro, publicado pela Editora do Brasil, a morte é vista como viagem sem volta. O cachorro de estimação morreu, mas as crianças e os adultos que com ele conviviam jamais usam a palavra "morte". Direcionado para crianças a partir de oito anos, o livro termina por explorar o amor e a amizade da família para com o canídeo. Sabemos que na ficção e nas religiões, muitas vezes, a relação entre morrer e viajar ganha ares de verdade. Sempre defendo que na ficção tudo está possibilitado desde que seja crível para o leitor. Não obstante, estranho que a narrativa levante um tema e fuja dele na medida em que não o nomeia. E, o mais grave, associa para a criança leitora a morte com uma experiência que pode ser muito prazerosa, o ato de viajar, e ainda por cima apresenta uma substituta, a

Fofa, para o morto. Quanto às ilustrações, exercem a função reiterativa, quase nada acrescentando ao texto verbal.

Finalizo com o único dos livros analisados direcionado ao leitor juvenil, lançado em meados do ano passado. *É de morte!* (FDT), de Flávia Savary, apresenta 11 pequenos textos, que se aproximam à estrutura do conto, versam sobre a morte, porém, paradoxalmente, falam da vida. Para cada narrativa, há uma epígrafe retirada de algum clássico da literatura, que funciona como um facho de luz sobre a aventura a ser apresentada, quase todas envolventes. No conto que mais apreciei, o da mulher-pássaro chamada Omushí, a frase do poeta Rainer Maria Rilke provoca a reflexão sobre o momento que julgo mais íntimo de cada um: "a morte é o único de pessoal que temos na vida". E o texto fala sobre a perda da liberdade, que também se faz forma de morrer.

Cada um de nós convive com a ideia da morte conforme nossas vivências, ensinamentos ou crenças. Como vimos ser amplo também o leque de narrativas sobre o tema destinadas aos mais jovens, só recomendo aos mais experimentados na arte de ler que respondam de maneira sincera às crianças que indagam sobre o tema. As respostas poderão ser cruciais para sua compreensão da vida.

10 de março de 2015

# Presença de Mário

riador e pesquisador prolífico, Mário de Andrade teria pensado um projeto de literatura especialmente destinado a crianças e jovens? A pergunta vem à tona no momento em que se completam 70 anos da morte do líder modernista, o que colocará em domínio público sua obra a partir do próximo ano, abrindo a possibilidade de novos olhares sobre textos ficcionais em que o escritor se volta à infância e ao juvenil.

Antes do domínio público, chegarão ao mercado a adaptação para quadrinhos de *Macunaíma*, com roteiro de Izabel Aleixo e ilustrações de Kris Zullo[6], e *Café*, romance inédito, em edição preparada por Tatiana Figueiredo, ambos pela Nova Fronteira. Mário ainda será o homenageado na Festa Literária Internacional de Paraty (Flip), em junho. Ali, autores de literatura infantojuvenil discutirão temas relacionados à sua obra, entre eles Luciana Sandroni, autora de *O Mário que não é de Andrade – o menino da cidade lambida pelo igarapé Tietê* (Companhia das Letrinhas), com ilustrações de Suppa, biografia ficcionalizada do escritor que já está na 16ª edição.

Se Mario foi "pioneiro, pioneiríssimo, no que diz respeito à arte ligada à educação das crianças, não ocorreu o mesmo quanto ao que se entende hoje como literatura infantil", me respondeu a professora Telê Ancona Lopez, curadora do Arquivo Mário de Andrade do Instituto de Estudos Brasileiros (IEB), da Universidade de São Paulo (USP). Mas, segundo ela, uma boa leitura das crônicas e dos contos escritos por ele pode suscitar recorte para a leitura das crianças.

---

6    A editora não concretizou a publicação. E em 2016 a Peirópolis foi que lançou *Macunaíma* em quadrinhos, com livro assinado por Angelo Abu e Dan X.

Um exemplo seria o conto "Piá não sofre, sofre?", publicado pela primeira vez em *Os contos de Belazarte*, em 1934, no qual narra a vida miserável de um menino, a dureza do mundo vista por ele. De minha parte, tenho curiosidade em saber como poderiam ser ilustrados, visando ao público juvenil, vários poemas, entre eles "Luar do Rio" (1938): "Olha o balão subindo! Mas quem foi o louco varrido/ Que em novembro se lembrou de o soltar? [...] E as casas! Olha os arranha-céus,/ Parece que estão se movendo,/ Com tantas janelas a chamar? [...]".

Procurei por texto teórico do escritor sobre o infantojuvenil, mas nada localizei. Segundo Lopez, "Mário não separava especialmente literatura para adultos e para crianças quando escrevia suas 'saborosíssimas' crônicas". Publicadas em jornais paulistanos, entre as décadas de 1920 e 1930, foram daí que saíram duas obras, endereçadas, posteriormente, às crianças: "Cai, cai, balão" e "Será o Benedito!". O último texto foi transformado em livro (Cosac Naify) que reforça nos leitores contemporâneos a dualidade natureza *versus* cidade, pretendida pelo autor, graças ao jogo de claros e escuros das pinceladas líquidas de Odilon Moraes.

A curadora defende que cada livro do escritor "cumpria um projeto literário", sem direcionamento para este ou aquele público. Sendo assim, penso que, apurando o olhar sobre a forma como Mário lidava com o universo da infância e da juventude em sua ficção, talvez venhamos a identificar modos de pensar a literatura destinada aos mais jovens. Material para pesquisa existe em grande quantidade, em especial nas poesias, crônicas e nos contos, como se pode observar nos textos de *Contos novos*, que apresenta temas pertinentes à juventude do presente.

Lopez recorda que Mário pretendeu fazer um livro destinado às crianças. Em carta enviada a ele, em 1924, o poeta Manuel Bandeira comenta: "A obra está feita e é bem sua: retire os andaimes. Não intitule 'Cenas de crianças'", recomenda o amigo. "É mais do que isso", sentencia. "É um poemazinho infantil. O menino, a irmãzinha de leite, o irmão da bicicleta, a ama Tita, o passarinho amarelo", comenta afetuosamente Bandeira, indagando a Mário sobre o porquê de ele não pretender publicar as "Cenas", coisa que de fato não ocorreu.

Interessado em viabilizar a publicação da obra do amigo, Bandeira propõe que um "desenhista meigo", Angelus, por exemplo, ilustre com uma figura cada um dos poemetos. E se dispõe a procurar o editor Paulo Azevedo, pois este teria lhe dito "que quem fizesse um bom livro para crianças no Brasil ganharia muito dinheiro".[7]

Na missiva, Bandeira aconselha Mário a suprimir texto intitulado "Fala o poeta", sob o argumento de que não é para crianças. Não seria esse o único problema. Pelo tom das observações manuelinas, o livro estava permeado pelo tom afetivo, mas Mário precisaria apagar nos subtítulos "os vestígios" das *Kinderszenen*, referência provável aos contos de fadas, às cenas infantis, de origem alemã, provavelmente aqueles recolhidos pelos irmãos Grimm.

**OBSESSÃO** – Autor da recém-lançada biografia *Eu sou trezentos – Mário de Andrade: vida e obra* (Edições de Janeiro), o professor de filosofia Eduardo Jardim também não reconhece um projeto do escritor direcionado especificamente à literatura infantojuvenil. Chama atenção, entretanto, para um aspecto da produção marioandradiana: a obsessão do escritor com a figura da criança. "Em seus contos e poemas há grande quantidade de personagens crianças", lembrou. "E nem sempre, ele retrata a criança feliz", destacou.

Com pesquisa realizada com o apoio de bolsa concedida pela Fundação Biblioteca Nacional, a biografia ganhou tom coloquial e foi organizada em períodos cronológicos. "Intelectual cuja obra está sempre permeada pela dimensão pessoal, paradoxalmente, a vida de Mário é pouco conhecida", disse-me o escritor, ao explicar que procurou tornar o modernista mais próximo dos leitores, jogando luz sobre a sua época. Segundo ele, "Mário tinha uma ideia geral sobre o Brasil e a cultura brasileira, baseada na divulgação da arte erudita, incorporação das manifestações populares e inclusão de novas formas culturais e camadas sociais".

Nesse sentido, a produção destinada ao infantil e a feita pelas crianças também poderiam ser incorporadas, refletiu o estudioso, durante entrevista. Em seu projeto amplo de cultura, lembra o pesquisador, Mário pensou diferentes formas de inclusão, pois, quando diretor do Departamento

---

7   A carta está publicada no livro *Correspondência: Mário de Andrade & Manuel Bandeira*, organizado por Marcos Antonio de Moraes, Edusp/IEB.

de Cultura da Prefeitura de São Paulo, criou bibliotecas ambulantes, montadas em caminhões, e viabilizou parques infantis, feitos para atender os filhos dos operários da São Paulo que se urbanizava na década de 1930.

A ênfase nos parques infantis como locais de encontro e de trocas e a importância que Mário dava à livre expressão das crianças no ato de desenhar, experiência já analisada por estudiosos como Márcia Gobbi, demonstram que ele compreendia a infância como importante produtora de sentidos. Seu maior legado parece ser esse reconhecimento da criança como sujeito, algo raro em sua época e ainda não totalmente absorvido na atualidade.

Muito do que Mário praticou em relação à liberdade de expressão plástica das crianças foi influenciado, entre outros fatores, pela leitura que realizou a respeito do expressionismo alemão, cujas ideias sobre o tema comentou e anotou. Em tese de doutoramento intitulada *O expressionismo na biblioteca de Mário de Andrade: da leitura à criação*, Rosângela Asche de Paula analisou como esse conhecimento repercutiu nas ideias estéticas do escritor. Algumas delas veiculadas também em crônicas, caso de "Pintura infantil", publicada na coluna "Táxi".

**BRINCAR** – Ao mesmo tempo que se abastecia com doutrinas europeias, Mário nunca deixou de pesquisar sobre as manifestações brasileiras, valorizando, sobretudo, a música, as cantigas populares e as experiências folclóricas. Aliada à busca da brasilidade, havia nele um respeito ao brincar muito grande. Seria o brincar para Mário mais importante que o próprio ato de ler? Para responder à questão, Eneida Maria de Souza, professora de Teoria da Literatura da Universidade Federal de Minas Gerais (UFMG), resolveu usar como paradigma a obra mais conhecida do escritor: "Se você for ler *Macunaíma* com esses olhos do brincar, poderá afirmar que sim", disse ela. E acrescentou: "brincar como forma de humor e de sexualidade do brasileiro". Após relembrar que o livro está cheio de referências aos contos infantis, às lendas folclóricas e às adivinhas populares, Eneida de Souza comentou que essa cultura foi parodiada pelo autor e transformada em manifestação de um povo. "A alegria e a vontade de narrar os casos dessa cultura colocam Mário de Andrade como o mais brincalhão e otimista da literatura", analisou a professora. Talvez seja esse o viés que poderá aproximá-lo mais das novas gerações.

17 de março de 2015

# Sem medo da polêmica

or serem raros, admiro escritores contemporâneos de literatura infantojuvenil que ousam desafiar o senso comum e escrevem sobre temas considerados tabus ou inadequados. Parabenizo editoras que apostam no diferente e apresentam livros sobre assuntos que a sociedade atual tem dificuldade em discutir. Gravidez precoce, aborto, ideias sobre suicídio e crimes cometidos por adolescentes são aflições concernentes à juventude e não há razão para que não sejam tratadas na literatura e discutidas nas famílias e nas escolas.

Faço o preâmbulo para falar de dois livros que desafiam este estranho tempo em que vivemos, quando se fala muito em liberdades, mas há policiamentos ao livre exercício da discussão. Tempo em que inúmeros pais e grande número de professores preferem evitar determinados assuntos a enfrentar questionamentos e angústias existenciais de seus filhos e alunos. Não sendo possível escamotear a realidade, não sendo seguidora de dogmas, considero que a literatura pode ser caminho capaz de gerar uma compreensão mais ampla de questões que afligem jovens e mesmo crianças.

*Ter ou não ter* (Rovelle), texto de Luiz Claudio Cardoso, tem pequenas dimensões, uma capa reproduzindo emaranhado de fios – os desenhos não são assinados –, e lança o leitor logo na primeira página no relato de uma frágil garota às voltas com o atraso da menstruação. Intenso fluxo de consciência apresenta os diversos e tumultuados estados da jovem que, empolgada, curiosa e desejante não tomou cuidados para se prevenir – muito menos o parceiro – e se descobre grávida. Os títulos antecipam as diversas etapas emocionais enfrentadas ao longo de seu desabafo: "Será que...?", "Por que eu?", "Revolta", "Impensável", "Direito de saber".

**EDUCAÇÃO** – A solidão com que enfrenta os impasses e a perturbação ao pensar nas saídas possíveis – a manutenção da gravidez, o suicídio ou o aborto – vão se transformando em grande revolta. "Como é que eu vou sair dessa?", pergunta-se. Indagação que deve ser feita por considerável número de meninas neste Brasil que apresenta altos índices de gravidez precoce. Boa parcela delas seria evitada com a conscientização de garotas e garotos por meio da educação sexual. Um livro como o de Cardoso poderia servir como elemento a mais para discussões transversais sobre o tema em escolas e nas famílias.

Os leitores do *blog* já sabem que não sou adepta de paratextos grandes. No caso desse livro, abro exceção e elogio o fato de a edição ter decidido explicitar os cuidados com a prevenção da gravidez e de doenças sexualmente transmissíveis, evitando cair em proselitismo ou apologia à liberdade sexual. Sem o paratexto, muitos jovens leitores poderão não encontrar respostas às perguntas colocadas pela protagonista. Indagações relevantes quando nos deparamos com a vivência da sexualidade e a partilha do desejo. A maneira leve como são passadas essas informações faz com que o paratexto não interfira na apreensão da narrativa ficcional.

Em termos de imagem, ao longo da narrativa, impressa em linhas curtas como à moda de poemas, fios no alto e embaixo das páginas acompanham o desabafo da protagonista e, à proporção que ela se torna mais enrolada em suas indagações, eles vão se embaralhando. Quando a jovem se indaga se o melhor seria "cair fora do mundo" e culpa os adultos, que "estavam pagando o preço por me negligenciarem", nas páginas seguintes os fios se fundem, o novelo ganha robustez, aumenta o entrançado e se torna superencorpado. As cores também se transformam e se tornam mais fechadas. O leitor tem a sensação de que a narrativa se encerra ali. Entretanto, esse suposto final significa sutil estratégia para continuação da narrativa e apresentação do clímax. Quando a protagonista-narradora começa a se sentir em condições de tomar uma decisão, os fios voltam a correr em paralelo, organizados e em fluência mais tranquila.

**RISCO** – Abandonado pelos pais e criado por uma tia, o adolescente Tiago recebe a má influência de um jovem mais velho e se envolve em pequenos furtos, feitos com revólver de brinquedo. Em uma dessas ações, a vítima, uma mulher grávida, cai no chão, se esvai em sangue e eles, assim como o leitor, não sabem se o bebê morreu e qual o destino da senhora. *Apenas Tiago* (Positivo), de Caio Riter e ilustrações de Pedro Franz, trata do abandono e outros motivos que levam jovens a se envolverem em situações de risco. Personagem e narrador, Tiago cultiva a leitura, o que transforma o texto em passeio literário por clássicos direcionados à juventude, apresentados de maneira inteligente como se fossem dicas de leitura dadas por ele aos companheiros privados da liberdade.

A narrativa teve origem após o autor visitar a Fundação de Assistência Socioeducativa, instituição que atende jovens infratores, e ser desafiado por um dos meninos a criar personagens parecidas com os internos. Além do texto verbal se centrar nesse universo, a materialidade do livro também se associa a um cenário de precariedades. O texto aparece inserido sobre linhas, como em um antigo caderno de pauta, e os desenhos remetem à expressão sem compromisso que jovens gostam de fazer nas beiradas de páginas. São feitos em caneta azul, econômicos, e pouco interferem no narrado. A capa, de intenso colorido, se assemelha a grafites.

Riter estruturou a narrativa de maneira não linear e esse é o ponto forte de sua escritura. Passado e presente são intercalados, cortes nas cenas produzem suspense, cartas que o protagonista deveria ter recebido do pai, que morreu em uma penitenciária condenado por crime passional, são inseridas entre suas recordações. Todas essas artimanhas tendem a prender a atenção do leitor, pois exigem que ele desvele aos poucos a trama. O outro aspecto que sobressai se refere ao caráter afetivo do narrador-protagonista. O menino mostra-se leal aos companheiros, não por receio de retaliações, mas por ser movido pela solidariedade.

**FRAGILIDADES** – Em um país onde há grande quantidade de jovens em situação de risco, em que propostas de redução da maioridade penal voltam a assombrar setores da sociedade, e, por outro lado, alguns discursos tratam esses jovens com um viés paternalista, Riter conseguiu escrever texto equilibrado, sem apelo ao didatismo ou vitimização barata.

Com habilidade, a narrativa expõe as fragilidades do adolescente e também seus dilemas éticos, que terminam sendo os da própria sociedade.

Uma sociedade com tantos problemas relacionados à corrupção a ponto de pedir ajuda aos heróis ficcionais infantis. Refiro-me ao acordo de cooperação estabelecido entre o Conselho Nacional de Justiça e vários órgãos do Judiciário com vistas a combater a corrupção e a impunidade. Lançado semana passada no Supremo Tribunal Federal (STF), o acordo prevê a parceria com o cartunista Mauricio de Sousa, criador da briguenta e dentuça Mônica e de sua turminha, para que edições do gibi trabalhem formas de evitar a corrupção. Fiquei com medo de Mônica, tão visceral em suas reações, perder parte de sua identidade ao se envolver com mazelas que os adultos deste país relutam em resolver.

A literatura tratar a questão ética pela voz de personagens que vivenciam dilemas, livremente produzidos pela imaginação de um autor, configura uma situação ideal. Caso das narrativas comentadas acima. E também de uma personagem importante na história da literatura infantojuvenil nacional, Rafaela, a menina que assiste a amiga Mariana assassinar o querido Davi, em *Nós três*, da nossa primeira outorgada com o Prêmio Hans Christian Andersen, Lygia Bojunga. Contexto bem diferente é impor à personagem a missão de ensinar regras e conceber seu comportamento a partir do imperativo de ser modelo. Que o envolvimento com o tema da corrupção não mate as adoráveis reações de Mônica quando joga Sansão, o coelhinho azul de pelúcia, contra aquilo que considera absurdo.

31 de março de 2015

# Literatura dos afetos

Há livros destinados a crianças que gosto de recomendar para adultos. Construídos, no texto e na ilustração, com linguagem vigorosa e quase sempre apresentando narrativa de caráter atemporal, eles são expressão de arte. Indico-os sob o argumento de que se trata de poesia. Eles exalam a linguagem da ternura inerente à boa parte da infância, passível de ser acionada em todas as idades. Nos meses de dezembro, costumo eleger um deles como o melhor do ano e, muitas vezes, compro exemplares para presentear quem amo.

Este ano já tenho sério finalista para a lista de preferidos: *O pássaro na gaiola*, de Vincent van Gogh e Javier Zabala (Pequena Zahar), com tradução excelente de Mauro Gaspar. Em capa dura, formato vertical, se trata de feliz releitura de uma história contada por Van Gogh (1853-1890) a Théo, em uma das mais de 600 cartas escritas pelo pintor para o irmão que o sustentou afetiva e financeiramente. Sob a forma de fábula, ele fala sobre um pequeno pássaro atormentado que vive em uma gaiola, porém, nutrido pelo "afeto profundo e sincero", vislumbra a liberdade.

Releitura, sim, pois o texto foi retirado integralmente de carta enviada em julho de 1880, mas ganhou novos sentidos com as imagens de Zabala, ilustrador agraciado com grande número de prêmios, inclusive o Prêmio Nacional de Ilustração da Espanha (2005). Ele expandiu a voz do pássaro- -menino, *alter ego* do pintor impressionista, com um texto visual de qualidade, em que usou distintas técnicas (monotipia, acrílico, grafite, colagem). Precisou também estudar diferentes artistas para se aproximar da sensibilidade literária de Van Gogh, que vendeu apenas um desenho quando vivo e, por isso, dependia do irmão. Com tanta sofisticação, o artista evitou a

reiteração, tanto do texto verbal como do vocabulário plástico do pintor-
-escritor, e transformou a narrativa de sentido melancólico em colorido
processo de libertação. Ou seria criação?

**GENTILEZA** – Quando vi o livro pela primeira vez – a edição em
espanhol saiu em 2013 (Edelvives) –, fiquei pensando em como deve ter
sido difícil ilustrar texto escrito por um pintor consagrado, não destinado
originalmente a crianças. Agora que o livro está sendo lançado no Brasil,
resolvi perguntar a Zabala, cujo trabalho acompanho há alguns anos,
como se deu o processo de ilustrar o trabalho assinado por um clássico
da história da arte. Gentil, minutos antes de entrar em voo com destino a
nosso país, onde participará do Festival de Ilustração da Bahia, no próximo
sábado, dia 18, ele respondeu por mensagem *inbox*: "Eu só ilustrei o Van
Gogh escritor. Com todos os mestres antigos, temos que nos aproximar
com muito respeito e um pouco de medo".

Insisto se ele revisitou muito a obra do artista plástico Van Gogh, que
deixou legado de mais de 800 pinturas e quase a mesma quantidade de
desenhos, para conseguir realizar o trabalho de ilustração do texto do
escritor Van Gogh. A resposta não poderia ser mais inesperada: "Sim, através de Hokusai, o que foi interessante para os dois".

A historiografia da arte relata que Van Gogh foi muito influenciado
pela arte japonesa – em uma das cartas ao irmão, escrita um mês antes
daquela que contém a narrativa do pássaro, ele diz que os impressionis-
tas amam a arte japonesa. Théo comprou muitas reproduções de gravuras
orientais, hoje guardadas no museu que leva o nome do pintor em Ams-
terdã. Katsushika Hokusai (1760-1849) foi o nome mais expressivo da pintura e da gravura do período Edo, popularizado junto ao mundo ocidental
pelas 36 belas vistas do Monte Fuji. A complementação da explicação de
Zabala torna mais complexa a questão: "Ao final, esqueci o Van Gogh pintor e me dei conta que o resultado final em algumas das páginas tem mais
a ver com Paul Klee".

**PROFUNDIDADE** – Um leitor menos experiente, desconhecedor do
mundo que rege a ilustração dos livros infantis, em especial dos *picture
books* ou álbum ilustrado, categoria na qual se enquadra a obra de Zabala,
poderá ter dificuldades em imaginar viagem tão profunda pela tradição da
arte para se chegar a um produto dedicado aos leitores bem jovens. Zabala

mergulhou no universo de Van Gogh, que frequenta desde os 16 anos, por via indireta, estudando Hokusai. E terminou se aproximando do modernista Klee (1879-1940), que valorizava a expressão livre do desenho infantil, era também grande conhecedor da pintura oriental e possuía amplo conhecimento da teoria da cor.

O resultado encontra-se na presença de elementos característicos dos três grandes artistas do passado na obra original de Zabala, que é um dos mais importantes ilustradores da Espanha contemporânea – para saber mais sobre ele, recomendo ler entrevista concedida à ótima revista digital brasileira *Emília*.

A presença do léxico do pintor Van Gogh aparece discreta nas ilustrações do livro. Mais identificável, em especial, na página dupla na qual o pássaro aparece azulado – ele muda de cor conforme o seu estado de espírito. Nela, o pequeno animal se encontra na gaiola sob discreto fundo de volteios que remetem ao quadro *Noite estrelada* (1889), obra das mais conhecidas do impressionista. A ligeira citação do passado, tão comum às poéticas do contemporâneo, torna o livro exercício de investigação para leitores que possuem repertório plástico consistente, mas não impede que o leitor, por mais jovem que seja, também usufrua do imaginário proposto pelo ilustrador.

**ECONOMIA** – De Hokusai, podemos sentir a influência de uma economia de contenção. Não há excesso nas imagens produzidas por Zabala. Mesmo assim, as páginas se tornam fortes, despertam curiosidade, o leitor deseja descobrir o que mais existiria além do que lhe foi apresentado. Há momentos em que as árvores são desenhadas quase abstratas, como se estivéssemos diante de uma pintura antiga japonesa. Em outros, as formas dos pássaros lembram origamis, tão frequentes na arte oriental.

Da leitura de Klee, o ilustrador apreende o contraste equilibrado das cores e a persistência de um desenho aparentemente livre e irrefletido. Articula isso com uma espacialidade cubista, em que as formas arquitetônicas surgem geométricas, e faz uso de muitas linhas. Todos esses efeitos produzem movimentos e alteram os ritmos das páginas e da leitura. Quando o pássaro diz: "A liberdade, por favor...!/ Ser um pássaro como os outros pássaros!", a página dupla exibe inúmeros pássaros pousados em linhas, quase todos da mesma cor, em tonalidade entre o marrom e o preto, referência pictórica ao quadro *Os comedores de batatas*, de Van Gogh. Têm tamanhos e formatos variados, e apenas um, ele, o *alter ego* de Vincent, se apresenta com outro tom, mais claro, e leve mancha o aproxima dos amarelos da série *Os girassóis*.

Da soma de tantas leituras, Zabala produziu sua síntese. Deve ter sido trabalho exaustivo, a ponto de o Museu ABC de Desenho e Ilustração, sediado em Madri, ter realizado exposição no ano passado, dividida em cinco módulos, expondo todo o processo de elaboração do livro, conforme se pode ver na revista digital espanhola *Érase una Vez*. No Brasil, somos tão pouco atentos aos ilustradores que ainda não realizamos uma exposição de grande porte em homenagem a Roger Mello, que trouxe para cá o Nobel da ilustração, o Hans Christian Andersen, prêmio que Zabala ainda está por conquistar.

**APROXIMAÇÃO** – Raramente, produzo textos monográficos para o *blog*. A decisão de comentar o livro ilustrado por Zabala também se deu por observar que, aos poucos, o ilustrador se aproxima do mundo editorial brasileiro. De Salvador, ele seguirá para São Paulo, onde dará um curso intitulado "Menos é mais", nos dias 22 e 23, patrocinado pelo Instituto Emília. Depois, nos dias 27 e 28, guiará oficina de ilustração na Biblioteca Infantil e Juvenil de Belo Horizonte, dentro das atividades preparatórias do Festival Internacional de Literatura de Belo Horizonte, a ser realizado em junho.

Anos antes da publicação de *O pássaro na gaiola* (teria sido menos poético se a tradução tivesse mantido o termo enjaulado), foi lançada no Brasil a obra *Platero e eu* (Martins Fontes), do poeta ganhador do Nobel Juan Ramón Jiménez, também com ilustrações de Zabala e tradução de Mônica Stahel. Ganhei a bem-cuidada edição de presente de uma amiga querida e sempre me emociono ao folhear suas páginas já marcadas pelo tempo e pelas leituras. Nos poemas em prosa, nas ilustrações que apenas sugerem estados de ânimo expostos no verbal, identifico a calidez daqueles que sabem alimentar suas infâncias.

13 de abril de 2015

# O tempo das narrativas

Relatos do tempo ou relatos sobre o tempo? Assim como na literatura para público adulto, há duas maneiras de as narrativas para crianças e adolescentes se constituírem em relação à temporalidade. Elas podem acompanhar a ordem linear dos dias, os relógios e as estações, ou, ao contrário, alteram as noções de horas, de épocas e até mesmo suspendem o registro do calendário. Pouco importa a escolha do caminho a percorrer, desde que a ficção segure o leitor e o leve a se enredar na trama.

Narrativas sobre a primeira paixão de um menino pela companheira da escola são comuns no real – conheço uma dupla, que apelidei de Cabelos Cor Fogo e Lindo Olhar, que chegou ao casamento. Também são reconhecidas dificuldades que muitos enfrentam para tornar conhecido e aceito esse afeto distinto, inédito, forte. Miguel, o garoto ficcional criado por José Godoy e Mariza Tavares, em *Pra ficar com ela* (Globo), narra esse momento crucial de maneira sequencial e organizada, configurando um relato do tempo.

Aos 11 anos, o personagem-narrador conduz a história de maneira sedutora, o que deverá provocar a identificação de muitos leitores às voltas com sentimentos parecidos. Mesmo aqueles que possuem maior experiência, de vida e de leitura, poderão operar uma suspensão no tempo e no espaço e ser levados a refletir sobre suas memórias do primeiro amor. O conflito narrativo mantém-se bem estruturado até o capítulo de desenlace, o que alarga o tempo narrativo e torna a história composição verossímil.

A linguagem verbal aproxima-se do falar dos adolescentes, porém respeitando a sintaxe e evitando o excesso do "eu", tão típico de romances contemporâneos narrados em primeira pessoa. As ilustrações, de Bruno Nunes, baseadas na iconografia dos *games*, funcionam como divertimento. Em compensação, o projeto gráfico, de Adriana Silveira, soube tirar proveito das listas, redações e páginas do diário de Miguel, intercalando-as no texto, o que dá agilidade à edição. Esta, por outro lado, poderia ter eliminado alguns parênteses, digressões do narrador. E eu transformaria a poética orelha assinada por Adriana Falcão em livro ilustrado sobre a primeira paixão.

**ITINERÁRIO** – Se o romance *teen* de Godoy e Tavares ambienta-se no tempo presente, *A panqueca fugitiva, o resmungão – e outros contos nórdicos* (Rocco Pequenos Leitores), de Augusto Pessôa e ilustrações de Nina Millen, lida com o atemporal comum aos relatos orais transmitidos entre gerações. A começar pelo título, as oito narrativas surpreendem o leitor, pois o itinerário da história parece ir por um caminho e desemboca em outro. Aquele que lê fica entre o riso e a perplexidade em vários momentos.

Faz-se grande a habilidade de Pessôa ao tornar bastante acessível o discurso literário, aproximando-o do relato oral, mas sem torná-lo simplista. Reflexo de sua atividade como contador de histórias. Característica que aparece também em outro livro recente assinado por ele, o divertido *A rã e o boi* (Zit Editora), com ilustrações de Augusto Pessôa. A narrativa sobre a convencida rã e o sábio boi suspende a notação do tempo e pode se passar em qualquer charco, fazendo parte da coleção Contadores de Histórias. Série que recomendo para crianças a partir dos dois anos por ser também convite à habilidade manual, ao possibilitar que o leitor monte cenários, como em um teatro de bonecos cujo palco é uma capa sobressalente encartada a um dos três volumes já publicados.

No caso de *A panqueca*, como se trata de recontos, textos recolhidos quando o politicamente correto ainda não exercia tirania, alguns dos contos mostram cenas inusitadas como a da Rainha, boa governante, que usa uma colher de madeira para castigar aqueles que fazem besteira, caso contado em "Florisbela e Bela Flor". Quanto à edição, embora entenda que eles dão mais ênfase à narrativa, observo que o uso de muitos sinais de exclamação tende ao excesso, o que visualmente perturba a mancha de algumas páginas.

**LICENÇA** – Singelas e elegantes, as ilustrações de Millen, feitas em nanquim, com caneta ou bico de pena, remetem a ícones da arte nórdica e escandinava. "Principalmente, nos elementos e na composição dos padrões usados em roupas e objetos", explicou-me. Como o formato do livro é vertical, com pouco espaço para a ilustração, ela se concentrou nas formas dos elementos. Resultou em um bordado que amplia o imaginário do leitor, feito de forma delicada, como se pedisse licença ao autor do verbal para dividir a página. O reparo diz respeito à tonalidade do azul usado na impressão, as imagens teriam sido muito mais valorizadas se o tom fosse um pouco mais saturado.

A mudança no traço da ilustradora não passou despercebida. Li, há pouco tempo, outro livro com desenhos dela, *O medo que mora embaixo da cama* (Globinho), texto de Mariza Tavares. Também feitos com bico de pena e nanquim – com as cores adicionadas digitalmente –, os desenhos apresentavam caráter mais pop, próximo aos *comics* para crianças. O oposto do trabalho mais recente, contido e econômico no pictórico. Em *O medo*, as imagens tendem ao exagerado e exploram contrastes de cores, camadas coloridas sobre fundo escuro. E constituem texto visual em integração com o verbal.

O livro, sobre uma das condições mais presentes na vida de muitos pequenos leitores, vai apresentando os diferentes e imaginários medos que assombram o menino de olhos muitos grandes, sinal de estar atento a tudo. Escrito em forma de quadras, várias indagando sobre os perigos que aparecem ("Quem é o monstro peludo/ de olho tão arregalado?"), a narrativa devolve o leitor ao sempre. Trata-se de um relato sobre o tempo. As ilustrações possuem poucas marcas temporais – foguete, despertador e carrinhos apontam para uma modernidade indefinida –, indicativo de que o medo se faz constante nos humanos e atravessa calendários.

Ao ler esses livros, que me indagaram sobre o estatuto do tempo nas narrativas, recuei aos primórdios de minha aventura como leitora. Alfabetizada, descobri o prazer de ler. A paixão, entretanto, se consolidou na puberdade, quando o trágico bateu à porta do real e foram os livros que apresentaram mundos outros, em que fantasias eram possíveis e o tempo estava abolido, em especial o dos relógios da casa. Na época, passei a fazer parte do segundo tipo de leitor híbrido imaginado por Cecília Meireles, aquele intitulado "crianças adultas". Hoje, pertenço à primeira denominação estipulada por ela, a dos "adultos crianças". E, talvez por isso, me transporte com tanta facilidade para o interior de narrativas que abrem fendas nas horas e me mostram temporalidades fluídas.

21 de abril de 2015

# Antecipações de Lewis Carroll

Muitos escritores transformam personagens e narradores em porta-vozes de teorias literárias. No universo infantojuvenil, o mais fértil foi Lewis Carroll, autor do consagrado *Alice no País das Maravilhas*, que comemora 150 anos. Vinte anos depois da criação da obra-prima, o autor lançou *A pequena Alice no País das Maravilhas*, direcionado para público entre zero e cinco anos. Livro em que estão apontadas muitas ideias que, na atualidade, regem a edição de narrativas para crianças.

Trata-se de reescrita do texto consagrado, mais sintética e com o potencial de oralidade reforçado, adequação apropriada ao público-alvo. O narrador busca maior interação com seus leitores-ideais no uso repetido do pronome de tratamento você. Há também grande esforço para induzir o leitor-ouvinte a conferir nas ilustrações detalhes ditos no verbal. Aspectos recorrentes em obras da atualidade, mas novidade introduzida por Carroll no século XIX.

No primeiro *Alice*, a personagem chama atenção para questão teórica fundamental – a importância da imagem nos livros. Na obra posterior, o reforço ao visual dilui-se na narrativa. Por exemplo, quando fala da "mesinha de vidro com pernas", ao descrever o *hall* que a protagonista encontra logo depois que despenca na toca do coelho, o narrador explica: "(na ilustração, só tem duas pernas e um pedacinho da outra, você está vendo?)". Na página ao lado, o texto visual reforça o verbal.

*A pequena Alice no País das Maravilhas* acaba de sair pela primeira vez no Brasil (Galerinha), com ilustrações de Emmanuel Polanco, conhecido pelas colaborações cênicas com a Royal Shakespeare Company. A tradução, que resultou em texto prazeroso, foi realizada a partir da edição francesa (Gallimard, 2013) pela escritora Marina Colasanti, recentemente agraciada com dois dos prêmios concedidos pela Fundação Nacional do Livro Infantil e Juvenil (FNLIJ). Foi contemplada nas categorias Jovem Hors-Concours, por *Como uma carta de amor* (Global), em que também assina as ilustrações, e em Tradução/Adaptação/Jovem, por *Stefano*, de Maria Teresa Andruetto (Global).

**AMBIÇÃO** – Para aqueles que se interessam pelas teorias da literatura infantil e já têm intimidade com Alice, o mais interessante do livro encontra-se no prefácio, assinado por Carroll na Páscoa de 1890. Em três parágrafos, no uso de tom lúdico, inclusive na forma como alterna maiúsculas e minúsculas, ele expõe os motivos que o levaram a reescrever a obra. "E, agora, minha ambição (seria vã?) é ser lido por Crianças de 0 a 5 anos", diz. Após reconhecer a impossibilidade de a leitura ser realizada de maneira literal, explica que o mais justo seria dizer: "Ser manuseado, babado, ter as páginas dobradas, ser amarfanhado, beijado por aqueles pequenos iletrados, desconhecedores da gramática, aqueles Queridos, cheios de covinhas, que enchem o Quarto de feliz algazarra, e o nosso coração de apaziguada alegria!".

Por enumerar outras formas de apropriação da narrativa, destacando a tactibilidade, ultrapassando assim o primado do letramento, Carroll propõe a ampliação da leitura. Deixa claro o interesse da criança ainda não alfabetizada pelo objeto livro. Novidade para a época, que não reconhecia tal especificidade na infância. O discurso introdutório de Carroll demonstra a audácia dele conceber as crianças como atores sociais.

Quando exemplifica as diferentes e amplas faixas etárias de pessoas que leram as primeiras aventuras de Alice, o escritor amplia o perfil do leitor de obras destinadas ao público infantojuvenil, que não precisam ser apreciadas somente pelos cronologicamente mais jovens. Ao chamar de Crianças (sempre em maiúscula) todos os que não deixaram exaurir o sentido do escárnio, Carroll volta a reivindicar ser a literatura infantil pontuada pelo *nonsense*.

**AUDÁCIA** – No final, recorre à doce imagem de uma garota pequenina a quem ensinaram ser uma unidade de qualquer produto alimentício (uma laranja, um pão) o suficiente para evitar ser chamada de gananciosa. Um dia, observando seus dois pés descalços, ela murmura solene: "audaciosa". *Alter ego* do escritor, a menina metaforicamente está a falar da própria audácia dele ao escrever duas vezes a mesma narrativa, quando poderia ter se contentando com a primeira unidade de Alice.

Se uma das características da contemporaneidade reside no reaproveitamento de textos mais antigos, Lewis antecipou-se também nesse aspecto. Seis anos depois do primeiro livro, ele lançou *Through the looking glass and what Alice found there*. Novamente, podemos considerar que o escritor serializou a história absurda da menina, ao extrair personagens do livro original e recompô-los em moldura apropriada aos detentores de repertório mais amplo de leitura.

*Alice através do espelho* acaba de ser ilustrado pela artista Rosângela Rennó, em texto traduzido pelo poeta Alexandre Barbosa de Souza (Cosac Naify). Trata-se de edição ousada, pois Rennó também se concentrou em reaproveitar tecidos do passado. Ela reuniu *frames* de versões cinematográficas das histórias de Alice, feitas a partir de 1903, para mixá-los aos desenhos de John Tenniel, o ilustrador da obra-prima e também de *Through the looking glass and what Alice found there*. No uso da fotografia e da "refotografia", a artista criou narrativa poderosa – acentuada por um efeito de distorção das imagens e pelo predomínio cromático do vermelho – que exibe poeticamente diferentes caminhos e meios pelos quais Alice tornou-se conhecida em termos visuais.

25 de maio de 2015

# Operária da literatura[8]

m dos mais esperados lançamentos a serem realizados durante o 17º Salão FNLIJ do Livro para Crianças e Jovens – que acontecerá entre os dias 10 e 21 de junho, no Centro de Convenções Sul América, no Rio – traz a assinatura de Bartolomeu Campos de Queirós, o consagrado autor que fascina tanto o público adulto como o infantojuvenil. Ilustrado por Mariana Newlands, *Dulce, a abelha* (Alfaguara Infantil) conta a história da pequena fêmea tão mélica quanto diabética.

"Em Dulce morava uma vida doce. Seus pensamentos eram suaves como se polvilhados com açúcar de confeiteiro. Também pudera, Dulce nasceu abelha. E abelha, como bem sabemos, tem como ofício fazer o mel". Com suavidade, o narrador apresenta o mais novo integrante da fauna poética de Bartolomeu, que, simbolicamente, nasceu em Papagaios, Minas Gerais, em 1941.

Em seus livros já figuraram uma borboleta cujo voo "pode transformar qualquer dia em um domingo", o pequeno elefante "neto do sono e filho do sonho", o pato pacato, o pé de sapo e o mico-leão-dourado, o peixe e o passarinho, a formiga amiga, o piolho contraponto do repolho. E em *O gato*, que considero um dos mais belos textos de nossa literatura infantil, o bichano que ronrona filosofia. Dulce fala de doença e morte, limitações e solidariedade.

Inédita em português, a narrativa havia sido incluída, em 2011, na coletânea *Cuentos infantiles brasileños*, publicada pela Embaixada do Brasil na Costa Rica, organizada por Ninfa Parreiras e Glória Valladares Gran-

---

8    Este texto também foi publicado no caderno Prosa e Verso, de *O Globo*, em 5 de junho de 2015.

jeiro. No ano seguinte, em meados de janeiro, o escritor morreu, vítima de insuficiência renal. No posfácio, Ninfa, amiga e estudiosa da obra, relembra: "Certo dia, Bartolomeu me segredou que gostaria de ver a história de Dulce em um livro ilustrado para crianças de todas as idades".

**QUERUBINS** – Anseio materializado em bem cuidada edição, com capa em brochura. As ilustrações de Mariana Newlands deram à protagonista aparência entre o divertido e o cândido, como se anjo-inseto fosse. Dulce evoca querubins barrocos. Cara gorducha, cabelos marrons encaracolados, olhos quase sempre semicerrados, ela habita a natureza exuberante.

"Todos os detalhes da ilustração ficam concentrados nas abelhas, onde o desenho é mais detalhado e com traços finos, enquanto que os cenários de fundo são amplos, borrados, com muitas cores vibrantes para as folhagens, as flores, a colmeia", explica a ilustradora.

Mariana usou aquarela e lápis de cor para fazer as abelhas, desenhadas separadamente e recortadas à mão, uma a uma. Para os cenários, tinta acrílica, colagens com papel, lápis de cor e pastel seco. Ao pensar em conjunto o trabalho de ilustração, a sequência das imagens e também o projeto gráfico, ela obteve articulado senso de unidade no passar das páginas.

Observo que a narrativa visual permite sutil ampliação do imaginário – a morte, por exemplo, é abordada sem alarde gráfico –, mas faço reparos ao tamanho do posfácio. O delicado texto de Ninfa Parreira elenca aspectos importantes da escritura de Bartolomeu, porém, quando o público-alvo são crianças, quatro páginas explicativas significam muito esforço para o leitor. O excesso no paratexto quebra a ambiência poética que, ao final, a narrativa reivindica.

**AMOROSO** – De volta à biografia de *Dulce*, percebo ainda que, em ritmo de canção sussurrada, o narrador onisciente mostra-se observador atento da jovem abelha. Mulata vinda da África, que não gosta de samba nem de axé, ela aprecia "o som das asas cortando o vazio" e "o perfume macio escondido nos ventos". Olhar amoroso que o leva a exclamar: "Ah! Tenho medo de Dulce nunca mais voltar".

Leio *Dulce* como se fosse a despedida do autor da lide literária, e também da vida. Há momentos em que o narrador confessa sentir muitas saudades da abelha, a quem gostaria de rever. Sentimento que, imagino, seja vivenciado por aqueles que sentem falta da inspiração de Bartolomeu, o dono dessa escrita do mundo regida por afetos lúcidos.

Não conheci o escritor, me sentia próxima dele por conta dos livros, em especial por identificar a sonoridade musical de uma infância remota. O homem para quem "todo real é uma fantasia que vem no corpo" também impregnava as narrativas com apelos aos sentidos. Em *Dulce*, imagens suscitam inúmeras acepções da palavra "doce", revelando quão meiga, amável, suave, agradável e açucarada é a abelha.

**RAZÃO** – O deslizar de associações lembra-me sintético poema de Bartolomeu estranhamente intitulado "Eu sei," que diz: "de tanto amar a doçura/ a saliva da formiga,/ açucarou". Como os sinônimos de doce são palavras não mencionadas, é o leitor que completa o perfil de Dulce, esse corpo-ser que delira com uma flor *diet*. Forma inusitada de o narrador invocar a razão.

Bartolomeu apreciava incluir dados do real no corpo de narrativas ficcionais. No livro em questão, estão inseridas informações sobre diabetes, a respeito da abelha-rainha, e relativas ao zangão, considerado pai alienado. Elementos apresentados de maneira macia, o que impede o texto de se tornar pesado, ou, pior, aborrecido.

Embora a enfermidade crie dificuldades para Dulce fabricar mel como suas cinco mil irmãs, termos referentes ao cotidiano de trabalhadores são utilizados. Elas "não recebiam décimo terceiro nem tinham férias" e "a rainha, numa geleia real, exigia das filhas mais e mais trabalho e também muita cera". Na dimensão política de suas narrativas, Bartolomeu não se furta a fornecer ao leitor, mesmo que criança, conceitos que possam induzir questionamentos. "Desobediência, preguiça ou subversão" são vocábulos que contextualizam o comportamento da protagonista, ainda que por negação. Afinal, "coisa que abelha não é, é contestadora".

Bartolomeu sabia ser a infância momento fundamental em que se constroem noções que guiarão os adultos. *Dulce, a abelha* é mais um de seus atos por uma literatura feita, nas palavras dele, "com afeto, liberdade e fantasia", capaz de propiciar o fortalecimento de singularidades.

5 de junho de 2015

# Poética do acaso

m dos mais belos livros lançados ano passado deverá receber o Prêmio Monteiro Lobato, dedicado ao segmento infantojuvenil, da Academia Brasileira de Letras (ABL). Embora a divulgação oficial dos vencedores só deva ser feita em meados deste mês, *O livro do acaso*, de Nelson Cruz, era anunciado como vencedor durante o 1º Festival Literário Internacional de Belo Horizonte, ocorrido no final de semana passada, que recebeu público de aproximadamente 50 mil pessoas.

Lançada pelo selo mineiro Abacatte, a obra de Cruz encanta por vários motivos. O mais importante reside na impressionante seleção de pequenas frases de 11 autores de língua portuguesa, que, selecionados e encadeados pelo autor-ilustrador, resultaram em novo e rítmico poema. Fazem-se presentes nomes conhecidos como Olavo Bilac, Florbela Espanca, Coelho Neto, Joaquim Manoel de Macedo, João do Rio e também autores pouco divulgados, a exemplo de Beatriz Francisca de Assis Brandão (século XVII) e Auta de Souza (século XIX).

Tudo começa com Antônio Vieira e a frase retirada de *História do futuro* (v. 1): "desde este ponto, torna seu princípio a nossa história". E se conclui na voz de Florbela, dizendo "e a noite vai descendo sempre calma…". O acaso vincula-se à ideia do inesperado, a algo que ocorre sem causa ou explicação. Na obra de Cruz, se associa ao pincelar dessas frases, retiradas de livros que leu ao longo de seis anos. Porque, em contexto amplo, a obra dele nada tem de acaso. Ao contrário, configura trabalho em que se observa grande esforço de pesquisa, maior poder ainda de reflexão, na medida em que a nova e poética narrativa apresenta lógica própria.

Há ainda outro importante apelo, o uso como suporte para as ilustrações do madeirite rosa, compensado feito de entalhos de madeira, comumente utilizado na construção civil. Com suas ranhuras e textura natural, o material deu mais força à qualidade das ilustrações de Cruz, que já foi indicado duas vezes pelo Brasil ao Prêmio Hans Christian Andersen e é autor de vasta bibliografia. No meio das páginas, aparece a imagem de uma dobradiça, a indicar que o livro de madeira foi composto como objeto único e depois reproduzido.

No livro *Kunst Lehrbüchlein*, de 1580, se encontra uma das mais antigas imagens de crianças lendo livros. Nele, reproduções de xilogravuras assinadas por John Amman exibem duas crianças, uma delas segura uma tabuleta. A menção relembra que a ideia de utilizar a madeira rosa remete aos primórdios da história do livro. Já o compilamento das frases e a formação de posterior narrativa traduzem comportamento que se intensifica no contemporâneo, o do reaproveitamento de fragmentos, embora seja bom recordar que a discussão sobre o uso deles tenha se iniciado no Romantismo alemão.

Nesse entrecruzamento de experiências, na arte de expressar nas ilustrações a soma do estranho com o delicado, Cruz constrói poética amorosa sobre a leitura. O mesmo ocorre no livro por ele recém-lançado, intitulado *Haicais visuais* (Positivo). Obra concentrada nas imagens, ele apresenta apenas pequenos títulos e, em seguida, três diferentes desenhos referentes a eles. Por exemplo, após "Magrite ao vento", três ilustrações centralizadas nas páginas, como se fossem emolduradas pelo espaço branco, literalmente ilustram o dito. Há, claro, exercício metalinguístico, pois algumas imagens podem ser lidas como citações. No caso do artista belga, ela se concentra no chapéu-coco, objeto recorrente em óleos de dicção surrealista. São 10 pequenas histórias pontuadas pelo humor facilmente acessíveis a crianças, mas que, lidas por um leitor de repertório mais amplo, se tornam também um exercício de reflexão.

**SKATISTAS** – Outro livro premiado este ano que chama atenção pelo desempenho na elaboração da linguagem gráfica denomina-se *Desequilibristas* (Peirópolis), de Manu Maltez, agraciado pela Fundação

Nacional do Livro Infantil e Juvenil como a melhor obra destinada ao juvenil. Desenhos e gravuras, todos em preto sobre branco, traçam o difícil itinerário de skatistas por uma cidade.

A força dramática dos desenhos acompanha a poética de ênfase poderosa expressa no verbal. Letras em tamanhos e marcações diferentes pontuam o desenrolar da narrativa. "Que tipo de entidade/ infla o corpo do transeunte/ para que ele se transforme desse jeito/ assim de lampejo/ destilando virtudes sem paradeiro?", indagam os versos em forma livre.

Na obra, que recebeu edição em capa dura, o texto verbal pode ser lido como um manifesto a favor do skate. Tem a agilidade desse gênero, apresenta agressividade e enfrenta com valentia, sem perder o tom poético, questão social relevante. Tudo isso isento de qualquer proselitismo. Sendo Maltez skatista, há no verbal e no visual emoção que soa verdadeira. Nestes tempos em que a mobilidade urbana se transforma em território conflagrado, *Desequilibristas* inverte a lógica dominante e põe em relevo aqueles que se perguntam: "um pé na infância/ outro na artrose/ a que distância/ ele anda da neurose?".

30 de junho de 2015

# Visões da diferença

*blog* recebeu uma série de títulos que abordam o tema do preconceito étnico. Assim como ocorre no mundo real, as obras ficcionais lidam de variadas maneiras com o assunto. Há narrativas que apelam ao poético e outras que exibem caráter mais educativo. Em todas está embutido o desejo de transmitir às crianças que a variabilidade faz parte da vida. Por vivermos época em que parte da sociedade radicaliza a negação ao outro e estimula a agressão ao diferente, a leitura desses livros temáticos pode ser uma aliada na hora de conversar com meninos e meninas sobre diversidade.

Das obras avaliadas, a mais elaborada intitula-se *Olhe para mim* (Pulo do Gato), de Ed Franck e ilustrações de Kris Nauwelaerts, com tradução de Cristiano Zwiesele do Amaral. Eles produziram narrativa de caráter memorialístico. O protagonista Kitoko sonha com suas origens no continente africano enquanto visita o museu em que a mãe trabalha. As lembranças são acionadas quando vê um quadro de Gustave Vanaise, intitulado *O negro e eu* (1886), no qual aparecem uma menina branca vestida de azul e um menino negro, com vestes douradas.

As ilustrações são inspiradas em obras de ícones da arte ocidental e revisitam diferentes formas de expressão. Para aqueles que têm pequeno repertório em história da arte, o que contará é a imagem criada pelo ilustrador, e quase todas traduzem o apresentado no verbal de maneira próxima do literal. Leitores que navegam com mais facilidade na tradição artística poderão desenvolver imensa curiosidade sobre qual artista e quais de suas pinturas definiram o rumo da ilustração. No final, as correlações entre as imagens do passado e as novas são dadas para o leitor em necessário paratexto.

**GRAVIDEZ** – Vamos à trama: o garoto adotado sente-se inseguro com a chegada da futura irmã, pois a mãe está grávida. Sonhando, ele recupera memórias da infância passada ao lado da irmã biológica, Ayosha. Quando o verbal fala da guerra, que destroçou a aldeia deles, a imagem evoca *Guernica*, de Pablo Picasso. Eles caminham por muito tempo, enfrentando a fome, até que um homem arrasta a menina para longe dele. Interno em orfanato, Kitoko foge e deseja viver em lugar mais acolhedor – é quando cena idílica, típica dos traços de Marc Chagall, ocupa a página. Feito miragem, ou à semelhança de cenas registradas por Salvador Dalí, Ayosha regressa para ajudá-lo. Reencontram-se em meio à paisagem inspirada em Paul Gauguin. Mas ela se apresenta diferente, pois não possui "a pele escura/ e não tem os lábios grossos".

Além da riqueza de vozes presentes na narrativa condensadas pelo narrador e da coesão obtida no uso de imagens tão díspares, Franck e Nauwelaerts, ao colocarem a visão de um garoto negro com receio de ganhar irmã branca, invertem leitura tradicional do tema do preconceito. E o fazem falando diretamente sobre a questão em apenas um momento, envolto por atmosfera poética. O sussurro da mãe biológica, também evocada no sonho, provoca Kikoto e, por extensão, o leitor, ao indagar: "você quer uma nova irmã do jeito que ela é ou está à procura apenas de uma pele negra como a sua?".

**LANÇAMENTO** – O ideal é que o preconceito étnico não exista, mas em maior ou menor grau ele aparece nas sociedades. No Brasil, quando exercido por adultos, a punição está prevista em lei. E, para que crianças não retransmitam essa perversidade, necessário se faz demonstrar desde cedo que o mundo é feito pela soma das diferenças e todas as cores são bem-vindas. É esse o mote de *Flávia e o bolo de chocolate* (Rocco Pequenos Leitores), de Míriam Leitão. Destinado aos pequenos leitores, o livro recebeu tratamento de luxo com capa dura e folhas de guarda caprichadas. As ilustrações, assinadas por Bruna Assis Brasil, se ancoram em traços que evocam um mundo de ternura.

Criança de cor marrom adotada por mãe branca, Flávia cresce percebendo diferenças entre elas, comentadas pelas vizinhas. Um dia, inesperadamente, decreta que não quer ser marrom. "Detesto tudo o que é marrom", grita a menina, deitada no chão da cozinha, conforme relata a ilustração. A garota absorveu o preconceito, embora tal palavra não seja explicitada. Rápida na reação, a mãe estabelece que tudo o que for dessa cor não entrará mais em casa, o que inclui brigadeiro, sorvete de chocolate e brincadeiras ao sol, pois este pode tostar o corpo dela, deixando-o ainda mais marrom.

No embate entre o pensamento reducionista da menina e a argúcia da mãe em desmontá-lo transcorre boa parte da narrativa. Quase ao final da história, durante diálogo entre as duas, começam a ser dadas explicações sobre diferença e igualdade, em discurso muito próximo do real, e a mãe termina por falar sobre a riqueza étnica brasileira. Ao se reportar à realidade, Míriam muda a estratégia narrativa que vinha se desenvolvendo no espaço do lúdico e encaminha o livro para um caráter mais descritivo, aproximando-o do sentido informativo. É o desejo da menina por uma guloseima marrom, o bolo de chocolate, que recoloca a narrativa no mundo da brincadeira.

**XIXI** – Já em *A menina que descobriu o segredo da Bahia* (Rovelle), Joel Rufino dos Santos constrói estapafúrdia narrativa sobre menina coreana sempre confundida como sendo japonesa – forma de preconceito muito comum no Brasil – que precisa descobrir o tal segredo da Bahia. Só assim conseguirá voltar a fazer xixi. Ela recebeu o castigo de uma entidade barbicha e sofre com o cheiro que exala. "Outro dia, vi correrem umas lágrimas de seus olhos. Era xixi", conta-lhe uma amiga.

Nesse livro de narrativa mais longa, orientado para o leitor fluente, as confusões vividas pela pequena Vi Li são inúmeras e, em seu percurso, ela vai encontrando gente de diferentes feições – até Macunaíma aparece para a garota. Ao final, essas personagens excessivas e os leitores convivem com a ideia da diversidade implícita nessa Bahia ficcionalizada que tudo comporta. As ilustrações de Mario Bag, que remetem à linguagem do cordel, aparecem em preto e branco e são dotadas de humor.

**RESPEITO** – Saio do tema específico do preconceito e amplio o olhar para um livro que repousava sobre a mesa esperando ser avaliado em outro momento, mas que conclui se encaixar nesse artigo. Abro-o justo na página que diz "eu tenho o direito de ser respeitado/ (…) da mesma maneira,/ tanto faz eu ser negro ou branco,/ baixo ou alto,/ rico ou pobre,/ nascido aqui ou ali".

Refiro-me à obra *Eu tenho o direito de ser criança* (Pequena Zahar), de Alain Serres e Aurélia Fronty, traduzida por André Telles, que transmite de maneira simplificada, em linguagem leve e ritmada, a Convenção dos Direitos da Criança. No uso do refrão "eu tenho direito…", os princípios básicos do documento são repassados de maneira lúdica, efeito obtido, em especial, graças à vivacidade dos desenhos de Fronty. Ilustração que busca retratar as muitas faces da diversidade, expondo, por exemplo, mãos transformadas em caras, assemelhadas, mas diferentes nas cores e feições. Tal como somos.

14 de julho de 2015

# Releituras generosas

utores de diferentes gerações, Rodrigo Lacerda e Rui de Oliveira revisitam duas obras clássicas e ofertam aos leitores olhar generoso sobre *Hamlet*, de William Shakespeare, e o conto popular *A Bela e a Fera*, respectivamente. Nas releituras dessas narrativas marcadas pela tradição, eles operam de maneiras distintas – Lacerda apenas com o poder do verbal e Coutinho no manejo de imagens visuais. Cada um ao seu modo colabora para ampliar o universo de interpretações dos textos consagrados.

*Hamlet ou Amleto? – Shakespeare para jovens curiosos e adultos preguiçosos*, de Rodrigo Lacerda, lançado pela Zahar, não está especialmente focado no mercado juvenil. O subtítulo insinua a ambição por ampliar o leque de leitores. E, embora em essência seja um guia sobre a histórica peça teatral, a forma como o autor estruturou a adaptação é inovadora, pois seus comentários se transformaram em corpo literário ficcional, entremeado ao texto original.

No caso de *A Bela e a Fera – conto por imagens*, de Rui de Oliveira, agora publicado pela Nova Fronteira, o alvo no infantojuvenil estava claro desde a edição lançada pela FTD em 1994, que deu ao autor o Prêmio Jabuti de Melhor Ilustração. A publicação atual recebeu acréscimos que modificam a forma de recepção do livro, situando-o entre a ficção e o informativo. Após a narrativa apenas em imagens, o autor apresenta estudos de cenas e de personagens e fornece um guia de leitura visual. Antes, entretanto, publica três textos correlatos: alfabetização e letramento, leitura de imagens, relação entre o verbal e o visual, que compõem ensaio sobre o aprendizado visual.

A ambição de Oliveira produziu híbrido característico do mercado editorial infantojuvenil brasileiro: publica-se o texto ficcional; em seguida, se fornece uma série de paratextos explicativos que poderão ajudar na leitura da obra original. Essa divisão, muitas vezes, faz com que se tenham dois livros – o que é diferente de narrativas – em um mesmo volume. Reativa a paratextos excessivos, neste caso, considero que o livro teria ficado mais enxuto e melhor direcionado ao público-alvo se tivessem sido publicados apenas dois dos estudos apresentados: o de cenas e personagens e o guia de leitura quadro a quadro. O leitor permaneceria no reino da ficção e do privilégio da imagem visual.

Ilustradores raramente têm a oportunidade de publicar em um livro infantojuvenil páginas de seu caderno de desenhos, oferecendo aos leitores o *making of* de personagens ou cenas. Costumo pensar que, no caso de alguns livros, em especial os de narrativas só com imagens, esse seria recurso mais rico do que muitos paratextos verbais. Em *A Bela e a Fera – conto por imagens*, a decisão de expor o desenvolvimento das estratégias imagéticas merece aplausos. Só assim o leitor poderá saber que várias posições foram estudadas, no traço a lápis, até o ilustrador escolher a mais dramática para retratar determinada cena. Na narrativa em si vemos os floreios de caráter *art nouveau* e o uso de cores. Nos rascunhos fica evidente o rigor do ilustrador na apreensão realística dos traços distintivos das personagens. Sim, a função educativa também se faz presente, mas por outro caminho, mais lúdico e criativo, além de coerente com o gênero do livro.

Sendo o conto dos mais conhecidos, narrativa que mesmo os mais pequeninos já podem ter tido contato via outros meios de comunicação, a decisão de também publicar o guia de cenas – que termina por explicitar o texto verbal da história – ajuda a demonstrar para o leitor que não há gratuidade nas imagens que compõem narrativas visuais. O roteiro mostra que cada momento retratado possui estrutura interna sofisticada. Ao elaborar esse guia das imagens, Oliveira termina por oferecer uma aula de educação visual aos seus leitores.

**AMULETO** – Pedi emprestado o trocadilho do intertítulo ao vendedor do livro de Rodrigo Lacerda. Na hora de digitar o título, ele colocou

Hamlet ou Amuleto. Gostei, porque acho que Shakespeare funciona como um amuleto para Lacerda, por acompanhá-lo em sua vida leitora desde muito pequeno, a ponto de aparecer nominalmente em alguns de seus livros, ganhadores de vários prêmios. Em *O mistério do leão rampante*, Shakespeare se torna personagem sem nobreza, "dono de coração de pedra e alma de demônio". Na obra *O fazedor de velhos*, o escritor inglês se transforma em tema – o garoto Pedro precisa encontrar frases-chaves na obra *Rei Lear*, pressionado pelo professor Nabuco, que já as identificou em *Hamlet*.

A influência de tanta intimidade com os textos de Shakespeare reflete-se na trajetória de Lacerda para além dos exemplos citados. Está presente na complexidade das personagens e na opção por modo de narrar que sempre pensa no leitor. O encadeamento das narrativas mantém uma espécie de "olho" na atenção daquele que lê. Quando leio seus livros – o único que não conheço é o de poemas (*A fantástica arte de conviver com animais*) –, sinto-me como em um teatro, quando camadas de leitura são destravadas por pequenos detalhes.

Em *Hamlet ou Amleto? – Shakespeare para jovens curiosos e adultos preguiçosos*, Lacerda radicaliza nesse cuidado com leitor ao transformá-lo em um ator de teatro que interpretará o atormentado príncipe dinamarquês. É a esse ator/leitor que o narrador se dirige, chamando-o de Hamlet Jr., com vocabulário usado pela juventude atual, mas no uso sofisticado da segunda pessoa do singular e do plural. A artimanha de incluir o leitor, o tu, no palco da ação faz com que a voz do narrador se faça mais próxima, ainda que provocadora de instabilidades ao comentar o original shakespeariano. Dúvidas que muitos estudiosos expressam quando analisam comportamentos de personagens que são expostas de maneira orgânica. Temas como misoginia, machismo, desigualdade entre gêneros, tudo se faz presente no discurso do narrador-comentarista-diretor da ação.

Considero *Hamlet ou Amleto?* a narrativa com melhor acabamento nas experimentações controladas que Lacerda gosta de desenvolver em seus livros, pois leva os leitores a lidarem, sem cortes abruptos, com duas narrativas simultâneas e complementares em um mesmo livro. Estratégia em que reconhece a autoridade de Shakespeare, ao manter o original, e ousa ao inscrever seus comentários sob forma de roteiro teatral. Se no livro anterior, *A república das abelhas*, ele mesclou dados históricos com memórias ficcionalizadas de seu avô e o resultado tornou o texto mais distante do leitor, nessa original adaptação de *Hamlet*, Lacerda retorna ao que sua prosa tem de mais característico. Àquilo que o professor da Universidade de Brasília (UnB) Sérgio de Sá chamou de "arquitetura da generosidade".

21 de julho de 2015

# A surpresa do Nobel

O primeiro livro de Roger Mello após ganhar o Prêmio Hans Christian Andersen de Ilustração inverte o papel que costuma desempenhar. Ele é autor apenas do texto verbal e Mariana Massarani assina o visual. O gesto reveste-se de significado, reforçando o reconhecimento ao talento da ilustradora pelo ganhador do prêmio que é chamado de "o pequeno Nobel". *Inês* (Companhia das Letrinhas) ficcionaliza em dicção poética a história daquela que depois de morta foi coroada rainha de Portugal pelo rei Dom Pedro I.

Amigos há muitos anos, Roger e Mariana, juntamente com a também ilustradora Graça Lima, são sócios em empresa que cuida de suas atividades profissionais. Os três já haviam trabalhado juntos em *Vizinho, vizinha*, lançado pela mesma editora quando oficializaram a sociedade e decidiram celebrá-la com uma parceria criativa. Depois, Graça ilustrou *Curupira* (Manati), a peça teatral escrita por Roger. Segundo ele, o texto de *Inês* estava pronto há mais de quatro anos, mas somente após a premiação, concedida ano passado, decidiu publicá-lo, preferindo convidar a amiga para fazer as ilustrações.

A cumplicidade entre os dois produziu livro em que desenhos e palavras se atraem, complementando-se. O verbal encadeia-se em ritmo que lembra antigas cantigas de roda, com a reiteração melódica de uma frase composta por três imagens: "curva de brisa, alga vermelha, briga de passarinho". Ao longo da narrativa, ela aparece em combinações invertidas – "briga de brisa", por exemplo –, funcionando como fórmula mágica quando os acontecimentos tensionam-se. O visual flui com a mesma delicadeza, mas os traços de Mariana agregam a personagens e cenas um sentido de humor que impede a narrativa de se tornar melancólica, característica da história original. Essa inteligência sensível transforma o tétrico em ternura e aproxima ainda mais os leitores do sentido de encantamento transmitido pela narradora.

MOTE – A trama histórica recebe tratamento de conto de fada a partir do ponto de vista de Beatriz, que viria a ser filha do casal Inês e Pedro, mas que "ainda não era uma vez". A escolha por essa pequenina narradora onisciente – embora ainda não nascida – concede ampla liberdade a um modo de narrar lírico, que respeita os dados do passado sem reforçar o caráter informativo ou de narrativa de circunstância. A consonância com a história torna-se, em si, mero mote, o que me faz pensar que Roger possa ter mergulhado na leitura da lírica de Luís de Camões, cujos poemas iniciavam-se com um mote ou trova, dele ou de outrem.

Esse tratamento ficcional faz com que referências geográficas como o rio Mondego, a Quinta das Lágrimas e o reino de Castela percam o caráter de real tanto no texto verbal como nos desenhos de Mariana. Quando a pequenina conta serem as algas vermelhas que crescem no rio Mondego as lágrimas do sangue de Inês, a ilustração narra fluídas ondulações sanguíneas sobre as quais a menina anda com seu imenso e estranho cabelo. Provavelmente só aí o leitor perceberá que boa parte do sentido de humor do livro advém da estranha maneira com que a maior parte das personagens aparece olhando: apenas com um olho destacado, quase nunca com o rosto em posição frontal.

Esses olhos lateralizados, que dominam visualmente a narrativa da garota sobre paixão, corações dilacerados e decisões violentas, me fizeram lembrar trecho de poesia em que Camões fala a uma menina muito jovem e destaca a inconstância e a instabilidade da condição infantil: "Quem se confia em olhos,/ nas meninas deles vê/ que meninas não têm fé". Entendendo fé como fidelidade, conforme propôs a especialista na obra do bardo, Maria de Lurdes Saraiva, fiquei a pensar que nos desenhos de Mariana os olhos estão a falar para o leitor que muitos elementos da narrativa de Beatriz estão invisíveis.

Parecem dizer que outros relatos e pontos de vistas podem dar conta de forma mais fiel e detalhada dos trágicos acontecimentos, mas esse narrar em que "peixes cochicham", "cavalo sorri para capim" e cartas "desfazem montanha e vento" se articula na verossimilhança possível de uma voz infantil que busca recuperar passado quase mítico. À semelhança de Camões, em *Os Lusíadas*, quando se reporta à história de Inês e Pedro, Beatriz também concede maior ênfase ao amoroso. O político, contudo, se embrenha fortemente nas cenas de intrigas e maldades desenhadas por Mariana.

**CONSCIÊNCIA** – "Nós dois ficamos felizes com o livro", disse-me Roger, explicando que decidiu escrever sobre o episódio da rainha coroada depois de morta após se conscientizar de que narrativas ficcionais de reis e rainhas que chegam às crianças brasileiras quase sempre são ambientadas em regiões sem vínculos próximos ao Brasil. Pergunto se o gesto de entregar o primeiro livro pós-Hans a Mariana pode ser interpretado como se ele estivesse lançando-a a uma futura indicação ao "pequeno Nobel". Ele diz: "Mariana é excelente ilustradora-pensadora, tem toda condição de disputar o Hans Christian Andersen". Na biografia dela constam mais de 100 livros ilustrados, sendo que em oito assina também o verbal.

Na confecção das ilustrações para *Inês*, Mariana usou recurso tradicionalmente adotado por ilustradores, o lápis 6B, aliado à novidade da tinta PVA. Ela esparramou as ilustrações em páginas de formato paisagem, encadeando desenhos que se assemelham a traços feitos por crianças, porém reveladores de cuidadoso estudo de compensação entre as cores das páginas – em uma das cenas, naquela em que Inês e Pedro namoram próximos a uma janela, é possível resgatar a inspiração nas cores de Henri Matisse. A edição recebeu capa dura e paratexto explicativo, concentrado em uma só página, de Lilia Moritz Schwarcz, contextualizando a história real que deu origem ao ditado popular "Inês é morta", frase que costumamos usar para nos referir a algo que não tem mais retorno.

**DIÁLOGO** – Das obras em que Mariana dialoga com o texto de outro autor, gosto especialmente das ilustrações de *Cadê o juízo do menino?* (Manati), parceria com Tino Freitas, pois são as ilustrações que concretizam a confusão gerada pelo menino maluquete, em associação imprescindível entre o verbal e o visual. E também de *Mudanças no galinheiro, mudam as coisas por inteiro* (Rovelle), de Sylvia Orthof, neste caso por um motivo a mais. Quando escrevi *A imagem nos livros infantis – caminhos para ler o texto visual* (Autêntica), reexaminei muitos livros da escritora e conclui que poucos ilustradores deram conta de se aproximar da proposta dela – desenhos livres, traços divertidos, potentes em sua carga afetiva. Mariana filia-se a essa corrente, consegue transmitir ao leitor a sensação de liberdade nos livros que elabora.

Recentemente reencontrei a impressão de Mariana em espaço menos propício ao lúdico e mesmo assim essa marca afetiva transpareceu. É dela o desenho das duas crianças que formam parte da ilustração de *hashtag* que tem circulado nas redes sociais em campanha pelo fortalecimento da literatura. Em parceria com a *designer* Silvia Negreiros, a #naçãoleitora busca mobilizar a sociedade para a importância da leitura literária. Criada em reação aos cortes em programas de distribuição de livros de literatura, ocorridos no âmbito federal e nos estados, a marca refere-se ao título do manifesto Nação Leitora, assinado por 12 entidades que tratam do livro e da leitura no Brasil. Nela, duas crianças, menina e menino, de etnias diferentes, são envolvidos pelos dizeres: "Por um Brasil de Leitores".

A ideia é sensibilizar amplos setores da sociedade e dos governos para a fundamental importância que a literatura desempenha na formação dos cidadãos. Ou, como prefere refletir Roger Mello, conscientizar o país de que "só se conseguirá uma pátria realmente educadora se antes existir uma nação de leitores". E esta última só é possível a partir da leitura de obras de ficção, do contato com mundos inventados, de viagens por abismos insondáveis, e também de prazerosas releituras imaginárias do passado, como a proposta por Roger e Mariana.

28 de julho de 2015

# Indução ao sono

Livro que ajuda tecnicamente crianças a dormir ocupa o topo da lista dos mais vendidos na loja virtual Amazon no Reino Unido. *The rabbit who wants to fall asleep: a new way of getting children to sleep*, de Carl-Johan Forssén Ehrlin, também se tornou outro fenômeno: é a primeira obra autopublicada a liderar as compras no *site* de comércio *on-line*. Psicólogo comportamental e linguista, o sueco Ehrlin desbancou obras como *Go set a watchman*, de Harper Lee, recente sucesso norte-americano que vendeu mais de um milhão de cópias na semana do lançamento. As informações são do *The Telegraph* em seu *site* de Ciências.

O livro já está acessível no Brasil, sob o título *O coelho que queria muito adormecer: uma nova forma de ensinar as crianças adormecerem*. Leitores brasileiros reclamam no *site* da loja virtual da falta de cuidado na tradução para o português. Porém, de modo geral, os relatos na rede mundial são de que a história surte o efeito desejado. Quando tomei conhecimento do sucesso do coelho, pensei que "o drama da hora de dormir" é que deve estar se tornando verdadeiro fenômeno planetário.

A hora do recolhimento pode significar momento difícil para as famílias. A companhia de um livro ou o escutar uma narrativa oral costuma colaborar para desacelerar o ritmo das crianças e ajudá-las a entrar em um estágio mais tranquilo, propício ao sono. Parece, no entanto, que a leitura de narrativas imaginativas não tem dado o efeito desejado pelos cuidadores, daí a necessidade de se utilizar obra baseada em pressupostos científicos, com o uso de técnicas que agem de maneira mais rápida na provocação do sono. Há internautas garantindo que o livro faz efeito na segunda página.

Segundo entrevista do autor ao *The Telegraph*, no texto foram usadas técnicas de reforço psicológico positivas para ajudar as crianças a relaxarem, se concentrarem e caírem no sono. Para conseguir esses efeitos, aqueles que leem são instruídos a bocejar constantemente e levados a enfatizar palavras e a mudar o ritmo da leitura, recorrendo a uma voz lenta e calma quando aparecem palavras em itálico.

Localiza-se na audição o outro truque para induzir o sono, pois, embora o livro contenha imagens, há uma orientação para que as crianças apenas escutem a voz de quem lê. Ajuda também o fato de que a obra permite que a narrativa seja personalizada, pois é possível usar o nome da criança no lugar da personagem, o que aumenta o envolvimento dos pequenos.

Na mesma entrevista, Ehrlin disse que o livro funciona como um equipamento verbal que se assemelha ao gesto de balançar o bebê para dormir. Ele, que já havia escrito livros sobre liderança e desenvolvimento pessoal usando estratégias similares, explicou que escreveu a história do coelho em um único momento, mas levou mais de três anos para concluir o livro. Precisou estudar maneiras de fazer com que as técnicas utilizadas estivessem corretamente encadeadas.

Publicada pelo sistema CreateSpace, da própria Amazon, que é destinado à autopublicação, a obra tem 26 páginas e já foi traduzida para sete idiomas desde o lançamento em abril do ano passado. Como não fiz o teste para verificar se a leitura é realmente provocadora do desejo de dormir, as vendas me levam a crer que seja uma obra eficiente tecnicamente – refiro-me aos processos indutores da sonolência. Porém, sei que existem muitos outros textos disponíveis no mercado que podem ajudar na hora de dormir, mesmo não sendo tão elaborados.

**NO BRASIL** – Poucas semanas atrás, o *blog* recebeu divertido livro que induz o sono, mas sem apelar para tantas ferramentas técnicas. Testei a leitura com duas crianças menores de três anos e funcionou. Trata-se de *Todo mundo boceja* (Brinque-Book), de Anita Bijsterbosch, com tradução de Camila Werner.

Com narrativa verbal curta e centrada no jogo da reiteração, o livro apresenta diversos animais que estão cansados. Cobra, gato, coelho, porco, crocodilo, hipopótamo, tartaruga, guaxinim, entre outros, todos bocejam. A diferença é que alguns são discretos. Outros abrem a boca de maneira bem espalhafatosa. Diferenças que as crianças demonstraram gostar de comparar ao manipular abas que permitem ver de que maneira cada bicho faz o gostoso gesto de abrir a boca.

Mais indicado como leitura acompanhada, o livro de 32 páginas também pode ser usufruído por leitores iniciantes. O texto visual exibe desenhos que apelam para o humor, com contrastes cromáticos marcantes. A edição em capa dura apresenta boa engenharia de papel, capaz de resistir ao manuseio feito pelas crianças.

**MONSTROS** – Outro lançamento recente que pode ser útil na hora de dormir é *Tá tudo bem, neném!* (SM), de Emmanuelle Houdart, com excelente tradução do poeta Fabio Weintraub. Monstros simpaticíssimos, como a sereia de mãos ligeiras e o colorido dragão de casaco, se escondem no ambiente em que vive um garoto bem pequeno. Podemos lê-los como sendo os medos que costumam ser vivenciados pelos muito jovens.

Quando o garoto pergunta sobre uma situação pouco familiar, aparece o refrão "Tá tudo bem, neném", seguido de explicações sobre quem que é o responsável pelo estranhamento. Por exemplo, quando ele indaga: "E no sofá, quem estou vendo?", aparece a imagem de um sofá colorido visto apenas de costas, do qual se percebe uma forma estranha saindo dele. Vem, então, a resposta: "Tá tudo bem, neném: é a dona unicórnia lendo".

A narrativa transforma todas as situações esquisitas, situadas entre o universo dos sonhos e o da realidade, em um momento de aconchego para o neném. Logicamente, por apresentar texto verbal arraigado na repetição de uma frase de pacificação, o livro tem o poder de acalmar, relaxar e acolher a criança que escuta a história. O tratamento visual também colabora para esse efeito. Embora os desenhos apresentem tons cromáticos fortes e bem contrastados em uma mesma imagem, o fato de a página que os apoia sempre ser branca ambienta a narrativa em espaço de tranquilidade.

**EXCITAÇÃO** – Conheço uma menina de cinco anos que manuseia com muita habilidade *tablets*, acessando jogos. O hábito tem provocado dificuldade para pegar no sono, pois teima em ficar conectada. Sugeri à mãe que lesse para ela *Brinca, menino* (Nova Fronteira), de Letícia Wierzchowski, com ilustrações de Cado Bottega. Minha intenção não foi de que a narrativa provocasse sono, mas pensei que ela poderia, mesmo com tão pouca idade, refletir sobre o próprio comportamento, que deve se repetir em muitas outras crianças. Soube que escutou a narrativa antes de dormir e, a princípio, ficou excitada, talvez por se identificar com a personagem, mas ao final se recolheu para "esperar a imaginação".

A narrativa lida concentra-se em uma provocação do narrador ao menino-protagonista, viciado em internet e games. Ele é intimado a brincar, a inventar e a usar a imaginação. "Sai daí, menino, vai brincar,/ Desencalha dessa sala./ Vira pirata, rei, maquinista,/ sultão ou malabarista,/ Vai correr feito um trem-bala". A expressão "vai brincar" torna-se o mote que ajuda o leitor a perceber que existem outras maneiras de viver.

Talvez as crianças de hoje tenham mais dificuldade em pegar no sono por brincarem pouco. Quando chega a hora de dormir, armazenam ainda excessiva energia. Acrescente-se a isso a circunstância de que em muitas famílias a disponibilidade dos adultos é pequena no momento de oferecer um tempo à leitura. Está explicada a grande demanda de narrativas que, no lugar de se basearem na força do poético, acionam reforços comportamentais indutores do sono, como no caso do coelho que não é o da Alice.

25 de agosto de 2015

# A arte de ilustrar

# O Oriente descobre Roger Mello

Recém-premiado com o Hans Christian Andersen, o brasileiro Roger Mello acaba de conquistar também o coração dos orientais. Em maio, o Chichiro Art Museum, de Azumino (Japão), exibe retrospectiva de sua obra, enquanto a ilha Nami – um dos locais mais encantadores da Coreia do Sul – fará grande exposição ao ar livre, com reproduções de seus trabalhos. E os chineses, após o prêmio considerado o Nobel do segmento infantojuvenil, decidiram fechar a compra de 10 de seus livros, a serem lançados em agosto.

A exposição no Japão será a mesma que esteve na Internationale Jugendbibliothek, no Castelo de Blutenburg, em Munique (Alemanha), com curadoria da Fundação Nacional do Livro Infantojuvenil (FNLIJ), e apresentará originais de livros e objetos pessoais do artista. Em Nami, parque privado a 60 quilômetros a leste de Seul dedicado à arte e à natureza, as reproduções ficarão embaixo de pinheiros. Na China, segundo as negociações realizadas pelo grupo Anhui e pela Editora CCPPG, as traduções farão parte do Andersen Project.

Assim como os jurados do Andersen, China, Japão e Coreia se renderam ao brasileiro por Roger romper com as fronteiras entre arte, artesania, *design* e ilustração a cada novo livro. Desde o princípio de sua carreira, ele se preocupa em cuidar de suas produções como se cada nova narrativa fosse um livro-arte, embora reproduzido aos milhares. Em seus títulos, as páginas podem dar a impressão de tridimensionalidade sem sair do bidimensional, os papéis podem variar de gramatura para oferecer sensações sinestésicas.

Sendo ele também o engenheiro de papel de suas obras, Roger se dedica a construir manualmente todas as "bonecas" – os modelos – necessárias ao processo de elaboração do livro. Não é o único autor-ilustrador a fazer isso, mas essa característica, acoplada à detalhada pesquisa iconográfica e ao longo tempo de maduração de cada obra, o transformaram no mais bem--sucedido ilustrador brasileiro, o único da América Latina a ganhar o Hans.

"Só consigo fazer dessa maneira", afirma. "As editoras já sabem que receberão um objeto". O desdobrar-se sobre o papel de maneira a criar diferentes interações, em rompimento constante de fronteiras, aproxima o trabalho de confeccionar livros com o universo do teatro, onde ele também é autor e atua como diretor. Seus livros são cenários moventes que provocam no leitor a surpresa e o envolvimento, como se cada criança participasse do instante poético que o levou a criar aquelas imagens e palavras. Neles, o transbordamento da emoção, com um lirismo inteligente, se faz marca forte.

O apego à qualidade matérica do papel colabora para que não tenha até o momento se interessado em produzir livros virtuais. "Acho que o papel tem muito mais camadas a serem exploradas do que o *e-book*", disse-me. O livro de papel, para ele, ainda se revela objeto complexo, amarrado, a exigir muita habilidade. "Gosto desse substrato, dessa matéria e é o papel que considero hipermediático", completa. Com paciência, método e perspicácia, soma 100 títulos ilustrados, sendo que em 22 é também o autor do texto verbal.

No domínio de variadas linguagens e técnicas artísticas, ele faz uso do rigor da composição para desconstruí-la de maneira surpreendente seja com a ilustração em si, caso do livro de imagens *Selvagem*, seja com papéis coloridos (*Carvoeirinhos*) e outras invencionices. Suponho que a capacidade de fusionar a palavra com a imagem e também com objetos é o que tenha fortalecido o seu nome junto aos jurados do Andersen. Bem mais que o fato de realçar aspectos culturais brasileiros em suas produções, como foi destacado no anúncio do prêmio.

Afinal, seus livros transportam os leitores a diferentes mundos e a outros "eus" – só para reforçar, um exemplo: *Zubair e os labirintos*, espécie de livro-brinquedo, se desenrola no Irã. E muitos deles resultam de viagens reais empreendidas pelo autor. Experiências de deslocamento traduzidas em aventuras ficcionais, como em *João por um fio*, finalizado após viagem à ilha de Uros, no Lago Titicaca (Peru), ou as *Cavalhadas de Pirenópolis*, sobre a cidade antiga vizinha de sua Brasília natal. Agora mesmo, se dedica a livro sobre a Amazônia, após visitar Mamirauá, área considerada sítio natural da humanidade pela Unesco.

A ideia do livro, de grande formato e aberto em tríptico, pretende passar aos leitores a dimensão física da floresta, sendo ela a personagem. Mas, se você pensou em árvores, recue. A paisagem ali é o humano. Faz-se essa a sabedoria de Roger: a de inverter a lógica, em um livro-floresta-de-corpos. Até agora o projeto tem sido denominado *Espinho de arraia*, e contará as aventuras de pequeno órfão que, ferroado por uma arraia, entra em inconsciência e relata aventuras para sete irmãos. Conto-lhes também que haverá um macaco Uacari, típico da região, com sua pelúcia branca e rosto vermelho.

Em uma dessas viagens-experiências, nas paisagens de afeto que vai construindo para si e para os leitores, Roger Mello descobriu a ilha Nami, propriedade privada coreana patrocinadora do Andersen. Nesse lugar, em que livros podem ficar espalhados ao ar livre mesmo que se deteriorem, é possível desenvolver habilidades em ateliês de leitura, cerâmica, desenho a nanquim, além de usufruir a natureza. Ali, se sentiu em casa. Regressou quatro vezes a esse mundo que parece imaginário. Em contrapartida, quando seu nome foi anunciado como ganhador do prêmio, aqueles que habitam a ilha em formato de meia-lua consideraram que um naminariano havia sido honrado.

30 de abril de 2014

# Imagens para adolescentes

oi grande o número de títulos para adolescentes lançados entre abril e maio. O segmento cada vez mais competitivo investe na edição de livros em que o texto visual, antes muito concentrado na literatura para crianças, se fortalece. Mas, em geral, a qualidade da linguagem das imagens ainda é tímida se comparada com a narrativa verbal.

Com o predomínio do mundo de imagens, oferecidas pelos meios de comunicação, a aliança entre imagens e palavras para o público infantojuvenil requer cuidado especial. Uma configuração própria que atenda às exigências de um leitor mais familiarizado com o objeto livro, já habituado à prática da leitura e, por outro lado, muito impactado pelo excesso de imagens que povoa nossa sociedade, em especial as telas em convergência tecnológica.

Pensando nessas possibilidades, escolhi ler alguns exemplares entre os vários títulos recém-lançados enviados por editoras para o *blog*. Começarei pelo que mais me divertiu. Paradoxalmente, se trata de uma releitura e a narrativa mostra que textos antigos podem ser atualizados sem prejuízo para a história original, em diálogo entre a reverência ao passado e a audácia de aproximá-lo do presente.

*Os 12 trabalhos de Lelércules* (Alfaguara), de José Roberto Torero, com ilustrações de Raul Fernandes, privilegia o texto em prosa, mas as ilustrações, bem balanceadas e engraçadas, situadas em pontos diferentes das páginas, reforçam e ampliam o tom dado pelo narrador. Elas movimentam-se e buscam conquistar o leitor adolescente com doses de humor e irreverência frequentemente associados a essa faixa etária. Humor que também é marca do narrador do texto verbal, que cria um semideus Hércules movido a pum.

O projeto gráfico, com títulos em vermelho sobre a página muito branca, e as cores quentes que pontuam a maior parte dos desenhos tornam o volume mais atrativo. Em termos de imagem, e aqui a uso em sentido amplo, impliquei apenas com o uso de parênteses, a meu ver excessivo, que o narrador faz, que termina por poluir a mancha de texto. Quanto ao texto verbal, o reparo se deve ao cacoete de usar artigo definido antes do nome das personagens – por exemplo: "o Hércules falou" –, que, no lugar de aproximar, tende a infantilizar o leitor.

Elegância é a marca de *O alfabeto dos pássaros*, de Nuria Barros, com ilustrações em preto e branco de Catarina Bessel (Cosac Naify). O delicado casamento entre imagem e palavra se sofistica, pois as imagens definem rumos de leitura, interferem na narrativa de maneira que é quase impossível separar o texto visual do verbal.

Na poética e densa narrativa sobre Nix – garota chinesa adotada por família de espanhóis –, dragões, pássaros e palavras brotam da imaginação da menina e de sua mãe, que busca, à maneira de Scheherazade, aplacar os temores de abandono e diferença da pequena contando-lhe histórias.

As interações começam na capa. Ela desdobra-se como se tabuleiro de jogos de mesa fosse. Na frente, branca com o alfabeto ocidental, serpenteado por pássaros. No interior, laranja, com os signos da escrita chinesa volteando um dragão. O texto em prosa reforça aspectos gráficos, pois recorre bastante a onomatopeias e anáforas, repetições às vezes cansativas, mas que distribuem com agilidade as palavras nas páginas. Diante do tema e do tratamento gráfico, acredito ser obra que exercerá maior atração sobre leitores jovens mais experientes.

Ela já é conhecida. Viveu aventuras na Amazônia, Grécia e Egito e agora descobriu o Peru. *Diário de Pilar em Machu Picchu* (Pequena Zahar), de Flávia Lins e Silva, repete a parceria com as ilustrações de Joana Penna. Tecnicamente é entre os livros analisados o que apresenta maior quantidade de recursos de imagem, pois justapõe ilustração e fotografia. Customiza também traços culturais peruanos, dialogando com a forma clássica do diário, espécie de álbum de recordações.

Como se fosse um livro-*link*, apresenta inúmeras alternativas de imagens e também de páginas explicativas, que acompanham a narrativa ficcional. Mistura de livro de entretenimento com paradidático, estimula como uma tela de computador e deixa pouco espaço para a fruição do imaginário. Destinado à primeira adolescência, na tentativa de ganhar a adesão do público, apela para o excesso de imagens, o que polui a obra. Talvez, se economizasse um pouco no visual, as ilustrações ganhassem mais impacto.

*Boneca de ossos*, de Holly Black, que inaugura o selo #irado (assim mesmo), da Novo Conceito, aposta na tradição de histórias de suspense e pouco enfatiza o uso de imagens. Sucesso de crítica e público nos Estados Unidos, tendo sido eleito o melhor livro para adolescentes, conta a sinistra história de três crianças às voltas com uma estranha boneca.

Nele, contrariando a tendência, o que segura os leitores é o enredo do texto, pois as ilustrações de Eliza Wheeler são poucas e muito tradicionais. Elas aparecem soltas, com função quase reiterativa em relação à prosa, o que encarece o livro, sem praticamente estimular o leitor.

O oposto de *Pânico no Pacífico* (Autêntica), do francês Pronto, que assina como autor e ilustrador. Nas malucas três histórias que apresenta, as ilustrações são compostas de desenhos, recortes fictícios de jornais e revistas, imagens de objetos como canetas, microfones e retratos de suspeitos de crimes. O adolescente tem em mãos um labirinto apropriado ao trabalho de investigação policial.

Vejo o título mais próximo de um jogo em forma de livro do que um livro com uma narrativa propriamente, o que reforça as transgressões possíveis ao segmento juvenil. Gênero que cada vez mais acomoda recursos das variadas manifestações possíveis à imagem nesse universo em que mídias se mesclam.

14 de maio de 2014

# As dificuldades do livro-imagem

No *inbox* do Facebook, leitores indagam minha opinião sobre o livro-imagem. Um deles quer saber a diferença entre livro-imagem e poema visual. Resolvi responder no *blog*: considero o livro-imagem, que é aquele feito somente com imagens, o produto mais sofisticado do mercado editorial infantojuvenil. E, na tentativa de começar a esclarecer a segunda questão, pensei em um jogo de linguagem: todo bom livro-imagem perfaz um poema visual, mas nem todo poema visual é um livro-imagem, pois poderá ter palavras em sua composição.

Contar uma estória apenas por meio da imagem, manter essa atratividade com coerência e envolver o leitor com um texto verbal apenas latente se revela grande desafio. Tanto para quem escreve/ilustra como para aquele que vê/lê. Trata-se do mais bem-acabado exemplo de coautoria entre quem desenhou/escreveu e a pessoa que lê e completa a narrativa. Por essas complexidades, os livros elaborados exclusivamente com imagens ainda ocupam pequeno espaço no mercado editorial brasileiro.

Trata-se de gênero que requer esforço de leitura por mais simplificada que seja a narrativa que as ilustrações oferecem. Embora vejamos apenas imagens, o autor pensou antes uma estória para ilustrar. Narrativa que podemos chamar de virtual – não confundir com a virtualidade das telas, pois, no caso do livro-imagem, ela se refere à existência de uma estória subentendida. Texto que se construirá enquanto narrativa de acordo com o repertório daquele que completa o percurso da leitura.

Assinado por Josias Marinho, *Benedito* (Saraiva) se enquadra na categoria do livro-imagem, ao contar exclusivamente com ilustrações o episódio de um menino negro que brinca com um tambor, instrumento lúdico pintado de amarelo e azul. Na dedicatória, ao dar vivas aos reis e às rainhas do Congado, o autor deixa entrever que se trata de narrativa sobre essa manifestação de fé e dança. Assim, uma criança leitora desatenta a esse detalhe, ou desconhecedora da tradição sincrética, poderá construir outra versão para as páginas, imaginar ritmos e surpreender com um epílogo diferenciado em relação ao proposto pelo autor. Possibilidades que ampliam os sentidos do narrado pelas imagens.

Nas ilustrações finais, o garoto passa a usar as vestes típicas da dança, como fazem seus ancestrais, composta de saia azul e blusa rosa, e uma mente menos vinculada ao sentido do Congado poderá achar que se trata da brincadeira de um menino que adora o som do tambor, aprende a tocá-lo e resolve se vestir como garota. O livro de Marinho, embora parta de um roteiro previamente estabelecido, permite que o leitor se responsabilize pelos sentidos atribuídos pelas imagens. Mas isso só ocorrerá se a contracapa não for esmiuçada anteriormente. Ao explicar a história de *Benedito*, o paratexto incluído ali pelo autor ou pela edição, não se sabe de quem foi a decisão, enquadra a simbologia imagética, reduzindo o voo da imaginação.

*Finóquio*, de Silvana de Menezes, lançado ano passado pelo selo Abacatte, traduz em imagens a tradicional estória do boneco de madeira que ganha vida após a visita de uma fada, que não é azul e nem tão bela como a retratada tradicionalmente. Em determinado momento, o boneco--garoto chama aquele que o criou de "Pai". Este, por sua vez, chama o invento de "Filho". Aparecem ainda onomatopeias para caracterizar o barulho de uma máquina de serrar. Apesar de mínimas, essas intervenções gráficas perturbam, no sentido de que inibem o leitor, restringindo o sentido da narrativa.

Em cor e com textura de madeira, o livro, por outro lado, apresenta uma qualidade que poderá ser identificada por leitores muito curiosos. Em formato quadrado, se ele for manuseado de maneira rápida, funcionará nos moldes de um "cinema de dedo". As imagens ganharão movimento e formarão um contínuo rítmico divertido. Esse efeito de agilidade produzido por Menezes, que é formada em cinema de animação, provavelmente ganharia em intensidade se a obra fosse transposta para as telas, no formato *e-book*.

Mariana Zanetti e Silvia Amstalden lançaram há pouco o livro *O que eu posso ser?* (Companhia das Letrinhas). A partir de formas geométricas, criaram desenhos provocativos como o do bigode imenso triângulo, o pedaço de círculo transformado em ninho, o quase retângulo usado como balanço. Da folha de guarda, supercolorida e bem-acabada, ao predomínio de um tom azul capaz de compor com todos os outros matizes utilizados, a narrativa visual investe na alegria e no efeito surpresa. Uma profusão de formas apresenta-se para o jovem leitor.

A questão é que, assim como muitos autores-ilustradores brasileiros, as autoras tiveram dificuldade em se manter leais à proposta do livro feito apenas com imagens. A cada quarta parte da narrativa, ao introduzirem novo elemento geométrico, elas inseriram, por meio de texto verbal, a pergunta: "se eu for um pedaço de círculo?". A indagação repete-se depois para o retângulo; em seguida, com o triângulo e, por fim, endereçada a uma forma qualquer. Se o título já traz a pergunta sobre o que se pode ser, bastaria introduzir o desenho da nova forma geométrica e o leitor seria instigado pela leitura da imagem a lançar novas perguntas.

É preciso confiar na capacidade de apreensão do leitor e desapegar da tradição vocabular. Se a ideia é fazer um livro-imagem, não há motivos para que as palavras determinem caminhos de leitura. Corro o risco de me repetir, pois estudei o caso, primeiro, durante o mestrado em Literatura, depois tornei a avaliá-lo quando da elaboração do livro *A imagem nos livros infantis – caminhos para ler o texto visual*, mas vou exemplificar o que falo com aquele que considero o clássico dos livros de imagem brasileiros. Refiro-me a *O cântico dos cânticos* (Paulinas), de Angela Lago.

Lançado em 1992, o livro se fundamenta no poema bíblico de mesmo nome. Pela proposta da ilustradora-autora, a narrativa visual não tem começo nem fim. Tanto faz lê-lo de um lado para o outro, de cima para baixo. Será possível dar sentido ao narrado independente da forma como se segura o volume. Relato sobre o encontro – ou desencontro, depende do ponto de vista – entre dois seres, a ilustração se inspira nas iluminuras, nos jogos ópticos de Maurits Cornelis Escher, nas tapeçarias orientais. Como se fosse um bordado, oferece labirinto de escolhas para aquele que, vendo, lê.

Ano passado, a obra de Lago mudou de casa. Recebeu tratamento ainda mais trabalhado da editora Cosac Naify. Na primeira edição, paratextos que compunham o livro, como ficha catalográfica, posfácio de Edmir Perrotti e perfil da autora, interferiam, ainda que de forma discreta, no efeito da circularidade. Eles terminavam estabelecendo o começo e o fim do livro, mas não o da narrativa, pois ela se estrutura sem hierarquia nas 11 páginas duplas, não numeradas.

Agora, a opção por restringir o próprio livro ao que é narrado pelas imagens o tornou mais sofisticado, enigmático e coerente. A solução encontrada pela edição traduziu-se em uma cinta de papel, desdobrável nas bordas, que envolve esse que se transformou em livro-objeto. No interior da cinta, foram incluídos os textos explicativos, mais a análise feita por Ferreira Gullar, em que ele destaca o pioneirismo da autora na arte do livro-imagem. Com a mudança editorial, Angela Lago nos apresenta um livro de artista. Em cor dourada, *O cântico dos cânticos* na forma de livro-imagem configura belo poema visual. Gênero a ser tratado em outro artigo.

25 de junho de 2015

# Artimanhas do poema visual

onforme o prometido, me dedico ao poema visual. Sendo a palavra, em sua essência, imagem, todo poema tende a ter apelo visual. Mas, em um processo ardiloso, alguns dependem da ilustração ou sinais gráficos para serem apreendidos em sua totalidade, se consolidando como poesia visual. Muitas vezes, podem até dispensar símbolos da escrita, como vimos no artigo anterior.

No singular poema visual *Formigas* (Cosac Naify), Mario Alex Rosa e Lilian Teixeira construíram um caminho composto pelos pequenos insetos que se embaralham quando o "menino distraído" (pode ser qualquer leitor) "selou com seu dedinho o caminho das formigas". O que antes era tracejado retilíneo transformou-se em malha de cruzamentos. Como se as formigas tivessem enlouquecido com a quebra de sua rotina. E é por causa dessa confusão "que ninguém sabe mais/ se foram para Atenas/ ou Barbacena".

A engenharia do livro também contribui para definir a poesia visual. Em formato pequeno, ele vem dentro de uma luva (nome técnico para a caixa que envolve livros) em cor verde, evocação de folhas que formigas costumam carregar em sua labuta diária. Retirado do encaixe, o livro se desdobra, como sanfona, no sentido tanto das dobras do instrumento musical como também dos pontos de tricô que se sucedem pelo direito e pelo avesso.

Em fila indiana, aqueles pequenos seres antenados traçam uma trajetória organizada, que se inicia com um ponto feito por furador de papel. Após a desordem provocada pelo dedo intruso, o trajeto das formigas voltará a se organizar, no outro lado do livro, para desaparecer totalmente. Ao final, esparsas formigas começam a se reunir em direção ao avesso do ponto furado. Nesse outro lado, já não existem palavras para contar o epílogo, tarefa do leitor.

**TRADIÇÃO** – Nas Américas, o livro que se desdobra como sanfona integra tradição anterior à colonização luso-ibérica. Os Maias já produziam livros que se desfolhavam dessa maneira. Costumo dizer que dentro desse modelo, tenho especial predileção por *La Belle au bois dormant* (Maeght), de Warja Lavater. Versão para *A bela adormecida* que soma o efeito sanfona com a estória contada apenas por signos e símbolos geométricos, além de desenhos de elementos da natureza como flores e árvores.

Longe dessa marca de sofisticação, a poesia visual no segmento infantojuvenil no Brasil aparece em significativa quantidade de livros sob a forma de imagens literais substituindo palavras. Assim, se facilita o aprendizado da leitura para as crianças, propondo jogos de decifração simples. Caso de *Se essa rua fosse minha* (Formato), de Bel Linares e Alcy. De posse desse canto tão antigo, palavras como "rua", "brilhar", "coração" e "anjo" são substituídas pelos desenhos correspondentes. Como tenho certa resistência à entrega gratuita de enigmas ao leitor, acredito que ficaria mais interessante se as palavras correspondentes só fossem apresentadas ao final do livro e não em destaque abaixo de cada página.

Há textos que não foram pensados como poemas visuais. No entanto, a ilustração, somada à edição, em determinados momentos, termina por conferir esse caráter a páginas do volume. Reporto-me a *Livros* (Pequena Zahar), escrito por Murray MacCain e ilustrado por John Alcorn, com tradução de Rodrigo Lacerda e Mauro Gaspar. Para qualquer pessoa desejosa de conhecer o processo de elaboração de um livro, o exemplar funciona como uma aula, mas de caráter lúdico.

Em uma das páginas está demonstrada a irônica poesia visual tecida pelos autores ao tratar de um dos componentes dos livros. Na busca por definir palavras tristes, aparece um "Não" colorido. Nesse caso, as cores usadas podem ser interpretadas como dizendo que nem todo "não" tem carga negativa. Um "não" cuja última letra vem nas cores do sol adquire positividade. O jogo entre a mensagem verbal e a visual gera contradições, o que pode provocar dificuldade de entendimento se o leitor não estiver aberto a investigar múltiplos sentidos para palavras que formam a vida.

**CASAMENTO** – Na capa intitulada apenas *h'* (Dedo de Prosa), o livro de Ronald Polito e Guto Lacaz traz os poemas escritos pelo primeiro inseridos nas páginas ímpares e, nas pares, apresenta o poema visual composto pelo segundo a partir do mesmo tema. Apenas em preto e branco, cada uma das produções poderia ser transformada em livro isolado de excelente qualidade.

O casamento das duas formas de poetar colabora para enriquecer as possibilidades de leitura, sem significar um processo de facilitação. Na folha de rosto, descobrimos que o título do livro é um pouco maior: "A galinha e outros bichos inteligentes" e um leitor mais afeito ao jogo de imagens poderá chegar à conclusão que o título *h'* (a letra agá acrescida do sinal de linha) é o nome do animal.

Nem todas as soluções propostas por Lacaz para os poemas visuais são tão complexas, mas quase todas apresentam desafio à capacidade de interpretar signos gráficos. Enquanto Polito diz "Afinal, toda garrafa/ É parente da girafa?", o autor-ilustrador apresenta a palavra "girafa" aumentando a parte superior da letra "f", que se torna imenso pescoço, ou seria garrafa? Em tempos de Copa do Mundo e da mascote escolhida para simbolizá-la, o poema do tatu-bola que, "naturalmente,/ só deita e rola", é visto/lido com todas as letras formando uma bola.

A poesia visual pertence à tradição que no Brasil se fortaleceu a partir da década de 1950 com a entrada em cena dos poetas concretos, que valorizaram as relações gráfico-espaciais, o uso da caligrafia e retomaram a importância da tipografia e dos signos. Quando dificuldades aparecem na hora de vermos/lermos esse tipo de produção, há necessidade de se ampliar o repertório com mais leituras e liberar a capacidade de criar. Crianças são naturalmente livres para fazer associações e adultos também podem se libertar com as imagens.

1 de julho de 2014

# Queixas e reivindicações, a arte de ilustrar

Há tempos, ilustradores brasileiros queixam-se dos contratos que assinam com editoras e reclamam da falta de critérios de alguns prêmios literários nacionais. Após ler carta aberta da Sociedade dos Ilustradores do Brasil (SIB), divulgada na semana passada, estou convencida que deveriam ter explicado melhor suas posições quanto aos contratos, de maneira a se posicionarem de forma mais clara perante a sociedade. Em relação às premiações, estão corretos em buscar reforçar sua participação em prêmios.

Após introdução sobre a importância da ilustração para fortalecimento do mercado editorial brasileiro, os ilustradores afirmam: "detectamos a necessidade de ajustes finos nos contratos que assinamos com as editoras e nos critérios de análise crítica destinados ao objeto livro ilustrado". Depois, passam a enumerar o que os aflige em relação ao Prêmio da Câmara Brasileira do Livro (CBL), o tradicional Jabuti, Prêmio Literário Fundação Biblioteca Nacional e Prêmios Literários da Academia Brasileira de Letras (ABL).

Defendo com unhas e dentes o trabalho de um bom ilustrador. Teoricamente, acredito que quando a narrativa se faz "verbo-visual", a autoria é compartilhada por aquele que faz o texto verbal e o responsável pelo texto visual. Ao receber um livro, procuro logo identificar se é um caso de coautoria e busco, na análise, traduzir essa alquimia entre os dois tipos de textos. A dinâmica multimodal do livro infantil contemporâneo deve levar em conta a interação entre palavras, imagens e projeto gráfico.

**POESIA** – Ao folhear livro como *O voo de Vadinho* (Pequena Zahar), assinado na capa por Álvaro Faleiros e Fernando Vilela (sem identificação de quem faz o quê), tenho a convicção de que a parceria entre os dois, o primeiro, poeta sofisticado, e o segundo, ilustrador dos mais preparados, resultou em complexa e sutil relação. Palavras e imagens tecem jogo sequencial que impressiona ao produzir sensações vividas, como a da pulga que saltita pela página como uma onda, pois "Olga a pulga/ não se aperta,/ pula, pula/ não quer folga".

Reitero essa importância em tom confessional. Fiz questão de dividir igualitariamente o pagamento dos direitos autorais com o artista plástico Francisco Galeno, quando publicamos dois livros destinados ao público infantil. Digo tudo isso para explicar que me sinto muito à vontade para analisar o teor da carta dos ilustradores, na tentativa de ajudar a esclarecer a questão para os leitores.

O estranho da carta é que, em relação aos contratos assinados com editoras, não há mais nenhuma linha no texto. Por outro lado, em relação aos prêmios, a carta se alonga e aponta, de maneira detalhada, mudanças a serem feitas nessas premiações capazes de dar maior visibilidade ao trabalho do ilustrador. Ao redigir dessa maneira, a SIB não explicita o que são os ajustes finos a que a carta se refere. Perde o leitor e perdem eles, que, ao sussurrarem para o público algo indefinido, se enfraquecem. O mais adequado seria detalhar quais questões contratuais provocaram a elaboração de documento público.

Minha desconformidade com a primeira parte da carta ancora-se nesse fugir da raia dos ilustradores ao não explicitarem o que deveriam ser tais reivindicações contratuais e jogar para os concursos a saída para o fortalecimento de sua categoria. Acresce-se, ainda, o fato de considerar que vivemos sob uma democracia, em sociedade regida por livre mercado econômico (alguns podem não gostar dele, mas não negá-lo). Além do fato de reconhecer ser o ilustrador, normalmente, o elo mais fraco dessa cadeia produtiva que contém desequilíbrios, pois costuma receber menos que o autor do verbal.

Há uma prática bastante difundida que consiste no fato de os ilustradores receberem antecipadamente por determinado trabalho, sem correrem o risco assumido pela maioria dos autores do texto verbal, pagos, posteriormente, de acordo com o vendido. Garantem, assim, o pagamento prévio e, ao assinarem o contrato, estão isentos de receber futuros direitos autorais. Essa estratégia funciona quando o produto do qual participam atende ao varejo e tem desempenho moderado em termos de venda. Quando as vendas se dão no atacado, ou o livro se torna sucesso de público, surgem desencontros.

**CONTRATOS** – Neste momento, em Brasília, contratos estão sendo assinados por editoras com o Programa Nacional Biblioteca da Escola (PNBE), maior comprador nacional de livros infantojuvenis. A sensação que fica no ar diante da falta de esclarecimento da nota é que parte dos ilustradores que assinaram contratos prevendo pagamento antecipado se ressentiu por não estar contemplado nesses novos contratos. Tudo porque receberam anteriormente e, pelo contrato inicial, não estão incluídos na divisão de direitos autorais dessas vendas no atacado.

O problema torna-se grande, pois o pagamento anterior desequilibra a relação com o autor do texto verbal, caso ele não tenha sido pago previamente. Fica difícil redimensionar o que cabe monetariamente ao autor do verbal, que nada recebeu, e a eles, que já foram pagos. Outro ponto da discussão pode estar relacionado ao fato de, muitas vezes, a ilustração se restringir de maneira pontual a poucas e não tão fundamentais pranchas, não tendo o mesmo peso do texto verbal.

A tensão entre ilustradores, autores e editores traz agravantes para o mercado nacional. Há muitos nomes que assinam o texto verbal, são consagrados, e, para fugirem da divisão igualitária dos direitos autorais, condicionam o pagamento prévio de um ilustrador determinado por eles. Além de venderem bem para programas governamentais, ganham prêmios pela excelência do texto, mas não o dividem com o ilustrador. Existem também autores do verbal que resolvem se investir da capacidade de ilustrar e, muitas vezes, a ação resulta em ilustrações pobres, caso de Adriana Calcanhoto com sua *Antologia ilustrada da poesia brasileira: para crianças de qualquer idade* (Casa da Palavra).

Em sentido inverso, o desequilíbrio entre o teor do texto e o valor das imagens elaboradas por ilustrador também pode ser gritante. Ao saber que *Breve história de um pequeno amor* (FTD), de Marina Colasanti e ilustrações de Rebeca Luciane, havia ganhado o Prêmio Criança Hours Concours, da Fundação Nacional do Livro Infantil e Juvenil (FNLIJ) deste ano, achei que o tratamento imagético ficou muito aquém da força poética do texto em prosa. Nem sempre ilustradores conseguem resolver bem a ambiência da narrativa.

Por outro lado, as rixas contratuais ajudam a fortalecer um aspecto do mercado editorial que antes era escasso: têm surgido vários ilustradores-autores brasileiros, que asseguram a totalidade dos direitos. Caso de Marilia Pirillo, em *Avoada* (Alfaguara), encantador livro que se desdobra na frente e no verso e narra apenas em imagens o passeio de uma menina ao ar livre. Em uma digressão, chamo atenção para positiva mudança na paleta da ilustradora, que ganhou saturação, tornando a ilustração mais aquecida. Não são todos os ilustradores, contudo, que conseguem transitar bem nessa passagem para se tornar "autorstrators".

Quando ilustradores pedem que as categorias dos prêmios sejam mais específicas, estão desejando que os prêmios os ajudem a modificar relações contratuais. Preocupadas em ganhar os troféus, editoras e também autores buscariam fazer parcerias mais igualitárias com o ilustrador a ser contratado. Entretanto, do jeito que escreveram a carta, a questão dos contratos soou como queixumes, e isso não é positivo para o fortalecimento de uma categoria. Deveriam ter especificado que o mercado precisa criar novos mecanismos de contrato, capazes de prever formas alternativas de pagamento e reconhecimento.

Quando se posicionou sobre os prêmios, a carta adquiriu o tom de reivindicação, pois esses profissionais explicam detalhadamente o que pensam e desejam em cada um dos certames. Desconheço a capacidade das entidades de aceitarem tais sugestões. Mas, com certeza, o Jabuti, a Fundação Biblioteca Nacional e a Academia Brasileira de Letras podem abrir mais espaços para a valorização da ilustração brasileira, que ainda tem longo caminho para percorrer e se tornar competitiva no mundo globalizado.

*5 de agosto de 2014*

# Roger Mello recebe o Hans Christian Andersen

"Enquanto escrevia isso, tive uma lembrança de nós dois embaixo do canto do cobertor, parecendo uma enorme lagarta com duas cabeças, enquanto você lia um dos livros do Andersen para mim". Tão rica em imagens como uma bela ilustração, a frase encerra o discurso com que o ilustrador brasileiro Roger Mello agradeceu a entrega do Prêmio Hans Christian Andersen, ocorrida na noite desta quarta-feira na Biblioteca de México, na capital mexicana. "Somente o leitor-autor subverte o caminho da narração", afirmou Roger Mello.

Semelhante a uma colagem, com ritmos alternados, o discurso do brasiliense Mello foi lido em três idiomas intercalados: o português natal, o castelhano dos anfitriões e o inglês, a língua oficial do 34º Congresso Internacional do IBBY (Organização Internacional para o Livro Juvenil), que se iniciou junto com a entrega do Hans e prossegue até o dia 13. Tudo em consonância com o tema principal do encontro – "A inclusão, a leitura como experiência inclusiva". "Livros encorajam a tolerância", ressaltou o brasileiro.

Reconhecido como "o pequeno Nobel", o prêmio é o mais importante do mundo no âmbito da literatura infantil e juvenil. Pela primeira vez, um ilustrador da América Latina o recebeu. Junto a Mello, estava a outra agraciada neste biênio, a escritora japonesa Nahoko Uehashi. Pela primeira vez, o evento ocorre no México e também se faz inédita a presença de mais três premiados com o Hans nas conferências: o inglês David Almond, a argentina Maria Teresa Andruetto e o espanhol Agustín Fernández Paz.

O presidente da IBBY no México, Bruno Newnam, em entrevistas antes da premiação, também reforçou a ideia da experiência da leitura como caminho que ajuda a ampliar as possibilidades de conhecer o outro, por isso propícia à inclusão. "Aquele que lê entra em contato com o outro, com o diferente e com isso terá mais possibilidades de valorizar, apreciar e idealmente respeitar o diferente", argumentou.

**ABRAÇO** – Mello iniciou seu discurso com um grande abraço acolhedor. Reportou-se aos narradores visuais do México passado. Citou os povos nômades de Tenochtitlán, Mesoamérica, Yucatan, cuja poesia visual teriam lhe conquistado por sua força insondável. E o insondável, enfatizou, "é o que faz possível mover a criação narrativa, o pensamento livre do leitor". Em seguida, lembrou as demais nações que formaram a identidade visual daquele país: Mexicas, Mayas, Olmecas, que "teceram, pintaram, fizeram diagramas e alimentaram o mundo com sua ficção de imagens". Até chegar aos ilustradores do presente.

Ao final de sua fala, de 14 páginas, o ilustrador surpreendeu exibindo em uma tela imagens de desenhos de Carybé, pioneiro na arte de ilustrar livros no Brasil, que ele e os irmãos viam em um livro quando crianças. Mas, antes, fez questão de citar o primeiro nome de artistas pouco conhecidos no Brasil (Noemisa, Galdino, Nino, Adriano), para dizer que o importante é a maneira como se faz a interação entre cores, não a cor em si e muito menos os rótulos que acompanham determinadas expressões.

Explicou também quais são suas preocupações quando decide ambientar uma narrativa no Brasil. "Meu universo ficcional refere-se, principalmente, às pessoas fora da cadeia econômica ou do desenvolvimento", comentou, referindo-se a *Meninos do mangue*, um dos seus livros mais premiados. "Da mesma forma, estou interessado em espécies que declinam antes de se tornarem conhecidas em um país conhecido por sua abundância", continuou. Refletiu ainda que, em "um contexto político de aceleração do crescimento econômico, talvez não haja espaço para essa sutileza da vida".

**BRASÍLIA** – Com estilo narrativo que mistura o ficcional com o real, o discurso de Roger homenageou a Brasília natal, a cidade visualmente planejada, onde nasceu em 1965 e cresceu. Na urbe imaginada, ele "lia o tempo todo: peças, livros, quadrinhos", contou. "Desenhar era pensar com a caneta esferográfica", acrescentou. Relembrou os anos difíceis da ditadura (1964-1989), falando sobre invasões que agentes da repressão efetuavam em casas e escolas na busca por livros proibidos. Estabeleceu relações sobre o efeito da censura na imaginação da geração a que pertence: "Nós crescemos entendendo que livros deveriam ser realmente poderosos, já que as pessoas podiam desaparecer somente por tê-los. Aprendemos a ler entrelinhas através de uma linguagem visual, nos tornamos leitores de imagens. Lendo no silêncio".

Primeiro filho da cidade planejada plantada em meio ao sertão do Cerrado a receber uma das mais importantes premiações literárias do mundo, seu reconhecimento à cidade também se dá por meio de uma personagem, Clarice, em história que narrou em inglês. Na terra seca como o Saara que deixa a menina sedenta, a narrativa enfatiza várias vezes a expressão Y.O.U. K.N.O.W. W.H.O.

Para os que moram na capital, a charada facilmente se decifra. Significa o famoso "sabe com quem está falando", muito usada pelos que detêm poder e gostam de exibi-lo. O tom amoroso, capaz de lembrar que as crianças pioneiras, ele e os irmãos, Sandra e Marcelo, inclusive, cresceram junto com as árvores da cidade, não dispensou a marca do humor. Eita, sujeito travesso!

10 de setembro de 2014

# Coreia premia ilustrador carioca

A concessão do principal prêmio do Nami Island International Picture Book Illustration Concours ao ilustrador Marcelo Pimentel pelo livro *O fim da fila* merece ser duplamente comemorada. Pelo reconhecimento ao trabalho do artista carioca – nascido em Cachambi, ele faz questão de ressaltar – e pelo desempenho da pequena editora que o publica, a Rovelle, criada em 2005 para atender o segmento infantojuvenil. A escolha confirma também que alguns ilustradores brasileiros saem fortalecidos quando decidem assinar sozinhos a autoria de seus livros, em especial daqueles que apresentam apenas texto visual.

Muito recente – essa é a segunda edição –, o concurso de Nami adquire importância no mercado editorial internacional pela excelência do corpo de jurados e por ser bancado pela ilha de Nami, localizada na Coreia, entidade patrocinadora do Hans Christian Andersen, o Nobel do infantojuvenil. Mas, estranhamente, as editoras nacionais ainda o ignoram. *O fim da fila* concorreu com outras 1.300 obras de 34 países e, segundo a Sociedade dos Ilustradores do Brasil (SIB), era o único brasileiro na disputa. Os inscritos obedeciam aos critérios do *picture book*, publicações com pouco ou nenhum texto verbal, em que a ilustração predomina.

Lançado em 2011, *O fim da fila* foi contemplado em 2015 porque o concurso não estabeleceu limite retroativo de data de publicação. "O critério básico de inscrição era ser um *picture book*", explicou-me Marcelo, por e-mail. Por ganhar o "Grand Prix", ele receberá 10 mil dólares e participará da exposição dos trabalhos premiados que ocorrerá durante o mês de maio em Nami. Ao analisar a relação dos escolhidos, fiquei com imensa curiosidade de conhecer a produção iraniana, pois nove livros oriundos desse país receberam prêmios em diferentes categorias, denominadas Golden, Green, Purple e Encouragement. Em 2012, o livro já havia sido selecionado pelo White Ravens, a importante lista da Biblioteca de Munique de melhores livros publicados no ano anterior.

Produto de 10 anos de trabalho, segundo consta no *site* do ilustrador (www.marcelopimentel-rj.blogspot.com), *O fim da linha* é indicado para crianças a partir de três anos, como leitura acompanhada, mas pode agradar leitores de maior repertório. A narrativa retrata uma fila de animais, e, com o passar das páginas, a sensação é de que o olho do leitor funciona como uma câmera que vai registrando aquele passeio, no qual ocorrem diferentes situações. Com a riqueza de possibilidades que um bom livro-imagem carrega, cabe ao leitor inventar as tramas, perfilar as personagens e elaborar enredos.

Formado pela Escola de Belas Artes da Universidade Federal do Rio de Janeiro (EBA/UFRJ), Marcelo inspirou-se na tradição indígena brasileira, concentrando as imagens em preto e vermelho, cores muito utilizadas em utensílios e na pintura corporal dos índios. E as instalou sobre um fundo cuja textura remete às cerâmicas produzidas por diferentes etnias. "Os originais foram trabalhados a pincel, com tinta nanquim e alguns detalhes em guache branco", contou-me. Depois de confeccionadas, "as ilustrações em preto e branco foram digitalizadas e, já no computador, foi inserida a segunda cor (o vermelho)". A finalização do livro ganhou aspecto rústico devido à escolha do papel Kraft.

A inserção de grande quantidade de representantes da fauna brasileira em situações bem-humoradas dotou a narrativa de várias camadas de significados, incentivo a que a imaginação do leitor se solte. Livros com animais tendem a conquistar os mais jovens, mas o fato da paleta de cores ser reduzida, à primeira vista, poderia ser interpretado como elemento capaz de afastar as crianças da obra. Só que ocorre efeito contrário, a aparente simplicidade dos traços e a economia de tons conferem à narrativa intensidade e alegria, capazes de provocar a imediata adesão de seus leitores preferenciais.

A conversa que se estabelece entre aqueles seres ao encontrarem um índio, que usa um chapéu parecido com o dos cangaceiros nordestinos, parece ser das mais ricas. Basta olhar os pássaros ao redor para perceber a algaravia (ou seria a estupefação?) de todos. A cena situada no meio do livro pode ser determinante para que o enredo a ser criado pelo leitor ganhe mais complexidade. Ou sirva para que os pequenos liberem a gargalhada, o que é muito importante em um livro infantil.

Na quarta capa, pequeno texto verbal dá algumas dicas sobre a história. Gostei de ele não direcionar uma explicação para a trama, pois sou radical: sendo um livro-imagem, que seja só ilustração a construí-lo, sem o apoio de paratextos. "Cabe ao leitor encaixar as peças e montar um cenário cujo fundo é uma deliciosa história repleta de brasilidade", está escrito na contracapa. Só acho a sentença excessivamente elaborada para crianças muito pequenas, pois elas nem desconfiam o que seja essa tal "brasilidade".

Infelizmente, o *site* do concurso de Nami não dá acesso às razões do júri. Talvez esse aspecto de "brasilidade" – o recurso à arte dos povos indígenas, a referência à diversidade de nossa fauna – tenha contribuído para a escolha do livro de Marcelo, que é um dos 30 já produzidos por ele. Vale lembrar que o corpo de jurados foi formado por um time oriundo de países com tradições que fogem do padrão europeu e norte-americano de edição. São eles: Junko Yokota, japonesa especializada em leitura e professora em Chicago, que já foi jurada do Hans Christian; Zohreh Ghaeni, nascida no Irã, ex-presidente do júri do Andersen; o brasileiro Roger Mello, ganhador do último Hans Christian; Anastasia Arkhipova, premiada ilustradora russa; e Wee-Sook Yeo, diretor da Biblioteca Nacional para Crianças e Jovens Adultos, da Coreia do Sul, dona de exuberante acervo.

Entre as inúmeras razões conceituais do júri, a mais importante delas deve ter sido a excelência do trabalho do ilustrador, nascido em 1969 e no mercado desde o começo da década de 1990. Em 2001, outro livro ilustrado por Marcelo já havia sido indicado ao White Ravens. Chamado *Mistérios da Pindorama*, com texto verbal de Marion Villas Boas, foi publicado pela Cult Mix/Ampersand, e na capa foi omitida a participação de Marcelo, constando somente o nome da autora do verbal. Atualmente publicada pelo selo Biruta, a narrativa reporta-se a manifestações culturais brasileiras. Nela, o tratamento dado pelo ilustrador já apontava para várias das características que apareceram em *O fim da fila*, vinculadas ao grafismo indígena e a tradições do folclore brasileiro.

Como continuo a habitar a infância e sou fã dos quelônios – desde criança, gosto de ter um em casa e já visitei Galápagos para conhecer tipos gigantes–, em 2013, comprei um exemplar de *Estórias de Jabuti*, lançado pela mesma dupla. Nele, Marcelo definiu mais o desenho, intensificou o uso do nanquim e compôs com Marion narrativa sobre um jabuti que, sendo músico, maneja uma flauta. Com paciência e muita perseverança, características que atribuímos a esses bichos tão longevos, ele protagoniza sete estórias ancoradas na tradição mítica da Amazônia.

*Estórias de Jabuti* também foi publicado pela Rovelle, a editora criada em 2005 no Rio de Janeiro, que já publicou 150 títulos para crianças e adolescentes. Entre eles vários outros ilustrados por Marcelo, como *Famaliá*, de Júlio Emílio Braz, e a coleção Estórias de Arrepiar, narrativas recolhidas do folclore nacional e escritas em versos de cordel por Marion Villas Boas, com seis volumes. Ao avaliá-los, é possível observar o uso de outras linguagens pelo ilustrador. "Busco traduzir em imagens o clima do texto, daí variar o traço conforme seu conteúdo", explicou-me ele. Essa abertura à experimentação é importante, por ser capaz de impedir que Marcelo fique engessado no discurso do folclórico e do étnico, que tão bem sabe fazer, mas não seria salutar caso se transformasse em linguagem única.

20 de janeiro de 2015

# A força da ilustração

O mercado editorial brasileiro passou a desenvolver maior número de livros em que o conceito da publicação se estabelece a partir do que está proposto na ilustração. O fortalecimento do papel do ilustrador se deve, entre outros fatores, à versatilidade de uma geração de artistas visuais que se aperfeiçoa, faz uso de diferentes técnicas e experimenta novas linguagens. Quando ocorre o reconhecimento por parte das editoras do trabalho do ilustrador, o resultado fica evidenciado na qualidade do livro publicado. Comentarei sobre alguns livros em que identifiquei o papel diferenciador das imagens.

Ganhei de presente livro que me deixou curiosa sobre a técnica usada. As imagens pareciam originadas no processo de xilogravura, porém as incisões denunciavam algo diferente. Perguntei ao autor-ilustrador de *Por fora bela viola* (SM), Maurício Negro, sobre o processo utilizado. "São gravuras feitas em bandeja de isopor", respondeu-me. Pedi mais detalhes: "usei como matriz bandejas em que são colocados frios nos supermercados e usei a ponta seca". Limitadas ao uso das cores amarelo e vermelho, as ilustrações apresentam personagens distorcidas, de traços exagerados, entre o onírico e o real. Com o reforço delas, Negro reconta com muito humor e, em certas passagens, com sabor politicamente incorreto, "fábulas velhuscas e anedotas velhacas" italianas.

Ao começar a ler a narrativa verbal, observo que o título tem uma continuação: "Por dentro pão bolorento...". Fica claro que o conceito da edição foi norteado por esse jogo entre a aparência e a essência – é xilogravura, mas não é; mapa da Itália ou bota de uma bruxa? –, dicotomia que dá unidade às histórias. A encadernação escolhida, a milenar técnica japonesa, reforça a brincadeira proposta pelo autor. As páginas impressas em papel Pólen Bold aparecem dobradas, encorpando o volume, mas também dando ao leitor a ideia de algo a ser preenchido, além de evocar a sensação do antigo e artesanal.

Ilustrador há mais de 20 anos e detentor de vários prêmios, essa é a sétima vez que Maurício Negro também assina o verbal. No livro, constituído em torno de suas memórias da infância, ele agregou às narrativas contadas por seu avô outras pesquisadas em livros italianos. Dotou-as de sonoridade ítalo-paulistana, exagerando o jeito jovial de contar de seu "nonno", homenageado com fotografias retiradas do baú familiar. Produziu livro que reforça a afetividade e a oralidade, pois é muito baseado em diálogos, e encanta por fugir do óbvio quando se trata de edição que reconta narrativa do passado.

**IMERSÃO** – Cálida elegância foi a expressão que encontrei para definir o trabalho de Carlo Giovani, ao produzir as imagens de *A origem do Japão – mitologia da era dos deuses* (Cosac Naify), de Nana Yoshida e Lica Hashimoto. As autoras do verbal também partem do reconto, pois recuperam relatos dos fabulosos tempos primordiais daquele país. Se elas atribuem dinamismo às narrativas ao fracioná-las em textos curtos, escritos com sintaxe econômica e títulos poéticos, se concentra no visual o principal convite à imersão no universo daqueles seres sobrenaturais.

Giovani usou diferentes técnicas de dobradura e modelagem do papel para obter objetos tridimensionais, que foram fotografados com jogos de luz e transparência. Conseguiu construir espécie de jardim primordial, que envolve o leitor no mítico passado nipônico. A edição respeitou a cadência proposta pelos cenários construídos e, ao destacar algumas das personagens, forneceu ao leitor a possibilidade de também observar as distintas texturas dos papéis utilizados. Nas folhas de guarda, o efeito da transparência foi utilizado para provocar a sensação de que se trata da fixação de algo etéreo. A plasticidade das imagens e a sensação de volume transmitida ao leitor aproximam a narrativa ancestral do contemporâneo, em um efeito à moda de Fernando Pessoa no poema "Ulisses": "assim a lenda se escorre/ a entrar na realidade".

**JOGO** – Baseia-se na estratégia da repetição o desenho de Renato Moriconi para *Uniforme* (Edições de Janeiro), com texto verbal de Tino Freitas. No uso de preto e branco em quase todas as páginas – a exceção é a última, que se desdobra e reúne todas as personagens, agora coloridas –, o livro funciona como jogo em que o leitor precisa encontrar Clóvis, homem-camaleão, no meio de outras personagens similares. Esse recordar um tabuleiro de jogos é que me faz acreditar que a ilustração definiu o formato da edição, na horizontal.

Os autores, pois a capa não distingue quem fez o quê, construíram narrativa verbo-visual que fala sobre igualdade e diferença, aprisionamento a papéis sociais e liberdade de viver. Clóvis aprendeu a se camuflar e a dançar conforme a música, tudo para conseguir sobreviver. Em todas as situações narradas, aparece junto a outros animais ou objetos como se todos fossem feitos em série. Assim, quando o texto verbal diz "em algumas situações de perigo, soube esconder suas fraquezas", o visual mostra cinco fileiras de peixes iguais, em página dupla, e apenas um, ele, Clóvis, aparece ligeiramente diferenciado.

Nomes em projeção no atual cenário da literatura infantojuvenil do país, ambos detentores de prêmios, Freitas e Moriconi já haviam assinado *Os invisíveis* (Casa da Palavra), narrativa sobre um menino que tinha o superpoder de ver os invisíveis. Nele, as ilustrações nas cores preto-laranja--branco, feitas com técnica mista (lápis sobre papel e digital), tendem ao vertical, que é o formato escolhido. Embora com tal característica, entendo que esse seria um livro possível de ser feito em outro formato, sem perda da qualidade da interação verbo e imagem.

**ACONCHEGO** – O livro de imagens *Mergulho* (Rocco Pequenos Leitores), de Luciano Tasso, agrega o passado e o presente de maneira inesperada. As ilustrações feitas digitalmente exibem representações do humano que lembram o passado da arte de ilustrar brasileira, pois recuperam traços da dicção de Portinari. Páginas com poucas variações de cor compõem o discurso virtual, não traduzido em palavras, de um avô que conduz o neto a imaginário mergulho nas profundezas do mar. Assim, a opção pelo formato horizontal torna-se óbvia, pois remete aos oceanos.

O interessante é que a edição fez uma escolha paradoxal, pois, ao contrário da vastidão dos mares, o formato do livro é pequeno, como se remetesse ao universo de aconchego da relação entre neto e avô. Sendo de natureza digital, o que pode produzir a sensação de certa frieza para alguns leitores, se fosse escolhido formato mais alargado, talvez o livro perdesse parte da força imagética que exala.

O leitor há de observar que abri o texto falando de um livro que remete ao artesanal e finalizo com outro em que o predomínio do digital se faz evidente. Maneira de demonstrar que em diferentes contextos, produto da espontaneidade do traço ou resultado da montagem de cenários feitos com a tecnologia, a ilustração torna-se cada vez mais importante para a construção de uma literatura que se faz visual.

24 de março de 2015

# Quadrinhos revisitados

O artigo a seguir já estava publicado quando soube que a mais importante premiação para livros no Brasil, o Prêmio Jabuti, conferido pela Câmara Brasileira do Livro, anunciou a criação de duas novas categorias na edição 2015, *Livro Infantil Digital e Adaptações*. A primeira representa importante avanço na modernização do prêmio e demonstra que o mercado livreiro adéqua-se às novas formas culturais e de negócios impostas pelas tecnologias digitais. O segundo merece ser comemorado em parte, pois permitirá a inclusão das histórias em quadrinhos. Mas com uma ressalva que confirma minhas impressões sobre as resistências do mercado nacional ao gênero HQs: só serão avaliadas obras que façam adaptações de clássicos. Reconhece-se o formato HQs, mas não a autonomia de conteúdos originais.

Cada vez mais o mercado editorial brasileiro publica histórias em quadrinhos de olho nas compras de livros feitas pelos programas governamentais. A maior parte dessa produção concentra-se em adaptações de obras clássicas ou relatos sobre mitos e há ainda editoras que investem em livros de informação e biografias. Lançam mão do formato híbrido do gênero – junção de palavras e imagens sequenciais – para apresentar temas educativos.

Confesso ainda ter pequena resistência ao uso das HQs com o objetivo de expor conteúdos pedagógicos. Prefiro o caráter ficcional dos romances gráficos, em especial quando comportam ambivalências, apresentam alguma ironia quanto à ação dos protagonistas e exalam doses de humor. Penso que muitos pontos de vista em prol do uso da estrutura das HQs para fins didáticos significam maneira de não se reconhecer a autonomia e a qualidade dessas narrativas, vinculando o gênero a um destino de caráter "nobre".

O argumento que ameniza minhas objeções é o de que essa apropriação pedagógica aproxima grande número de leitores a assuntos que seriam mais difíceis de ser aprendidos em livro tradicional. É mais fácil para muitos alunos entenderem, por exemplo, a cruel história da escravização em nosso país em quadrinhos como *A herança africana no Brasil* (Autêntica), texto de Daniel Esteves e ilustrações de Wanderson de Souza e Wagner de Souza, do que em um compêndio de história.

Nos últimos meses, o *blog* recebeu várias HQs. Desde biografias de artistas visuais consagrados a adaptações de textos canônicos. Li todos, mas decidi escrever apenas sobre duas narrativas inteiramente ficcionais. Radicalmente diferentes, as duas obras mantêm o discurso imaginário e operam uma valorização das HQs naquilo que realmente são, um transgênero literário e não um subgênero da literatura.

**URBANO** – Atenta a apelos visuais que as cidades transmitem, já havia observado em bairros do Rio de Janeiro a presença de Zé Ninguém. Senhor descamisado, de pele alaranjada, dono de farto bigode, usando apenas short jeans e sandálias de dedo, ele aparece em mais de 150 grafites espalhados por muros cariocas. A personagem, sempre acompanhada por seu cachorro, fala por meio de balões, compondo narrativa não sequencial na paisagem urbana.

*Zé Ninguém* (Edições de Janeiro), de Tito na Rua, codinome de Alberto Serrano, é a única das obras avaliadas com narrativa inteiramente autoral. Nascido no Bronx, em Nova York, Tito grafita pelas ruas do Rio desde 2008, depois de frequentar curso na Escola de Artes Visuais do Parque Lage. O livro reproduz, agora em caráter sequencial, os quadrinhos de rua que narram os esforços de Zé Ninguém para reencontrar a namorada Ana. Desmemoriado, o protagonista está mais próximo do perfil do homem comum do que da tipologia do herói ou do anti-herói. Residem aí seu poder de atração e a possibilidade de gerar identificação com os leitores.

A transposição dos quadrinhos de rua para a mídia livro tornou mais coesa a narrativa do sem-teto igual a inúmeros outros que vivem nas ruas das metrópoles. E ofereceu aos leitores a possibilidade de conhecer outras paisagens da cidade, como bem alertou a professora doutora em literatura Rosana Kohl Bines, da Pontifícia Universidade Católica do Rio de Janeiro (PUC-Rio), que organizou palestra de Tito para seus alunos. Segundo ela, de uma forma contundente, o livro *Zé Ninguém* pede que levantemos os olhos da página para deixar entrar a cidade que nos move, mas que tantas vezes alienamos, quando a percorremos de cabeça baixa, por medo, por pressa ou porque estamos de olho no celular. Os grafites de Tito, espalhados pelos muros do Rio e agora reunidos em livro, são um convite para a vida ao redor de nós.

**ORIGINAIS** – Outro é o mérito de *Contos de fadas em quadrinhos – clássicos contados por extraordinários cartunistas* (Galera Junior), organizado por Chris Duffy. Ele reuniu 17 reconhecidos artistas do *cartoon* para reescrever em termos verbais e visuais famosos contos de fadas. Alguns deles mantiveram fidelidade ao sentido original, outros criaram reviravoltas no verbal e no visual.

Embora se trate de recontos, portanto, de adaptações de narrativas do passado, todas as HQs mostram-se originais na forma como os desenhistas iluminaram as estórias. Naquela que mais me atraiu, Graham Annable desenhou "Cachinhos Dourados" adolescente e sem palavras, atribuindo novos e engraçados sentidos à versão. Com tradução de Amanda Strausz, o volume tem a qualidade de exibir variados estilos de ilustração, o que poderá agradar a leitores de diferentes perfis. A multiplicidade das imagens faz com que a obra funcione como coletânea visual das narrativas fabulosas, o que pode também ajudar a manter o interesse de leitores visualmente mais inquietos, como costumam ser os apreciadores de HQs.

2 de junho de 2015

# A força de Mônica

riador da Mônica, a garota dentuça sempre vestida de vermelho, o desenhista Mauricio de Sousa será o grande homenageado da 17ª Bienal do Livro do Rio de Janeiro, a ser realizada entre 3 e 13 de setembro no Riocentro. Merecidamente, ele receberá o Prêmio José Olympio, concedido pelo Sindicato Nacional dos Editores de Livros. A premiação reconhece a importância que as revistas da destemida garota e de sua turma desempenham para o estímulo ao prazer de ler.

A homenagem deve-se também aos méritos comerciais de Mauricio. Prestes a completar 80 anos de idade, ele mantém a Turma da Mônica como produto de sucesso, com grandes tiragens, traduções para vários idiomas e fabricação de uma série de itens de consumo, de alimentos a *pet shop*, relacionados às personagens. Seres que começaram a ser criados no final da década de 1950, embora nos últimos anos tenham sofrido transformações – Magali, a comilona, por exemplo, é agora embaixadora da alimentação saudável –, ainda mantêm a vivacidade e a incrível capacidade de se meterem em confusões.

Quando soube da notícia do prêmio, comprei em um sebo números antigos das histórias em quadrinhos e adquiri exemplares recentes. Amealhei somente revistas da Mônica. Fui leitora apaixonada pelas narrativas da menina desaforada. Fazia tempo que não desfrutava da companhia dela e queria saber como se comportava na atualidade.

**MUDANÇAS** – Fiquei frustrada depois de ler *Anjo por um dia?*, editada em 2015. Em apenas uma das cinco narrativas que protagoniza, ela deu coelhadas, a peculiar resposta ao que lhe causa desconforto. Nas demais histórias inseridas no volume, a menina consegue manter o tom de diálogo, ainda que se irrite ou perca a paciência com os coadjuvantes. Pareceu-me menos selvagem, no sentido de domesticada.

Dúvidas assaltaram-me. "Mônica mudou demais ou a minha imaginação relativa às leituras da infância fantasiou uma protagonista mais agressiva, menos dada a discursos?". Exemplares antigos ofereceram a resposta. A menina era muito mais atrevida, demonstrava ser mais rápida no uso da força, em especial quando lançava mão do coelho de pelúcia azul, o Sansão, contra seus amigos Cebolinha e Cascão, que tinham por esporte provocá-la.

Voltar a ler narrativas de décadas passadas provocou saudades dos efeitos que essas leituras desencadeavam: eu e, acredito, muitas outras garotas ansiávamos ter aquela força física, muito superior à dos seus companheiros ficcionais. Mônica mostrava às meninas das décadas de 1960 e 1970 que era possível uma garota ocupar a posição de líder de um grupo de crianças. Condição oposta ao modelo de feminino em vigor à época de sua criação em tirinhas para jornal, ocorrida em 1963.

Sua vantagem física e a pequena capacidade de tolerância a tornavam única, diferente, por exemplo, de sua colega argentina, a Mafalda, que sempre se sobressaiu pela inteligência. "A graça parece estar em uma situação pouco comum nas sociedades ocidentais, o domínio físico do feminino sobre o masculino", analisou Thiago Carvalho Barbosa no texto *Mônica: imagem e representação feminina nas tiras de Mauricio de Sousa (1963-1976)*.

Nos exemplares recentes que li, seu poder está mais diluído. É como se a garota baixinha e gordota, de olhos muito grandes, tivesse amadurecido. Ou se adaptado a esses tempos em que até mesmo grande parte da ficção se amolda a comportamentos socialmente mais regrados. Ela ainda tem dificuldade de levar desaforo para casa, mas apresenta maior flexibilidade em sua capacidade de ouvir disparates.

**DIÁLOGO** – A leitura de narrativas recentes me fez pensar que os tempos politicamente corretos afetaram o comportamento da dentuça divertida. Ela permanece reativa, mas leva mais tempo para dar um basta. O uso da capacidade reflexiva e do diálogo passou ser mais explorado.

Mônica já não lança mão todas as vezes do coelho, conseguindo conversar sobre algumas situações que discorda.

Além da potência corpórea, Mônica apresentava desde o início – e ainda os mantém – outros atributos que a diferenciavam dos garotos que, em números antigos, insistiam para que ela fosse mais feminina. Reivindicação que detestava, algo que não encontrei nos números atuais que li. Agora, personagens femininas, as amiguinhas dela, são as que evocam questões vinculadas ao corpo, ao ideal de beleza. Antes, esse era o mote de Cebolinha e Cascão para irritá-la, pois ela não aceitava que eles dissessem como deveria ser.

Com a primeira revista tendo sido editada em 1970, Mônica tinha um perfil radical, consonante com padrões culturais de uma época em que o feminino passava por intensas transformações. E uma delas era não aceitar padrões impostos pelos meninos. Se alguém tivesse que ditar regras, que fosse ela, nem que precisasse usar a força física, o que não era difícil.

Ela tinha outros atributos, na minha visão da infância. Menina de pouco falar, quando o fazia se expressava sem sobressaltos, oposto de Cebolinha, personagem com dislalia, o distúrbio que faz muitas crianças trocarem a letra "r" pela "l". E se mostrava sempre limpa, ao contrário de Cascão, inimigo dos banhos. Contrapunha-se a eles também ao gostar de andar sozinha, pois os garotos quase sempre estavam em dupla. A menina transitava na rua, no espaço público, com autonomia e independência, segura de si. Isso era tão inédito...

Ela agora tem muitas novas amigas, deixando Magali sem a exclusividade de ser a companheira de brincadeiras. Sinal desses tempos em que se confundem mesuras com delicadeza, em edições de meados dos anos 2000, ela usa muitos diminutivos, do tipo beijinho, paizinho e até mesmo fofinho. Reagi mal a tais palavras, soaram como se não fossem possíveis de serem pronunciadas pela Mônica com quem convivi. Mas devem ser bem-recebidas pelas novas gerações de leitores.

Há tanto tempo sendo publicadas, hoje com roteiros, *design* e arte-final feitos por equipes, as narrativas se adaptam e refletem aspectos culturais da infância atual. Em *O misterioso segredo de Denise*, lançada este ano, encontrei uma Mônica que se ilude com bajulações ditas por Soninha, que a chama de atenciosa, linda, sarada e ainda diz que ela está mais magra.

Algo inimaginável no passado, pois o tema da magreza não soava bem à protagonista. Nessa mesma história, Mônica chegou a dizer: "acho que é mais fácil gostar de alguém que te conta mentiras". O tempo de duração da narrativa alonga-se, indicação de que a protagonista demora a reagir ao fingimento. Achei que tanta futilidade não combinava com minha heroína da infância e era preciso dar um basta.

Senti imensa alegria quando, na virada da página, apareceu escrito "zup zup zup" – indicando movimento de rotação do braço – e, no balão de diálogo, ela explicou que entraria em ação "o plano C de coelhada". "Poft um crás", Sansão voltou a fazer estrago. E Mônica a ser o que ela é.

18 de agosto de 2015

# Políticas públicas e mercado editorial

# Repensar o PNBE

uriosa em saber mais sobre o Programa Nacional Biblioteca da Escola (PNBE), me deparei com levantamento feito por pesquisadoras da Universidade Federal de Minas Gerais (UFMG) que levam a reflexões sobre a necessidade de serem repensados critérios dessa política pública. A pesquisa constatou que, de 40 Unidades de Educação Infantil (UMEIS) de Belo Horizonte, 95% delas não receberam os acervos de educação infantil selecionados em 2008 e 2010.

Outro dado estarrecedor da pesquisa aponta o desconhecimento dos profissionais desse segmento, que atende crianças de zero a seis anos, a respeito do programa. Apenas 8% dos consultados sabiam, e alguns superficialmente, dizer o que é o PNBE, considerado um dos maiores programas do mundo na democratização do acesso à leitura.

Este ano a estimativa de investimento do PNBE é de R$ 85 milhões, sendo 30% do valor destinado à aquisição de livros para alunos de creches e pré-escolas, a chamada educação infantil. O restante será aplicado em livros para o ensino fundamental (do primeiro ao quinto ano) e educação de jovens e adultos (EJA).

Ora, se os livros de literatura escolhidos por especialistas não estão sendo usufruídos por seu público infantil e se os professores demonstram desconhecer programa tão importante em uma metrópole como Belo Horizonte, o desperdício de energia e de dinheiro público pode estar acontecendo também em municípios menos capacitados. É a dúvida que me afligiu após a leitura dos dados.

Publicados em edição especial da revista *Educação*, destinada à literatura infantil, lançada ano passado, os números fazem parte de pesquisa conduzida pela professora doutora Aparecida Paiva e a mestranda Fernanda Rohlfs em 74% das UMEIS da capital mineira. E foram por elas analisados no artigo "A hora e a vez dos livros de literatura".

Paiva é pesquisadora vinculada ao Centro de Alfabetização Leitura e Escrita (Ceale), da UFMG, um dos centros responsáveis pela avaliação pedagógica do PNBE. Portanto, se trata de voz respeitada. O levantamento mostra que os acervos pesquisados foram encontrados em apenas duas UMEIS. E em uma delas os livros ainda permaneciam em caixas lacradas.

As conclusões da pesquisa eram desconhecidas do Fundo Nacional de Desenvolvimento da Educação (FNDE), órgão responsável pela execução do PNBE, vinculado ao Ministério da Educação (MEC). Entrevistadas há alguns dias sobre os resultados, a diretora de Ações Educacionais, Maria Fernanda Nogueira Bittencourt, e a coordenadora geral do Programa do Livro, Sônia Schwartz, surpreenderam-se. Segundo elas, a distribuição dos livros se dá com controle de entrega e não há registro de queixa de que os livros não haviam chegado. Além disso, de dois em dois anos, é feito monitoramento em todos os estados, para correção de eventuais problemas.

Muitas são as hipóteses aventadas no artigo para a não chegada dos livros aos pequenos alunos. Entre elas a inexistência de bibliotecas em 80% das UMEIS pesquisadas e o não envio dos acervos até essas unidades pela escola-polo (denominação minha), que recebe o acervo infantil e deve reencaminhá-lo. Quanto ao não conhecimento dos profissionais, a falta está relacionada à ausência de acesso ao programa.

Fica evidente, portanto, que, mais que distribuir livros, o Brasil precisa estabelecer critérios e equipamentos (bibliotecas) que estimulem os professores a retirar os livros das caixas para que sejam desfrutados pelo público das mais de 86 mil creches e pré-escolas beneficiadas, que atendem a universo de 3 milhões 582 mil pequeninos.

Questões sobre como articular as políticas públicas de distribuição de livros com as de organização e implantação de bibliotecas escolares para a primeira infância, as chamadas bebetecas, serão discutidas entre 8 e 9 de maio em Belo Horizonte, por especialistas do Brasil, França, Espanha,

México e Colômbia, no seminário internacional "Literatura na educação infantil: acervos, espaços e mediações".

Realizado pela UFMG, Universidade Federal do Rio de Janeiro (UFRJ) e Universidade Federal do Estado do Rio de Janeiro (UNIRIO), com patrocínio do MEC, o encontro tem como um dos objetivos encontrar alternativas para o desenvolvimento de políticas voltadas para a formação da criança como leitora de literatura. "Perto de países como Chile, Colômbia e México, para citar apenas os latino-americanos, o Brasil está atrasado nas discussões para criação de bebetecas", explica a professora Mônica Correia Baptista, coordenadora do Projeto Leitura e Escrita na Educação Infantil, da UFMG.

8 de maio de 2014

# Livros fora da caixa

m resposta ao artigo "Repensar o PNBE", veiculado aqui no *blog* em 8 de maio de 2014, recebi e-mail da assessoria de comunicação do Fundo Nacional de Desenvolvimento da Educação (FNDE), que provocou novas reflexões sobre o Programa Nacional Biblioteca da Escola (PNBE). Diz a nota: "Informamos que o FNDE não repassa livros do PNBE para Unidades Municipais de Educação Infantil – UMEIS. As unidades mencionadas na pesquisa são vinculadas a escolas municipais de Belo Horizonte. Conforme dispõe a resolução do Programa, os acervos do PNBE são distribuídos diretamente para as escolas cadastradas no censo".

O artigo informava que os acervos do PNBE não estavam chegando a 95% das UMEIS de Belo Horizonte pesquisadas. Mas, em nenhum momento do texto, atribuí ao FNDE o repasse direto de livros a essas escolas. Ao contrário, entre as hipóteses elencadas para a não chegada do material às crianças, listei o "não envio dos acervos até essas unidades pela escola-polo (denominação minha), que recebe o acervo infantil e deve reencaminhá-lo". O posicionamento da instituição poderia ter sido feito com um pouco mais de agilidade, pois, entre a consulta ao FNDE, sobre o que achava da pesquisa, e a veiculação do artigo, passaram-se 30 dias, sem que essa suposta explicação fosse encaminhada.

Feitos esses primeiros esclarecimentos, como os dados divulgados faziam parte de levantamento publicado por duas pesquisadoras da Universidade Federal de Minas Gerais (UFMG) que citei, sem as entrevistar, resolvi agora encaminhar por e-mail perguntas à professora doutora Aparecida Paiva, uma das coautoras do estudo, junto com Fernanda Rohlfs.

Indaguei sobre o pacto realizado pelo PNBE com os estados e os municípios e a respeito do quadro em Belo Horizonte. Eis a resposta da pesquisadora: "Todas as unidades municipais de educação DEVERIAM (sic) estar recebendo os acervos destinados a crianças de 0 a 3, 4 e 5 anos". Segundo ela, "os livros chegam às escolas-polos e deveriam ser encaminhados para as UMEIS", via a rede municipal de educação.

Como em 40 UMEIS pesquisadas, foram localizados acervos em apenas duas e em uma os livros estavam nas caixas, e diante das respostas recebidas tanto do FNDE como da pesquisadora, volto a reiterar que o monitoramento da estratégia de distribuição é deficiente. Aspecto reforçado por Paiva: "Não resta a menor dúvida que grande parte dos acervos não chega às escolas e, quando chegam, não alcançam as crianças", assegurou-me ela, baseada em outras três pesquisas que comprovam o problema.

Segundo a professora, vinculada ao Centro de Alfabetização Leitura e Escrita (Ceale), entidade que acompanha o PNBE, o país precisa consolidar a tática de distribuição e caminhar para a formação dos mediadores de leitura, em grande escala, o que não ocorre. Outros dados das pesquisas indicam que os profissionais da educação infantil desconhecem o PNBE, que foi ampliado em 2008 para esse segmento e desde então é contemplado de dois em dois anos com acervos. Mostram também a inexistência de bibliotecas nas escolas infantis.

A pesquisadora apresentou essas reflexões e novos dados durante seminário realizado há duas semanas em Belo Horizonte, que teve a assistência de gestores do Ministério da Educação (MEC) que prometeram "tomar providências", segundo seu relato. O título da palestra que proferiu é quase mote para uma campanha que a sociedade brasileira bem poderia vir a encampar, se levássemos a sério o objetivo de realmente formar leitores, ampliando a formação e o imaginário das crianças das escolas públicas: "Literatura fora da caixa".

Se Paiva propõe o incremento da formação dos mediadores, vou além, por acreditar que o problema maior está no protagonismo do caráter distributivo do PNBE sem a necessária implantação de uma política de leitura de âmbito nacional. Para isso, seria preciso exigir mais contrapartidas e melhor prestação de contas dos entes federados que recebem os acervos.

São muitos os programas de livros administrados pelo MEC e FNDE, esse último deverá investir R$ 1 bilhão na compra de livros para os diferentes projetos em 2014 – inclusive o maior deles, o Programa Nacional do Livro Didático (PNLD). Tanto quanto controlar as entregas, é necessário acompanhar o que está sendo feito com os livros, os resultados das leituras no processo de formação das crianças, assim como preparar mediadores capacitados.

Política pública sem acompanhamento dos objetivos, no caso fomentar leitores, sem controle dos resultados, corre o risco de se tornar apenas idealização. O problema é que o Estado brasileiro, nas últimas décadas, enfraqueceu o acompanhamento do conteúdo técnico e reduziu formas de avaliação. Concluí isso após conversa com a técnica em assuntos educacionais do MEC, cedida à Faculdade de Educação da Universidade Federal do Estado do Rio de Janeiro (UNIRIO), Lea Cutz Gaudenzi, que acompanha políticas públicas desse setor.

Segundo ela, é urgente que o país formule também uma política de materiais e meios educativos, para dar conta dos múltiplos e variados meios e das mais diferentes linguagens que coexistem na sociedade hipermediática. São diversos os projetos, mas não há um documento que construa conceitos – como ocorre, por exemplo, na França – de uso desses meios (livro, TV, internet etc.) em todas as áreas do conhecimento contempladas pelo MEC.

Com uma política de leitura, acompanhada por uma de uso dos meios, provavelmente, o Estado não precisaria financiar, via Lei de Incentivo à Cultura, projetos como o da edição adaptada de *O alienista*, de Machado de Assis, feita por Patrícia Engel Secco. Elaborado visando tornar a leitura do clássico mais palatável para não familiarizados com a prática de ler, o projeto recebeu incentivo do Ministério da Cultura para impressão de 300 mil exemplares, a serem distribuídos gratuitamente.

Nada contra adaptações, desde que bem feitas, mas, como diz o professor de Teoria Literária da Universidade Federal Fluminense (UFF), Adalberto

Müller, "o problema não é alguém transformar o texto clássico no que quer que seja (minissérie ou *mashup*), mas usar o Estado – que deveria cuidar do patrimônio tal como ele é – para distribuir uma versão não fidedigna". Isso deveria ser papel do mercado que, por definição, é livre, acrescenta ele. E relembra essa que lhes escreve: ao Estado cabe formular, implantar e acompanhar políticas capazes de preparar as crianças para serem leitores aptos a avaliar narrativas com as exigências que elas reivindicam.

21 de maio de 2014

# Prazer de ler:
# do Rio a Barcelona

ntre os 13 e os 17 anos, no Rio de Janeiro e em Barcelona, adolescentes apresentam comportamento semelhante quanto ao tema da leitura. Pesquisa realizada pela professora Isabel Travancas, da Escola de Comunicação da Universidade Federal do Rio de Janeiro (ECA/UFRJ), em escolas públicas e privadas das duas cidades, confirma: os adolescentes de lá e de cá leem, talvez não com a intensidade com que muitos desejem, mas privilegiam materiais que não passam pela escola, como *best-sellers*, *fanfictions* e *blogs*.

Nas duas cidades, garotas e garotos não têm quase ingerência na escolha de títulos adotados pelo sistema de ensino e apresentam resistência ao que é determinado como leitura pela escola. "Os alunos não são escutados e raramente são atraídos pela forma como leem autores clássicos", afirma a estudiosa. Para realizar a pesquisa, denominada "Experiência de leitura entre adolescentes do Rio de Janeiro e Barcelona", Travancas aplicou questionário junto a 260 estudantes da cidade brasileira e 248 na Catalunha, além de conversar com alunos, individualmente, no Rio, e em grupos, no caso de Barcelona.

A pesquisa fez parte de seu pós-doutorado em Antropologia, realizado na Universidade Autônoma de Barcelona, finalizado ano passado, quando foram avaliadas as escolas catalãs. Em 2012, a consulta se restringiu ao Rio de Janeiro. A pesquisa focou turmas equivalentes nas duas metrópoles e o nome das escolas não é identificado. Agora, Travancas consolida dados e faz os últimos cruzamentos com o objetivo de lançar livro sobre o tema.

Na cidade europeia, o universo analisado ficou concentrado em quatro escolas públicas de diferentes bairros. Aqui, a consulta foi ampliada para cinco escolas, sendo três públicas e duas privadas, distribuídas entre Zona Sul, Centro e Nilópolis. Em Barcelona, os dados indicam que as escolas determinam a leitura de quatro a seis livros por ano; nos trópicos, a indicação escolar varia de um a quatro livros, mas em uma delas chegou a seis.

**BIBLIOTECAS** – A pesquisa levantou ainda que os brasileiros, de maneira geral, têm dificuldade de acesso às bibliotecas. Nas escolas, elas são inexistentes ou estão em espaço físico inadequado, podem estar trancadas ou mesmo não terem o hábito de seduzir o público à frequência. Muitos alunos brasileiros usam a expressão "alugar" um livro, no lugar de emprestar, indicando barreiras vocabulares e distanciamento social no uso desses equipamentos. E bibliotecas comunitárias, de bairros, são raras.

Os estudantes da capital catalã apresentam outro comportamento em relação às bibliotecas. Elas ocupam "um lugar simbólico potente" nas palavras de Travancas. No universo consultado, os alunos possuíam carnê da biblioteca comunitária – em Barcelona, cada habitante tem uma biblioteca a 20 minutos a pé de sua residência. A relação entre as escolas e as bibliotecas é estreita, pois a lista de livros a serem adotados é repassada para a biblioteca do bairro, que solicita exemplares suficientes para os empréstimos.

Elas funcionam das 8 às 21h, abrem aos sábados e são utilizadas por garotas e garotos como locais para fazer as tarefas de casa, namorar, descobrir outros autores. Por todo o esforço de atendimento, segundo a estudiosa, a categoria dos bibliotecários foi a melhor avaliada em pesquisa sobre o desempenho dos funcionários públicos realizada pelo Ajuntament de Barcelona.

Segundo Travancas, em uma das escolas públicas pesquisadas no Rio, frequentada por adolescentes e adultos no período noturno, foram observadas grandes dificuldades de leitura. O pequeno repertório dos alunos levou a professora à decisão de ler em voz alta um dos livros recomendados, como caminho para ajudá-los. "Nesse caso, a leitura está no nível da Idade Média, pois os alunos tinham baixa capacidade de compreensão", concluiu a pesquisadora.

**REFERENDO** – Em Barcelona, praticamente não há diferenciação na qualidade das escolas públicas. Ao regressar a uma das escolas para apresentar dados da pesquisa, Travancas conversou com os alunos sobre a possibilidade de eles proporem a realização de referendos visando à inclusão de um título na lista de leituras que fosse escolhido por eles. Talvez, dessa maneira, se dedicando ao menos a uma obra eleita pela maioria, as queixas diminuíssem, o interesse pela leitura se tornasse mais prazeroso e se formassem novos leitores apaixonados.

"E no caso brasileiro, o que poderia ser feito?". Indaguei-lhe. "Aqui, tudo é mais difícil, por causa da perversa distribuição de renda que se reflete no ensino e no aprendizado", observou, para, em seguida, completar: "mas só faremos um país de leitores se os alunos puderem discutir escolhas, deslegitimar a fala do outro pode ser nefasto". "O sistema de ensino poderia abrir o paladar, oferecer novas alternativas", disse.

Se a escola ainda resiste a escutar seu público, é de olho nesse cardápio ampliado que o mercado editorial nacional tem crescido. Editoras especializam-se no lançamento de títulos voltados para adolescentes, quase sempre com traduções de autores que se tornaram *best-sellers* nos países do Norte. Produtos já testados com grande chance de repetirem boas vendas. Caso emblemático de James Patterson, autor de *Caçadores de tesouros* (Novo Conceito), lançado no Brasil no selo #irado.

O interesse pela leitura para adolescente leva editoras como a Galera Junior, selo da Record, a investirem em Stefan Bachmann, autor de *O peculiar*, narrativa que se reporta a um mundo pós-guerra gótico *steampunk* na Londres vitoriana, mas que inclui tecnologias do presente. Com apenas 20 anos, ele já escreveu quatro títulos e se especializou em fazer livros que recebem trilhas musicais também de sua autoria, liberadas em seu *site*. Muitos dos autores para jovens descobriram que não basta escrever livros. Precisam desenvolver estratégias de conexão via redes virtuais de relacionamento.

**AUTORIA** – Diante disso, o mercado editorial investe ainda em autores que recorrem aos recursos da linguagem utilizada por esse público nas redes sociais. O recente lançamento da dupla João Anzanello Carrascoza e Vivina de Assis Vianna, *nós 4*, da Autêntica, narra a correspondência virtual entre Rafa e Juju em uma metade do livro. Na outra metade, em posição invertida em relação à anterior, apresenta a correspondência entre os autores em que tratam da elaboração do texto. Ilustrado por Christiane Costa, o livro provoca reflexões sobre o conceito de autoria – algo pertinente na escrita da era da internet – e busca se aproximar da forma como jovens escrevem nas telas, reduzindo palavras como quando (qdo) e que (q), por exemplo.

Outro aspecto da busca pelo mercado de jovens leitores reside naquilo que muitos editores chamam de "literatura de mulherzinha". A denominação reflete a adoção pelo público feminino de obras escritas geralmente por autoras. No Brasil, as principais expoentes são Paula Pimenta, que acaba de lançar *Princesa adormecida*, agora pelo selo Galera, releitura de *A bela adormecida*, e Thalita Rebouças. Mas surgem, a cada dia, novos títulos e novas autoras, como Fernanda Belém, que assina *Ah, o verão!* (Valentina), trivial texto sobre três amigas que passam o verão em Búzios.

A mesma Valentina apresenta também *Graffiti Moon*, de Cath Crowl, narrativa bem mais rica sobre o encontro de Lucy com o grafiteiro Sombra. Cada um deles narra, em separado, versões para os sentimentos e as aventuras que vivenciam. Premiado com o Prime Minister's Literary Award de ficção infantojuvenil da Austrália, há nele poesia, arte, citações de filmes, bons diálogos, enfim um passeio literário pela chamada realidade, sem necessidade de tornar adolescentes eternos seres imaturos.

A conversa com Travancas sobre a experiência da leitura de adolescentes em cidades tão distintas como Barcelona e Rio de Janeiro e a leitura de títulos tão diversos dedicados à adolescência evocaram memórias. Foi na biblioteca pública da SQS 308, em Brasília, que fiz algumas das melhores descobertas de minha vida de leitora. Respeitada em minhas escolhas, conheci autores os mais diferentes, pois o importante era o prazer de ler. Ainda acho que essa é a primeira premissa para formar leitores.

18 de junho de 2014

# A conquista de novos mercados

A Agência Brasileira de Promoção de Exportações e Investimentos (ApexBrasil) está prestes a deslanchar convênio com a Universidade Federal do Rio Grande do Sul (UFRGS) para acompanhar e controlar, com estatísticas, o projeto Brazilian Publishers, de fomento à exportação de livros, realizado com a Câmara Brasileira do Livro (CBL). A pesquisa vai conferir se empresas nacionais profissionalizaram-se de maneira a atender exigências do mercado externo. Dos 66 grupos editoriais que participam do projeto, 41 produzem obras destinadas aos segmentos infantil e juvenil.

Nesse setor, embora nos últimos anos tenhamos começado a exportar com mais frequência, são grandes as mudanças que necessitam ser feitas para que autores e livros brasileiros conquistem maior importância no mercado mundial. "Ainda temos problemas na qualidade dos conteúdos", alerta Christiano Lima Braga, responsável pela Gerência Executiva de Projetos Setoriais da ApexBrasil. Segundo ele, a maior parte dos grupos editoriais nacionais tem visão de curto prazo. Entendem que vendem bem no âmbito interno – a maioria das empresas do projeto atende a programas governamentais de aquisição de livros. E, por isso, não se preparam para explorar novos mercados.

De acordo com Braga, a promoção comercial não é suficiente para garantir essa inserção, sendo necessária a melhor capacitação das equipes editoriais, que avança aos poucos. Os grupos brasileiros melhoraram a apresentação de seus catálogos, assim como a de projetos, o que refletiu nas exportações.

No entanto, os números ainda são tímidos. A partir da última Feira de Bolonha, o maior evento do setor infantojuvenil, realizada em abril passado, a expectativa é que, nos próximos 12 meses, o Brasil venda em direitos o equivalente a US$ 330 mil. É isso mesmo, leitor, muito pouco. Ainda que signifique um aumento de 18,5% comparado com 2013. Então, podemos crescer e muito.

**QUALIDADE** – Durante o evento, a editora Cosac Naify foi agraciada com o Bologna Price For Best Children's Publishers of The Year, pela excelência de suas publicações infantis e juvenis. Trata-se de quase exceção. De modo geral, nossas editoras precisam investir na qualidade do objeto livro, além de necessitarem criar estratégias voltadas para a captação de clientes globais. Foi o que fez a também paulista Panda Books, com a série *Princesas do mar*, de Fábio Yabu, livros de aventura que se transformaram em desenho animado, exibido primeiro no Discovery Kids e agora na TV Cultura, e em vários países. A venda dos livros foi incrementada após a entrada do produto audiovisual.

Entre as participantes do projeto, a ApexBrasil destaca como exemplo a internacionalização da Callis, que tem exportado para México, Itália e Estados Unidos. Para vender a esses mercados, a editora paulista tem enfrentado muitos dos aspectos que dificultam a entrada dos livros do gênero infantil e juvenil produzidos pelo Brasil em outros países. Desde questões inerentes à dimensão cultural, como o fato de o português ser idioma de acesso restrito e as editoras portuguesas terem o domínio desse nicho, até, no segmento juvenil, a crítica de que nossos títulos têm enredos muito simplificados e as narrativas, tamanho sucinto. No infantil, são comuns insatisfações sobre o modo como lidamos com a paleta cromática.

Normalmente, nossos ilustradores têm a tendência a utilizar tons mais quentes. Alguns o fazem com excelência, e exemplifico com a ilustradora Rosinha, radicada em Pernambuco, que explora com intensidade os contrastes primários em suas obras. Outra parte, porém, extrapola a base harmônica da composição e o livro quase grita, o que desagrada clientes internacionais. Reflexo cultural da luz dos trópicos e também do pequeno conhecimento da tradição pictórica ocidental.

**ESMAECIDO** – Tendo a acreditar que a internacionalização do mercado tem provocado mudanças que observo em muitas obras, entre elas está certo rebaixamento da paleta, uma suavização dos tons. Em *Mágica de carrossel* (Vieira & Lent), texto verbal de Elizabeth Hazin, a ilustradora Bruna Assis Brasil trabalha com tonalidades mais esmaecidas. Inventa tranquilo passeio pelas páginas com cores que podem agradar ao leitor europeu.

O projeto gráfico reforçou a dicção poética de Hazin, pontuada de inteligentes provocações sobre o carrossel da vida, que se ancora em melodia quase circular, à moda do brinquedo tradicional: "Como se inventa o destino/ e destino o que é que é/ além de palavra bonita/ rimando assim com menino?/ Destino é vida comprida/ ou é um dia bem fino".

Trago outro exemplo com título que, se não foi orientado para o mercado asiático, apresenta muitas possibilidades de encantar crianças de origem japonesa. Escrito e ilustrado por Lucia Hiratsuka, *Orie* (Pequena Zahar) se concentra em tom entre o bege e o marrom-claro. As ilustrações evocam antigos desenhos com nanquim, tradicionais na terra da garotinha que tem pais barqueiros.

Creio que, nesse caso, é o texto que acompanha o ritmo dos desenhos, como se construído na cadência das remadas, recordando também tempos remotos, de um mundo rural do Oriente, mas poderia ser de qualquer outro recanto: "O rio chacoalha os peixinhos. Peixinhos vêm, peixinhos vão./ O remo de bambu vai e vem". Econômico nas palavras e nas emoções, mais sugestivo do que explicativo, fico me perguntando como funcionaria o livro de Hiratsuka na língua da Furusato, a terra natal dos seus antepassados.

Citei alguns ilustradores e os escolhi também porque identifico em seus trabalhos com a imagem outra marca que tem sido recorrente na busca das editoras por ilustradores, que é o fato de se aproximarem de linguagem mais globalizada, sem abrir mão de suas vivências brasileiras. No caso da paraense Bruna Assis, ela se aperfeiçoou na Escola de Disseny i Art, de Barcelona, o que se reflete em seu desenho, com cores e formas mais suaves. Ressaltando que pouco conheço da tradição dos mangás, identifico no desenho de Yabu a influência desse traço caricato capaz de conquistar crianças mundo afora. E Hiratsuka, por herança ancestral, compartilha estética que preza o monocromático para obter expressão ao mesmo tempo forte, concisa, contida.

Parece que, para conquistar o mercado global, a ilustração brasileira volta suas atenções à secular matriz antropofágica: sem abrir mão da cor local, precisa deglutir o internacional. Sem isso, o dano pode ser grave: as editoras nacionais intensificarão a contratação de ilustradores estrangeiros, o que já está ocorrendo, e tal comportamento, em dose massiva e em longo prazo, poderá se tornar prejudicial para a expressão de nossa cultura.

12 de agosto de 2014

# Nova rádio na web dedicada a crianças

A convergência digital possibilita à literatura, em especial a dedicada ao segmento infantil, ampla gama de instrumentos capazes de atrair esse público. A partir de outubro, grupo sediado em Brasília colocará no ar radioweb dedicada a crianças, que veiculará conteúdo centrado em música e literatura para os pequenos, com idades entre recém-nascidos e até aproximadamente 10 anos.

Iniciativa de Adriano Siri e Adriana Nunes, dois dos integrantes do grupo de humor Os Melhores do Mundo, a radioweb, além do áudio, trabalhará com vídeos, animações e interatividade. Pude ver algumas das animações preparadas a partir de obras do cancioneiro popular e lhes asseguro que são belas e divertidas. Foram musicadas por Marcelo Linhos, com ilustrações de Adriana Nunes, projeto gráfico de Claudia El-Moor e fotografia de Nicolau El-Moor, grupo que tocará a linha de frente da rádio na net.

Segundo Adriana Nunes, a rádio realizará também leituras e dramatizações de narrativas dedicadas a crianças. Grupo de atores de Brasília já está gravando os conteúdos. Alessandra Roscoe, autora de vários títulos infantis, entre eles o querido e dorminhoco *Jacaré Bilé* (Biruta), ilustrado por Italo Cajueiro, autorizou o uso de algumas obras para serem transformadas em áudio. O humor será ingrediente importante, mas não fundamental. "O humor estará presente, pois é preciso oferecer dinamismo e descontração, principalmente na informação, e ele é uma chave para isso", explica Adriano Siri.

**EXPERIÊNCIAS** – Radiowebs dirigidas a crianças existem em muitos países e sob diferentes formatos. Adriano Siri conta que as seguintes experiências lhe inspiraram: a australiana FunkyKids Radio (http://www.funkykidsradio.com.au), dedicada à música; a canadense CBC (http://www.cbc.ca/kids), cujas animações musicadas para bebês até três anos são bastante engraçadas; a norte-americana Nick-radio, que se estende a adolescentes e é forte em música e games (http://www.nick.com/nick-radio); e a londrina Funkids (http://www.funkidslive.com), a mais preocupada com literatura, pois oferece audiolivros e conversas com escritores dedicados ao infantil e juvenil.

No Brasil, segundo a jornalista Elza Pires, que realizou levantamento sobre radiowebs, a experiência mais longeva é tocada no Projeto Casa Grande, que existe há 22 anos na região do Cariri, sul do Ceará, na cidade de Nova Olinda (12 mil habitantes). Na http://www.radioestoria.wordpress.com, crianças pensam toda a programação, produzem, gravam e divulgam. O Radioestoria recolhe e registra lendas, mitos e outras narrativas ficcionais da região, transformando o material em peças radiofônicas.

Ainda, segundo a jornalista, no continente africano são identificadas experiências bem-sucedidas de uso da ferramenta web voltadas a crianças, em especial em Moçambique e Angola. No primeiro país, no Distrito de Angoche, programa financiado pela Unicef é totalmente feito por crianças e transmitido nos finais de semana na Rádio Parapato, que é comunitária. Em Angola, 16 províncias transmitem com regularidade programas feitos por crianças para outras crianças. Elas contam casos, leem narrativas, apresentam músicas, conversam e discutem temas que lhes interessam.

De acordo com o levantamento, nos países europeus grandes emissoras criaram ambientes para crianças em radiowebs. A londrina BBC (http://www.bbc.co.uk/history/forkids) centra seus programas na história do país e em aventuras do passado. Na Alemanha, o destaque é para adaptações de obras como *A flauta mágica*, de Mozart, que se torna mais acessível ao universo infantil. Os programas são veiculados pela estatal Deustch Radio Kultur, no endereço http://www.radio.de/thema/kinder.

**FILTRO** – Na Espanha, a Babyradio (http://www.babyradio.es), que também atua no México, entrou no ar em 2012 como a primeira rádio *on-line* do país. O repertório, centrado no educativo e no lúdico, apresenta muitos contos infantis destinados à garotada entre zero e seis anos. "Na França e em Portugal surgiu, recentemente, por iniciativa de pais preocupados com a internet e seus conteúdos, um sistema operacional pago – a preço bem acessível – que se chama Potati", conta Elza Pires. Por ele, crianças entre 0 e 12 anos podem navegar tranquilamente, ouvir histórias pela radioweb e até jogar sem perigo, pois o conteúdo é todo filtrado e direcionado.

Se, no Brasil, o monitoramento da sociedade sobre o que é consumido pelas crianças na internet ainda é pequeno, nos países europeus, pais e autoridades se preocupam mais com a possibilidade de os conteúdos serem desvirtuados e, assim, exercem maior vigilância. Por isso, programações costumam ser produzidas e supervisionadas por especialistas. Professores, educadores e artistas se juntam para pensar a melhor maneira de encaminhar temas, ressalta a jornalista. Foi por escutar conteúdos inadequados para crianças em emissoras comerciais de rádio, quando levavam os filhos pequenos à escola, que Adriano Siri e Adriana Nunes tomaram a decisão de criar a rádio que só se preocupará com crianças.

Adriana, que, em Os Melhores do Mundo, atua e é encarregada de cuidar dos figurinos e cenários, há anos deseja dar vazão à atividade de ilustradora – quando não está em cena, ela dirige uma oficina de criatividade para crianças em Brasília – e fazer uso mais sistemático da coleção de livros infantis que formou ao longo de anos.

Coleção que será incrementada com a ida do casal de comediantes à 23ª Bienal Internacional do Livro de São Paulo, que acontecerá a partir da próxima sexta-feira, 22, até o dia 31, no Pavilhão de Exposições do Anhembi. O evento de 2014 terá mais de 100 atividades para crianças e jovens, excluídas as oferecidas pelas editoras. Como este é um texto hiperlinkado, ofereço ao leitor mais um endereço, o da Bienal, http://www.bienaldolivrosp.com.br, para que possa conferir a programação e escolher o que lhe despertará mais curiosidade e prazer. E desejo à dupla Adriana e Adriano que, na próxima Bienal, a Radiowebkids possa produzir conteúdos informativos diretamente desse grande palco destinado à promoção e ao comércio do livro.

19 de agosto de 2014

# Falta de imaginação

á muito desconfiava que as crianças pequenas no Brasil estivessem órfãs de bons livros. Os principais programas de compra de livros do governo federal sofrem com a ausência de maiores ofertas de produtos capazes de atender aquelas entre zero e três anos, os ainda bebês, e na faixa seguinte, dos quatro aos seis, em que a maioria ainda não se encontra alfabetizada.

O que era apenas observação empírica transformou-se na conclusão acima após conversa com Rita Coelho, coordenadora geral de Educação Infantil da Secretaria de Educação Básica do Ministério da Educação. "Há necessidade de um processo de transformação social, somos uma sociedade adultocêntrica com dificuldade para perceber a criança como produtora de cultura", afirma ela.

Por isso, o mercado resiste em oferecer livros, mobiliário e mesmo ônibus escolares apropriados a esse público. No caso dos livros, reflito, a lacuna também se deve aos custos mais altos desses produtos, em especial os dedicados ao público de menor faixa etária.

A legislação brasileira em diversos textos consolidou direitos das crianças e os programas governamentais induzem o mercado a produzir para essa faixa de idade, conforme lembra Rita Coelho. Se a oferta para esse segmento continua pequena, em especial quanto a livros, acredito que se deva a uma opção concentrada na produção do livro-brinquedo, que é normalmente mais caro e mais difícil de ser viável nas vendas aos grandes programas governamentais de compra.

**NOVOS CRIADORES** – Identifico outro problema: o Brasil carece, no momento, de novos criadores capazes de pensar textos para os ainda não leitores. Refiro-me a obras de literatura capazes de despertar em bebês emoções e experiências variadas. Entre elas, a de perceber a entonação na voz de quem faz a leitura, pois o texto reivindica modulações alternadas em seu percurso; a de observar diferenças de texturas das páginas com os dedinhos – hoje cada vez mais precoces e ágeis ao passear pelas páginas de plasma das telas – e a de fixar a atenção em determinadas situações sugeridas pelas imagens.

Sou fã de livros-brinquedos sofisticados. Porém, gosto mais ainda quando me deparo com livros para o pré-leitor com texto verbo-visual capaz de estimulá-los. Um produto não elimina o outro, eles podem coexistir para o bem da leitura. Cito dois exemplos, ambos importados, que ilustram a questão. Tenho comigo um livro-brinquedo norte-americano que crianças muito pequenas costumam manusear bastante, mesmo aquelas sem intimidade com a língua inglesa. Baseado em música de domínio popular, é ótimo para fornecer a ideia de textura. Errou quem pensou que a ênfase fosse nos números, o que também está presente na obra, mas em segundo plano.

Trata-se de *Five silly monkeys* (*Cinco macacos tolos*, em tradução aproximada), ilustrado por Steve Haskamp (Intervisual). A partir da música para ninar "Ten in the bed", ele elabora páginas divertidas em que os animais vão caindo da cama, na maior bagunça. O ilustrador optou por construir os macaquinhos com cabeça em borracha, fixos na página final. A contagem é feita com ajuda de faca de corte que exibe as cabeças dos bichos. O alto-relevo delas e a mudança do papel para o emborrachado são os motivos que mais atraem a meninada.

Outro é *Apenas um é diferente! Você consegue encontrar*, recém--lançado pela Brinque-Book, da alemã Britta Teckentrup, com tradução de Gilda de Aquino, indicado como leitura compartilhada a partir dos quatro anos. Nele há apenas uso dos recursos dos textos verbal e visual, sem maiores apelos materiais. O primeiro sugestiona a criança a achar na página seguinte, só visual, o diferente em meio a uma série de animais. Por exemplo, um morcego de olhos fechados em meio a semelhantes de olhos abertos. Estimulada a encontrar o dissonante, a criança, por contraste, apreende sem muito esforço inúmeras noções. São jogos de palavras e de imagens, mas eles não subestimam o jovem leitor.

**RECUO** – A infantilização do infantil é o que me faz recuar diante de um livro destinado a crianças, não a forma como se apresenta. No novo lançamento pela Rocco, *Bia não quer dormir*, da *best-seller* Thalita Rebouças e ilustrações de Fabiana Salomão, essa infantilização se dá pelo excesso de uso da palavra "não". A ideia da narrativa é boa: menina com dificuldade de dormir conversa com a mãe e a madrinha e elas lhes ensinam o velho truque de contar carneiros. A garota de sete anos, esperta como ela só, levanta muitos questionamentos. E, como muitas crianças do mundo real, consegue postergar o momento de se recolher.

O problema diz respeito à falta de melhor elaboração da linguagem e, por consequência, da dificuldade de ela estimular a inventividade do leitor que está formando repertório. Uma infância cujos limites precisam ser dados pela reiteração do não, pelo reforço da negativa (a danada da palavra de três letras é muito repetida), dificilmente expandirá a imaginação. Exemplifico com um diálogo: "– Você não ama a dinda?", pergunta a madrinha. Seria mais claro perguntar no positivo. Outras sentenças de estrutura semelhante repetem-se. Quanto à ilustração, serei sucinta: parece retirada de filme padrão antigo da Disney, muito estereotipada ao desenhar personagens adultas.

No livro de Rebouças, escritora que faz parte da nova geração de autoras infantojuvenis, faltou, infelizmente, maior esforço de edição. O oposto do trabalho observado em outro lançamento da mesma editora, esse para crianças já alfabetizadas, intitulado *Começo, meio e fim*, com texto de Frei Betto e ilustrações imaginativas de Vanessa Prezoto. Narrativa escrita pelo religioso católico sobre a morte, o livro cita muito pouco a palavra Deus, o que deixa margem de respeito a famílias não crentes que queiram elaborar o tema com crianças. Com elegância, diálogos bem elaborados e algum humor, a menina que relaciona pessoas a guloseimas conhece ideias sobre o fim.

Pode ser que a questão da ausência de livros para os pequenos reflita também um problema geracional. Nossos autores consagrados, experimentados em jogos de linguagem, dedicam-se mais ao público já alfabetizado. Tudo indica que, para vencer algumas dificuldades elencadas no princípio deste artigo e passarmos a produzir mais livros apropriados para pré-leitores, teremos que tomar mais cuidado com a formação de autores. A nova geração de escritores, por uma série de questões, precisa se apoiar muito mais no trabalho de edição que as anteriores.

O perfil dos novos autores, o futuro do livro infantojuvenil a partir da convergência das mídias e a necessidade de melhor preparação de professores foram alguns dos temas discutidos na última quinta-feira, no seminário *Brasil, brasis*, na Academia Brasileira de Letras. A mesa, coordenada pelo acadêmico Domício Proença Filho, contou com a participação da acadêmica e escritora Ana Maria Machado, da secretária-geral da Fundação Nacional do Livro Infantil e Juvenil (FNLIJ), Elizabeth Serra, e desta blogueira.[9]

2 de setembro de 2014

---

9   O artigo apresentado pela autora na Academia Brasileira de Letras (ABL) pode ser lido na página 281.

# Mudança urgente

Os fracos resultados gerais do Índice de Desenvolvimento da Educação Básica (Ideb) de 2013 anunciados na semana passada mostram que as ações para atingir as metas do país na área educacional precisam passar por revisões urgentes. Se em tempos de economia não estagnada deixamos de atingir objetivos estabelecidos para os anos finais do ensino fundamental e os de todo o ensino médio, é preciso ficar muito atento com o futuro que se anuncia mais problemático para a economia e, portanto, com menos recursos para investimentos.

Por outro lado, ao superarem a meta estabelecida para os anos iniciais do ensino fundamental, que vai da primeira à quinta série, o sistema educacional demonstra que, quando há empenho de todos, mudanças ocorrem. Nos últimos anos, o esforço para melhor qualificação da educação fundamental, nas séries de aquisição da alfabetização, leitura e noções básicas de outras disciplinas, tem sido grande. Um dos perigos é jogarmos fora esse trabalho, pela falta de continuidade nas séries a seguir. Se a sociedade não cobrar a efetividade dessas políticas públicas, permaneceremos com grande número de analfabetos funcionais e de não leitores.

Há menos de um mês de eleições gerais, a discussão sobre os rumos do sistema educacional pouco espaço ocupa nos debates e entrevistas dos candidatos. Deveria ser no processo eleitoral que as diferentes propostas de ações fossem comparadas pelos eleitores. Mas triste sina a nossa, a discussão permanece superficial. O debate entre os assessores dos candidatos à Presidência sobre educação ocorrido em Brasília há alguns dias pouco interesse despertou.

**BASE COMUM** – Reconheço que o *blog* deveria se restringir a questões da literatura infantil e juvenil e hoje extrapola o tema. Literatura e educação andam sempre juntas. Impossível ter leitores sem um sistema educacional vigoroso, professores qualificados e um currículo mínimo que crie uma base comum de ensino para o país. O mundo reconfigura-se educacional e tecnologicamente e permanecemos atrasados, sem resolver o básico, muito por falta de mobilização e cobrança. Quando aceitei escrever sobre literatura, foi por acreditar que, no segmento infantojuvenil, temos experiências a compartilhar e muito a ser monitorado em busca de melhorias.

Por configurações privadas, tenho alguma intimidade com a Coreia do Sul. Cada vez que me aproximo do universo dos coreanos, sinto admiração grande. Impressiona-me o esforço que fizeram e fazem para mudar o perfil educacional e, por consequência, seu índice de desenvolvimento. Mais que decisão de Estado, foi o esforço coletivo da sociedade que lhes rendeu altos índices educacionais.

Também vivenciei parte do processo de transformação do sistema educacional de Barcelona em período após a derrocada da ditadura de Franco. Escolas públicas e privadas preocuparam-se em formar alunos de todos os níveis para além do currículo de matérias básicas, enfatizando o que, costumo chamar, de formação para a cidadania. Muito esforço também foi e é concentrado no aprendizado da leitura e escrita dos anos básicos.

Uma das especialistas que atuam na modificação desse cenário é Ana Leonor Teberosky Coronado, catedrática da Universidade de Barcelona, autora de *Psicogênese da língua escrita*, em parceria com Emilia Ferreiro, e *Aprender a ler e escrever: uma proposta construtivista*, com Teresa Colomer, ambos publicados no Brasil pela Artmed.

Nesta terça-feira (9 de setembro de 2014), Teberosky profere palestra em Belo Horizonte intitulada "Leitura e escrita na educação infantil: a experiência de Barcelona", promovida pelas Universidades Federal de Minas Gerais (UFMG), do Rio de Janeiro (UFRJ) e do Estado do Rio (UNI-RIO), com o apoio do Ministério da Educação. *A pequena leitora* resolveu conversar com a especialista e enviou a ela perguntas por e-mail. A correspondência foi trocada antes do anúncio dos resultados do Ideb, mas as respostas de Ana Teberosky ajudam a entender que, embora no percurso certo, ainda temos longo caminho a percorrer para fortalecer nossos anos iniciais de ensino. Veja abaixo a entrevista:

*Pergunta: A senhora poderia dizer qual é a sua tese central sobre a experiência de leitura e escrita em Barcelona?*

Resposta: Minha experiência em Barcelona é atuar diretamente com professores em escolas (educação infantil e primária), fazer das aulas um laboratório de boas práticas, observar o processo de aprendizagem e ensino e propor formas de atuar, de intervir, que consideramos junto com os professores as melhores formas para os alunos. Trabalhando dessa maneira aprendem-se muitas coisas ligadas à prática educativa, à formação docente, às necessidades dos alunos, aos materiais etc. As coisas que se aprende são usadas para estudar outras coisas. Por exemplo, temos visto que, propondo atividades com jogo de linguagem (jogos de palavras com rimas, aliteração, composição, segmentação, adivinhações, relações semânticas entre construções etc.) de forma oral e depois com material escrito, ajudamos muito para que as crianças aprendam a ler e a escrever. Os jogos de linguagem são como uma "ponte" entre o oral e o escrito que serve para que as crianças possam começar a "pensar na linguagem" em termos do som, da composição das palavras, da morfologia, do significado.

*P: A legislação brasileira determina que todas as crianças sejam alfabetizadas até o fim do terceiro ano do fundamental, que acontece em média por volta dos oito anos de idade. É uma idade ideal? Com que idade elas são alfabetizadas na Catalunha?*

R: A idade é um tema relativo: começa quando a criança está interessada na escrita e a criança vai ter esse interesse se houver em seu ambiente leitores, livros, textos, e escuta a leitura "para" ela, dirigida à criança. Isso costuma ocorrer aos quatro anos, mas é uma idade indicativa na nossa cultura, não é uma norma. A aprendizagem da linguagem escrita leva tempo, por isso não podemos dizer quando a criança se torna um leitor autônomo, às vezes chega quase aos oito anos, mas sempre necessitará ajuda. Pessoalmente, trabalho muito com a ajuda que a família e os professores podem dar às crianças.

*P: Por que o Brasil ainda apresenta tantas dificuldades para alfabetizar sua infância?*

R: Esta é uma questão que tem muito tempo, desde os meus primeiros contatos com profissionais do Brasil, nos anos 1980, esta questão era levantada. Certamente já avançou muito porque a preocupação e as ações existem. Se não foi suficiente tudo o que foi feito, talvez devessem insistir no processo de ensino e aprendizagem da prática educativa. Olha, a questão da educação é uma questão social e cultural, muito sensível às influências históricas. Na Catalunha já vi épocas melhores e piores. Nem sempre há uma causa direta. No caso do Brasil, certamente, há vários fatores que excedem meu âmbito, e eu não quero responder acusando ou defendendo posições ou ações porque, por ser tão complexo, seria fácil cair em simplificações.

*P: Qual é o ambiente de alfabetização ideal?*

R: O ambiente com muito material (não por razões comerciais, mas porque a escrita aparece em um suporte material, papel ou digital), leitores frequentes, adultos, possibilidade de fazer atividades de jogo, possibilidade de escrever, de classificar e ordenar desenhos, ilustrações etc. A propósito, gostaria de comentar que não vejo uma oposição e dicotomia entre **jogar** e **aprender**, mas sim acredito que para as crianças dessas idades **jogar** = **aprender**. Os jogos simbólicos, de simulação e dramatização são muito apropriados para a aprendizagem, se no ambiente também há linguagem escrita e livros, lápis, cadernos etc. As crianças costumam incluir esse elemento como parte dos jogos.

*P: O que é mais importante para que uma criança adquira um amplo repertório discursivo, seja apta a se tornar leitora de muitos textos?*

R: É importante que tenha bons modelos porque ler e escrever se aprende "através" dos outros, junto "com" os outros, sejam adultos ou mesmo colegas. Também é importante que tenha contato com textos (impressos, digitais) e com leitores que tornem interessante a escrita, o mundo dos textos.

*P: No Brasil, qual a experiência de escrita e leitura considera exemplar?*

R: Quando estiver aí e conhecer as experiências, poderei responder. Até agora, não vi experiências concretas, mas sei (porque li) que muitas pessoas trabalham neste problema a partir de diferentes perspectivas.

9 de setembro de 2014

# Impasses na leitura

A rápida disseminação das tecnologias de comunicação com a convergência digital poderá gerar impasses no aprendizado da leitura em algumas regiões do país. Visitei quatro comunidades na floresta Amazônica e, como satélites levam até lá recursos avançados, como o WhatsApp, vi crianças de apenas quatro anos fazendo uso desse instrumento para se comunicar com parentes que estão distantes. Recorrem à mensagem de voz, pois ainda não estão alfabetizadas.

O problema é que essas meninas e esses meninos têm pouquíssimas ofertas de livros impressos, o que poderá impedir a maior intimidade com esse objeto e sua função, a leitura, no futuro. O acesso às tecnologias dissemina-se com velocidade – somos o terceiro país do mundo, atrás de Estados Unidos e Índia, com crianças acessando *smartphones* – enquanto a entrega de livros se faz de maneira ainda lenta. Em uma das escolas, no Núcleo Santa Helena do Inglês, os livros de literatura de primeira à quinta série acabam de chegar. E estamos há menos de três meses do final do ano letivo.

A iniciação à leitura deve ser feita de maneira ampla, com os recursos do impresso e do digital compartilhados de maneira simultânea. Caminho para possibilitar maior inclusão digital, essencial para o desenvolvimento, mas sem perder de vista a aquisição do domínio dos atos de ler e escrever pelo viés tradicional, forma de sedimentar o conhecimento. Se o digital predominar, ou for exclusivo, poderemos não conseguir atrair as crianças para o universo impresso, pois, vamos concordar, o poder que a "tela de vidro" exerce – graças à interatividade, recursos de movimento e de voz – é muito maior.

**QUALIDADE** – As escolas visitadas localizam-se no Rio Negro. Uma na Área de Proteção Ambiental do rio, na margem esquerda; as outras, na

Reserva de Desenvolvimento Sustentável do mesmo rio, à margem direita. Nelas, encontrei poucos livros destinados aos alunos dos primeiros anos do ensino básico. Na que mais oferta tinha, senti grande alegria ao identificar duas obras de qualidade. Uma escrita e ilustrada por Fernando Vilela, *O barqueiro e o canoeiro* (Scipione). A outra, de Octavio Paz, *O ramo, o vento* (Autêntica), com ilustrações de Tetsuo Kitora e tradução de Horácio Costa. Os dois livros tinham marcas de manuseio.

Identifiquei boa oferta de títulos nas escolas da sexta série ao terceiro ano do ensino médio. As bibliotecas – elas existem graças a convênios com a Fundação Amazônia Sustentável (FAS) – ofereciam obras sofisticadas. Marcel Proust, Jorge Luis Borges, Machado de Assis, Oswald de Andrade, Graham Greene, entre outros. Volumes grossos, apenas com texto verbal. Infelizmente, não percebi marcas de manuseio neles. Sinal de uso rarefeito.

Volto a insistir que, para um livro despertar o interesse dos jovens – das cidades e das florestas – que já estão capturados pelas telas, será necessário insistir no envio/compra de obras em que o visual contenha atratividade. A competição com as telas exige o fortalecimento da junção do verbal com o visual. No caso do livro impresso, isso pode ser resolvido seja com a ilustração, seja com um projeto gráfico inteligente, para ficarmos nos recursos mais tradicionais da indústria editorial. Sem isso, aumenta o risco de deixarmos de consolidar leitores, pois o livro infantil há anos percorre tal caminho e o juvenil ainda não disseminou essa prática. Para enfatizar, conto-lhes que as escolas acima da sexta série são telepresenciais, com mediação em tempo real, portanto os alunos ganham cada vez mais intimidade com tecnologias audiovisuais.

**INTERMEDIALIDADE** – Nas teorias contemporâneas da comunicação, lidamos com o conceito de intermedialidade. Segundo Adalberto Müller, autor de *Linhas imaginárias: poesia, mídia, cinema* (Sulina), a partir dessa concepção, "o importante passa a ser o modo como as diferentes mídias (livro, cinema, tevê, rádio, internet, teatro etc.) tematizam umas às outras, ou se fundem e/ou se imbricam como mídias isoladas ou como sistemas midiáticos, através de processos de citação, adaptação e hibridização".

Apresento-lhes livro para crianças bastante inteligente e divertido adquirido há alguns anos, que expressa bem essa conjunção. Trata-se de *O menino que queria ser celular* (Melhoramentos), de Marcelo Pires e Roberto Laurert. Lançado em 2007, a ilustração parodia a forma gráfica de um celular, objeto desenhado na vertical, e conta peripécias de uma família às voltas com esse aparelho, cada vez mais central em nossas vidas. Tudo remete à tecnologia: os números, os sinais de operações matemáticas inseridos nos aparelhos, a tela em cor preta indicativa de pane. Soluções gráficas conjugadas à narrativa envolvente. Nela, as personagens Celula e Seu Lular entram em rede de celulares para ajudar um menino a enviar torpedos a pais de todo o mundo com avisos de que é divertido aproveitar a companhia dos filhos.

Mais do que a abordagem da questão tecnológica (de consequências culturais), o destaque nele se refere à aproximação entre as mídias. Os autores lançam mão da intertextualidade e da paródia ao citarem nos desenhos mecanismos de um celular. A mídia livro aproxima-se, assim, da mídia celular, em diálogo dos mais saudáveis para a leitura e conquista do leitor natural do mundo digitalizado. Penso que, nesse caso, o livro ajuda migrantes digitais tardios a entenderem alguns mecanismos que gerações mais jovens dominam rapidamente.

**PARÓDIA** – Nos Estados Unidos, em 2011, foi lançado livro impresso adorável. Em formato de *tablet*, isto é, em capa dura cortada na horizontal, ele recebeu o título de *Goodnight iPad* (Blue Rider Press). Ann Droyd assinou o texto. Podemos supor que se trata de uma brincadeira, com o nome sendo traduzido para Androide. Pois, na ficha catalográfica, apenas David Milgrim assume a autoria. Abaixo do título, um *mouse*, em formato, é claro, de rato, anuncia "uma parodia para a próxima geração". O título e o balão de diálogo remetem a *Goodnight moon*, clássico infantil norte-americano, lançado em 1947, por Margaret Wise Brown, com ilustrações de Clement Hurd. O livro, que na década de 1990 já tinha obtido a marca de mais de quatro milhões de exemplares vendidos, tem como personagens coelhos que se assemelham a humanos. E retrata o momento do mais jovem ir dormir. Com texto ritmado, ele se despede de objetos com um *goodnight* (boa noite) acrescido do nome do referido item. Quem ainda não conhece, caso tenha curiosidade, há uma versão animada, que já conquistou mais de um milhão de acessos (https://www.youtube.com/watch?v=9yu_g5x3ZoQ).

No livro atual, a família de coelhos está toda ultraconectada. Profusão de produtos eletrônicos interliga tudo e todos na casa. O coelho-garoto se despede deles com um "goodnight remotes, netflix, digital books, androides, plugs", estabelecendo louca comunicação com o universo tecnológico que são as casas contemporâneas. Mas, no final, mamãe-coelho põe todos, inclusive os *gadgets*, para dormir e o objeto que serve ao recolhimento do garoto é um bom e tradicional exemplar impresso de *Goodnight Moon*.

Tenho sérias críticas a livros para crianças que terminam por fazer publicidade de algum produto ou companhia comercial. No caso do livro de Ann Droyd, contudo, são citados tantos objetos, *softwares* de diferentes companhias, que esse apelo publicitário perde força e a palavra iPad funciona como metonímia para significar toda a parafernália digital que nos rodeia. Mas, com certeza, em uma tradução para o português, solicitaria autorização para chamá-lo de *Goodnight tablet*. Isso evitaria o caráter de anúncio para a marca do produto.

Citei dois exemplos de livros em que a intermedialidade se faz radical. Eles demonstram que é possível o objeto livro sobreviver nesta era de convergências, desde que, no caso brasileiro, esse produto impresso chegue em quantidade aos mais distantes rincões do país. E, em qualquer lugar do planeta, seja elaborado de maneira atualizada. Isto é, produzido em diálogo com os recursos das diferentes mídias que seduzem leitores e os ainda não leitores, habitantes das cidades e das florestas, todos seres conectados ou em via de se conectarem digitalmente.

23 de setembro de 2014

# O caráter confirmatório do Jabuti

análise dos resultados nos segmentos infantil e juvenil do Prêmio Jabuti deste ano demonstra que a tradicional premiação é confirmatória de autores de texto verbal já consagrados. Caso de Marina Colasanti, autora de *Breve história de um pequeno amor* (FDT), ganhadora na categoria Infantil, e de Ricardo Azevedo, com *Fragosas brenhas do mataréu* (Ática), primeiro lugar no Juvenil. Indica também que o prêmio reconhece o livro infantil ainda como definido pelo texto verbal, o que mudou nos últimos anos, tema que discuto adiante.

No momento em finalizei este artigo, a Câmara Brasileira do Livro (CBL), responsável pelo Jabuti, anunciou que fará uma revisão das notas em cinco categorias do prêmio. São elas: Capa; Artes e Fotografia; Economia, Administração e Negócios; Teoria e Crítica Literária; e Literatura Infantil. Portanto, o resultado do segmento Infantil, poderá ser alterado. O novo anúncio dos vencedores será feito depois de amanhã. A confusão deve-se ao fato de jurados terem entregue suas notas em branco ou com cartelas rasuradas, o que não é permitido. E a comissão curadora ter decidido dar a nota mínima (8) para esses casos, o que gerou críticas e levou a decisão de revisão do anúncio dos vencedores.

Acredito que boa parte da rebelião dos jurados se deva ao caráter confirmatório do prêmio. Reconheço os méritos de Colasanti, já tendo elogiado o texto e criticado as ilustrações de *Breve história*. Por termos uma série de autoras e autores de talento, com amplo reconhecimento nesse segmento, talvez seja hora de o prêmio começar a pensar em estabelecer a categoria *hours concours*. Seria maneira de abrir espaço e incentivar novos autores, a exemplo do que faz a Fundação Nacional do Livro Infantil e Juvenil (FNLIJ). Aliás, este ano, essa entidade concedeu também a Colasanti, pelo mesmo livro, o prêmio de honra.

**INOVAÇÃO** – Por outro lado, o Jabuti conseguiu inovar no quesito texto visual, ao conceder a Renato Moriconi, autor de *Bárbaro* (Companhia das Letrinhas), o primeiro lugar na categoria Ilustração de Livro Infantil ou Juvenil. Em segundo e terceiro lugares, ficaram *Naninquiá – a moça bonita* (DCL), ilustrado por Ciça Fittipaldi, e *Conselho*, no qual Odilon Moraes ilustra poema de Fernando Pessoa. Considero os dois últimos bem-feitos, mas pouco inovadores.

Belo exemplar de livro-imagem, que permite a qualquer leitor soltar a imaginação, a obra de Moriconi foi um dos títulos mais bonitos lançados ano passado. Talentoso ilustrador da geração surgida nos anos 1990, ele tem conseguido apresentar novidades a cada novo trabalho, com traço que reivindica liberdade. São desenhos bem-humorados, normalmente feitos com tinta, que provocam adesão imediata das crianças.

Em formato vertical, capa dura, o livro premiado permite ainda que o leitor escreva nas páginas a narrativa que venha a inventar. Graças ao inteligente projeto gráfico, também assinado por ele, convida à ocupação da mancha branca nas páginas por aqueles que percebem o livro como interação. Uma obra em que os papéis do leitor e do autor se diluem e se imbricam de maneira curiosa.

**CONCEITO** – A categoria Ilustração de Livro Infantil ou Juvenil é meritória, mas não resolve o problema conceitual, que é o da ausência de percepção nas diretrizes do Jabuti do livro infantil como um todo em que texto verbal e texto visual se complementam. No Juvenil, essa mesma interação ainda não se faz dominante, embora tenda para esse caminho. Então, a ausência de nomeação dos ilustradores se torna um pouco menos grave.

O livro infantil hoje precisa das imagens tanto quanto das palavras. O mercado tem oferecido produtos em que esse andar de mãos dadas dos textos verbal e visual para o bom andamento e entendimento da narrativa se faz essencial. Premiar apenas o texto verbal é amputar um produto pensado por mais de um autor. Infelizmente, não conheço o título que ganhou o segundo lugar, *Da guerra dos mares e das areias: fábulas sobre as marés* (Quatro Cantos), de Pedro Veludo, mas, pelo o que vi na internet, as ilustrações de Murilo Silva parecem definidoras da qualidade do livro, mas tal característica não se reflete na premiação.

O terceiro lugar da categoria infantil nos remete de novo à questão confirmatória, ao ser dado a Ruth Rocha, autora das mais premiadas, pelo livro *Poemas que escolhi para as crianças* (Salamandra). O volume chama atenção para a força da ilustração e, paradoxalmente, também para o seu não reconhecimento. Nove ilustradores participam de sua feitura: Clara Gavillan, Claudio Martins, Lúcia Brandão, Madalena Elek, Maria Valentina, Raul Fernandes, Teresa Berlinck, Thais Beltrame e Thiago Lopes.

A coletânea reúne 99 poemas que percorrem arco autoral desde o Padre José de Anchieta, aos poetas românticos como Gonçalves Dias, incluindo o parnasiano Olavo Bilac e modernistas, a exemplo de Carlos Drummond de Andrade. E chega a contemporâneos reconhecidos, caso de Angélica Freitas e Fabrício Corsaleti. Os poemas não foram em sua origem endereçados às crianças, mas portam ludicidade e lirismo capazes de encantá-las. Cito "Forma", de José Lino Grünewald ("fora/ reforma/ disforma/ transforma/ conforma/ informa/ forma"), que comparece na companhia de colorido varal de bandeiras disforme no ar, autoria de Berlinck.

Também se torna coletânea de ilustração na medida em que cada um dos ilustradores se responsabilizou por uma das nove seções em que os poemas foram agrupados. Não sei se os ilustradores dialogaram entre si, mas percebo no livro uma conversa subjetiva entre eles. Com exceção das páginas elaboradas por Fernandes e Valentina, que têm como base matizes mais fortes de azul, os outros optaram por tons mais apaziguadores. Todos brincaram com o sentido do narrado.

**CRUZAMENTO** – A análise do livro provocou ainda questões extraliterárias, pertinentes ao modelo de organização do Jabuti. Um dos poetas selecionados por Ruth Rocha, com os poemas "Quando chove" e "Menina lendo", é o pernambucano radicado em São Paulo, Frederico

Barbosa. Trata-se do mesmo intelectual que integra desde 2012 o Conselho Curador do Jabuti. Creio que, para um prêmio tão importante e já tumultuado nas duas últimas edições por questões de avaliação, teria sido prudente que esse cruzamento não fosse estabelecido.

Em poucas linhas, comento ainda o resultado da categoria Juvenil. Ricardo Azevedo já ganhou vários e merecidos Jabutis, mas avalio que *Fragosas brenhas do mataréu* está mais para um livro de informação, pois ficcionaliza a história do Brasil. Creio que o título teria se encaixado melhor na categoria Didático e Paradidático, pois o título é considerado pela própria editora como pertencente a esse gênero.

*As gêmeas da família* (Globo), também de outra premiada no Jabuti, Stella Maris Rezende, padece de um problema de repetição. A cada personagem que se interessa pela vida das trigêmeas que vestem azul, verde e rosa – e eles são inúmeros –, quatro linhas de texto se repetem, na função de apresentar esse novo curioso. O recurso poderia ter sido eliminado. Outra repetição desnecessária é a indicação constante do período em que se passa a narrativa, como se o narrador desconfiasse da memória do leitor para situar o tempo da ação. Torna-se enfadonho.

*Uma escuridão bonita* (Pallas), de Ondjaki, com fortes e bonitas ilustrações em preto e branco de António Jorge Gonçalves, apresenta texto fluido e poético ao contar o enamoramento de dois jovens. A narrativa lembrou muito outra obra do escritor, *AvóDezanove e o segredo do soviético* (Companhia das Letras), que em 2010 ganhou o primeiro lugar no Jabuti, na mesma categoria. No Juvenil, o aspecto confirmatório do prêmio tornou-se mais forte que no Infantil. Com tudo isso, o Jabuti precisa rever seus conceitos e critérios.

21 de outubro de 2014

# MEC com receio de polêmica

Ao ler a portaria do Ministério da Educação (MEC) com a lista de obras selecionadas para o Pacto Nacional pela Alfabetização na Idade Certa (PNAIC) 2014, fiquei muito curiosa sobre as razões da inclusão de um artigo alertando o universo editorial que a Secretaria de Educação Básica cumprirá recomendações transitadas em julgado ou advindas do Conselho Nacional de Educação (CNE). Tal ressalva induz o leitor a pensar que poderá haver suspensão da compra ou distribuição de alguns dos cerca de 200 títulos escolhidos, que, relembro, só serão entregues aos estudantes, com atraso, no próximo ano.

Como decisões judiciais existem para serem cumpridas e recomendações do CNE são passíveis de serem questionadas na Justiça, presumo que o redundante artigo foi confeccionado com endereço certo: dois livros de Monteiro Lobato, *Histórias de Emília* e *As jabuticabas*, presentes na lista, publicados pela editora Globo. Conheço muitos dos exemplares escolhidos, reli a relação de títulos várias vezes na tentativa de localizar o porquê de o MEC ressaltar o óbvio, o fato de que decisões judiciais transitadas em julgado devem ser cumpridas. Relembrei que, em 2012, os livros *Caçadas de Pedrinho* e *Negrinha*, também de Lobato, correram o risco de ser censurados pelo ministério diante de recomendação do CNE, sob a acusação de preconceito racial, questão que foi parar no Supremo Tribunal Federal, onde ainda tramita.

Esse artigo da portaria parece ter sido produzido com o objetivo de enviar recado a segmentos da sociedade que questionam a adoção de livros do patrono da literatura infantil brasileira, talvez ao próprio CNE. Comportamento dos mais esquisitos, pois a seleção é oficializada pela Secretaria de Educação Básica (SEB); portanto, o MEC aprova o conteúdo dos livros indicados e, sendo parte do governo, deve cumprir qualquer decisão em caráter definitivo dado pela Justiça. O contrário seria desobediência civil. Como a portaria tem apenas quatro artigos e o maior deles é exatamente este, fica a sensação de que a SEB pretendeu se resguardar de eventuais polêmicas relativas à lista.

**TÍTULOS** – Se a lógica reiterativa do dispositivo parece surreal, indicar Lobato às novas gerações continua a ser importante para a formação de novos leitores. Parabenizo a escolha, juntamente com as outras feitas, pois se trata de uma criteriosa seleção de títulos, destinados aos alunos de primeiro, segundo e terceiro anos do ensino fundamental. Além de fazerem parte de nossa tradição literária, algo que não pode ser amputado, as criações de Lobato permanecem sendo narrativas de encantamento para sucessivas gerações.

As estórias com as peraltices de Emília, Narizinho e Pedrinho, somadas às sabedorias de Tia Nastácia e Dona Benta, entre tantos outras personagens lobatianas, continuam aptas a serem lidas em tempos atuais e mantêm o caráter lúdico, ao aguçarem a curiosidade do jovem leitor por inseri-lo em um mundo de fantasias, mais especificamente no caso daqueles entre os cinco e oito anos.

Há quem enxergue preconceito racial do escritor na abordagem dada a algumas personagens, em especial nas descrições de Nastácia, que era a cozinheira da casa. Somos produto do tempo que vivemos. Com Lobato não poderia ser diferente. Sua escrita reproduz aspectos da sociedade brasileira da época. Mas, como se trata de narrativa de ficção, quem fala no texto é o narrador que poderá não expressar as mesmas posições de Lobato. A maravilha do mundo ficcional reside na possibilidade de textos serem espaços abertos ao absurdo, à quebra de regras, onde reinam incoerências, ambivalências e contradições humanas. O que deve ser observado é a verossimilhança interna da narrativa e não a veracidade de fatos.

Nos Estados Unidos, o movimento negro também se posicionou contra um clássico da literatura, no caso *A cabana do Pai Tomás*, de Harriet Beecher Stowe. Lá inexiste um programa governamental e nacional de compra e distribuição de livros, como ocorre no Brasil, portanto, a adoção do livro não é unificada para escolas públicas, mas ele continua sendo publicado e lido em diferentes estados. O respeito à liberdade de expressão sobrepôs-se aos anseios afirmativos da população afrodescendente, que via na personagem central o estereótipo de negro submisso. A questão da personalidade do escritor *versus* a identidade do narrador está bem explicitada no livro norte-americano: a personagem central, objeto de críticas, foi criada por uma escritora, nascida no século XIX, corajosa defensora à época da igualdade entre negros e brancos.

**INTERPRETAR** – No Brasil, além da possibilidade de os paratextos contextualizarem a obra entregue aos alunos – por favor, no caso de Lobato, sem taxá-lo de preconceituoso e sem censurá-lo –, o país precisa investir cada vez mais na formação dos principais intermediários da leitura, os professores. São eles que incentivarão os estudantes a aprenderem a ler antes de tudo e, depois, a interpretarem o que leem. Este ano o MEC produziu guias de leitura de qualidade, destinados aos professores, a partir dos livros selecionados pelo Programa Nacional Biblioteca da Escola (PNBE).

Como a seleção do PNAIC demorou muito a ser divulgada, os guias referentes a cada uma das séries iniciais também estão atrasados. A questão agora é cobrar das autoridades que façam chegar os livros e os guias em tempo hábil a serem desfrutados pelos leitores-alvo e estudados por aqueles encarregados de montar os programas de leitura. Os guias terão o conteúdo produzido pela instituição encarregada de coordenar as ações pedagógicas do programa, no caso a Universidade Federal de Minas Gerais (UFMG), por meio do Centro de Alfabetização, Leitura e Escrita (Ceale).

Aliás, a mesma instituição de ensino superior foi novamente selecionada, dessa vez por meio de chamada pública, para coordenar as ações do PNBE, dessa vez na edição de 2015, conforme comentado no artigo anterior. Também foram anunciadas as instituições que responderão pela coordenação pedagógica do Programa Nacional do Livro Didático 2016. A Universidade Federal de Pernambuco (UFPE) cuidará de Letramento e Alfabetização em Literatura Portuguesa, além de Matemática e Alfabetização Matemática; Livro Regional ficará nas mãos da Universidade

Federal de Sergipe (UFS), que também se responsabilizará por Ciências Humanas e da Natureza; já Ciências será atribuição da Universidade Federal de São Carlos (UFSCar); Geografia ficará com a Universidade Federal de Santa Catarina (UFSC); e a área de Arte será coordenada pela Universidade Federal de Uberlândia (UFU).

Desejo sorte a todos, pois lidar com a morosidade e as indecisões do MEC significa grande desafio gerencial. Que o digam autores e editores que ainda esperam a seleção de livros do PNBE Indígena 2015, que teve sua primeira edição anunciada no começo do ano. Em abril, eles inscreveram obras sobre a temática indígena e de autores indígenas, destinadas a estudantes da pré-escola e dos anos iniciais do ensino fundamental, e também para professores do ensino médio.

Desconheço as obras inscritas, mas já li muitos livros produzidos nos últimos anos com a temática indígena (voltarei a analisar novos títulos em breve). Em tese de mestrado defendida na UFMG, a pesquisadora Amanda Machado Alves de Lima, pesquisou as especificidades desse tipo de produção, que se fundamenta em forte tradição oral. De acordo com ela, foram publicados no Brasil até 2012 mais de 500 livros de autoria indígena. Com a abertura do edital, acredito que esse número deverá crescer e, levando-se em conta a tradição de oralidade, muitos livros poderão apresentar interação com mídias audiovisuais. Conforme alertou um editor que prefere o anonimato, embora o edital tenha sido anunciado de surpresa, pode ser grande o número de obras inscritas.

A lista com os selecionados precisa ser divulgada logo, dé maneira a não atrasar a entrega desse material às escolas no próximo ano. A decisão de incluir um maior número de narrativas vinculadas ao universo simbólico dos povos indígenas na bibliografia escolar faz-se louvável diante da diversidade de culturas que habitam o país. Ainda assim, o atraso nas ações para concretizar o programa reflete, no mínimo, mais um descaso.

16 de dezembro de 2014

# Vetos ao imaginário

enso no que acontecerá à literatura infantil se o pensamento politicamente correto continuar a grassar no campo do imaginário e do maravilhoso. Aliás, reflito sobre o que ocorrerá até com a literatura de adultos se ideias de controle sobre a ficção infantil virarem norma. Semana passada, vários *sites* europeus divulgaram denúncia feita pela rádio BBC de que a prestigiosa Oxford University Press, importante editora vinculada à universidade de mesmo nome, orientou seus escritores a não utilizarem palavras ou desenhos que se refiram à palavra "porco" em livros para a garotada. O argumento é de que nos mundos muçulmano e judaico ela não é bem-vinda.

Como retirar das crianças a possibilidade de conhecerem a história de *Os três porquinhos*, por exemplo? A recomendação da Oxford funciona como censura prévia aos autores e, logicamente, um veto à divulgação pela casa editorial do que já está publicado e diz respeito ao animal. Trata-se de um absurdo que levou parlamentares ingleses conservadores e trabalhistas, além de líderes religiosos muçulmanos e judaicos, a questionarem a recomendação, pois o que essas religiões proíbem é que se coma a carne de porco. Censurar a palavra e os signos que a definem significa levar ao extremo o entendimento do preceito religioso. Na carta, escritores também são orientados a não falar ou escrever sobre termos afins, como "salsichas".

Considerada a maior editora universitária do mundo, a Oxford tem papel fundamental na divulgação de muitos estudos e conceitos que norteiam boa parte da humanidade – sete meses após a divulgação do livro de Charles Darwin, sobre a teoria da seleção natural, ela realizou um seminário fundamental para a divulgação de tais ideias, em 1860. Quando uma instituição desse porte rende-se ao exagero do politicamente correto, significa que um medo interno começa a tomar conta do mundo. Cercear o imaginário embute o risco de outras liberdades serem eliminadas.

O problema não reside na palavra "porco". Ela significa um animal, como tantos outros que existem. Qualquer vocábulo poderá vir a ser problemático dependendo do contexto em que for usado. Xingar alguém de porco poderá ser danoso, mas retratar um porco ou uma porca para narrar um mundo fabuloso ajudará a criança a incrementar seu universo simbólico. Mesmo adultos podem se encantar com porcos. "O meu porquinho-da-índia foi a minha primeira namorada", escreveu Manuel Bandeira em um dos seus mais singelos poemas. O artista Marcel Duchamp levou um bom tempo pesquisando materiais para cobrir o manequim da mulher de sua obra póstuma, *Étant donnés*, e chegou à pele de porco. Descobriu que ela era a mais próxima da humana, "rosa bombom", como escreveu à escultora Maria Martins, fascinado com a descoberta.

**ECONÔMICO** – Ainda que o motivo da censura editorial seja econômico, em nome da busca ávida de novos mercados, o sentido absurdo da medida se mantém. Segundo o *site* português Observador, após as reações, a editora divulgou a seguinte nota para justificar a recomendação: "Os nossos materiais são vendidos em quase 200 países e, como tal, sem comprometer de forma alguma o nosso compromisso, encorajamos alguns autores de materiais educativos a considerar de forma respeitosa as diferenças culturais e as sensibilidades".

A questão número um diz respeito a que a literatura não tem por função ser "educativa". Ela serve ao deleite e, secundariamente, poderá ter um papel educativo, a depender de orientações dadas ao lido. Insisto sempre: se a literatura, como a arte de modo geral, tem alguma função, reside na possibilidade de abertura a mundos, pensamentos e visões. Por isso, o imperativo da liberdade da escrita deve ser preservado. Seus criadores não podem partir de limitantes, sob o risco de comprometerem o resultado final, deixando-o asséptico, desmotivado e muito bem-comportado.

A segunda questão refere-se ao fato de que islamitas e judeus não consomem a carne de porco (deliciosa) por terem algo contra o animal em si, mas devido à forma pouco sanitária como os porcos eram criados à época da escrita dos livros sagrados das duas religiões. Como dogmas religiosos demoram a ser mudados – o cristianismo, por exemplo, já não vê problema em se comer uma leitoazinha, um torresminho –, a proibição permanece atualizada por leituras ortodoxas, que temem ser questionadas por outras visões de mundo.

Se a recomendação da Oxford se alastrar, o mundo da literatura infantil inevitavelmente ficará mais pobre – e provavelmente bem mais chato. Na Tanzânia, por exemplo, onde a girafa é reverenciada como símbolo nacional, com uma exigência dessas, será impossível ler um livro como *Girafas não sabem dançar* (Companhia das Letrinhas), com textos de Giles Andreae e ilustrações de Guy Parker-Rees. Nele, o girafão Gê aprende a dançar – qualquer dia, dançar será algo proibido pelas leituras religiosas – e baila livremente com muitos companheiros de selva.

**ELEFANTE** – Em outros países africanos – a África pode ser o próximo mercado global a ser explorado com esse viés limitador – o elefante recebe muita consideração. Nas lendas, é o verdadeiro rei da floresta, pois o leão só conseguiu o posto por meio de trapaças. Há povos que ainda se regem por relatos míticos e lendas. Já imaginou o que ocorrerá se uma interpretação qualquer desse universo concluir que nada relativo a esse gigante maravilhoso poderá ser escrito para crianças? Seria impossível oferecer a elas obras como *O elefante entalado* (Ficções), de Alonso Alvarez, ilustrações de Fê. A hilária e absurda narrativa centra-se no elefante indiano que vai parar no alto de um prédio e o garoto Luis busca ajuda junto aos vizinhos, dos mais variados perfis da fauna humana, para liberá-lo.

Outra hipótese: se os editores e economistas de Oxford levarem ao pé da letra a santificação que indianos devotam às vacas, elas deixarão de ser retratadas naquele país. Um livro como *Vaca Mimosa e a mosca Zenilda* (Ática), de Sylvia Orthof, ilustrado por Gê Orthof, perderia de antemão qualquer possibilidade de ser traduzido. Sacrilégio imenso seria se a vaca Mimosa não pudesse mais balançar seu rabo no ritmo do texto para fugir do zum-zum perturbador de Zenilda, tudo por causa de censores.

**CONSUMO** – Às vezes, assisto aos desenhos de Peppa, sem ter uma criança como desculpa para o feito. A porquinha tem aura e discurso de feminista, embora seja toda rosa, a cor clichê das princesas, estereótipo que considero bastante criticável em personagens infantojuvenis – nisso a Miss Piggy, dos *Muppet babies*, aparece mais ousada. Outro dia escutei de meu sobrinho João Pedro Perosa, psicólogo e pai de três garotas, que o desenho da Peppa faz *bullying* com a figura masculina, pois o pai está retratado como trapalhão e preguiçoso e o irmão é monotemático e chorão. Nada disso, contudo, se torna motivo para impedir sua veiculação. Afinal, são representações ficcionais. O preocupante pode ser o excesso de consumo de objetos em torno de Peppa, pois esse é real.

Uma literatura infantil empobrecida terá influências sobre a literatura para adultos. Autores desta última quase sempre tiveram acesso a livros na infância ou viveram sob rico imaginário. Se crescerem lendo textos cerceados, vivendo sem fantasias e simbolizações, diminuirão as chances de escreverem com libertária inventividade. Para finalizar, recorro a Bartolomeu Campos de Queirós, em *Sobre ler, escrever e outros diálogos* (Autêntica). "Todo ato criador é cheio de infância", disse ele. E completou explicando que os elementos presentes no ato criador são os mesmos que inauguram a infância: "a liberdade, a espontaneidade, a fantasia e a inventividade". Com a censura antecipada, nenhum desses elementos fundadores da literatura sobrevive e, por consequência, ela também não.

27 de janeiro de 2015

# Leituras virtuais

Tornou-se comum ver crianças muito pequenas, de diferentes estratos sociais, manipulando telas de celulares e *tablets*. Ao ver a cena, quase sempre me pergunto se o produto acessado está compatível com a idade e o desenvolvimento delas. Mais do que o livro impresso, produto de uma indústria editorial muito testada, os aplicativos de leitura usados nas diferentes plataformas precisam ser bem analisados pelas famílias antes de serem liberados para os pequenos.

Longe de ser censura, o cuidado da adequação é apenas forma de conciliar a criança e o seu repertório a esse novo tipo de produto. Funciona da mesma maneira com que buscamos compatibilizar a leitura de um livro impresso ao perfil da criança. A outra questão diz respeito ao tempo dedicado por meninas e meninos a esses aplicativos, de olho para que a vida diante das telas não prejudique a interação com pessoas, o acolhimento afetivo, e jamais impeça a descoberta de outros saberes e o contato com modos de expressão diferentes.

A produção de aplicativos de leitura no Brasil ainda se mostra incipiente. A maior parte dos *apps*, como são popularmente chamados, consumidos no país tem assinatura de empresas estrangeiras. Sinal de conservadorismo do mercado editorial nacional, conforme me alertou há algum tempo Renata Frade, da Punch Comunicação & Tecnologia, empresa que desenvolve livros digitais e também aplicativos. "Os editores não acreditam nesse formato", disse-me.

A resistência ainda presente nas editoras brasileiras talvez se deva a dois fatores: a ausência de equipes internas preparadas para desenvolver *softwares* específicos para esse meio e o fato de os grandes editais de compras governamentais, motor de incentivo à indústria editorial no segmento infantojuvenil, privilegiar o livro impresso. Mas, com a expansão da convergência tecnológica, que familiariza cada vez mais as pessoas com os produtos transmídias, será inevitável o crescimento desse nicho no mercado.

**PREÇO** – Para ser bem feito, um aplicativo de leitura exige a formação de um time que inclui o grupo tradicional de profissionais do mundo editorial – autores, editores, tradutores, ilustradores e *designers* gráficos –, somado a compositores, locutores, programadores de jogos. Dona de uma empresa que desenvolve livros infantis interativos na Alemanha, a escritora Anna Burck defende que os bons aplicativos de leitura têm *design* sofisticado e raramente são gratuitos.

"Os produtos que merecem esse título oferecem um projeto gráfico elaborado e uma história que pode ser vivenciada em várias dimensões, através da interação física e de funções como *voice over*, efeitos de som, música, ilustrações animadas e jogos", explica ela em artigo publicado ano passado, que pode ser acessado no *site* do Instituto Goethe.

Dos aplicativos que conheço, gosto daqueles que provocam a criatividade das crianças e exigem esforço de imaginação. Aliás, mesmo em produtos de leitura impressos, considero um erro facilitar demais a vida do leitor, entregando-lhe todos os mistérios que qualquer boa narrativa comporta. Aprecio também aqueles que não deixam a história excessivamente aberta e os que evitam superlotar a tela com exigência de usar muitas funções. No primeiro caso, por se tratar de narrativa em um meio que soma muitas interações, se a história em si ficar muito solta, a criança ficará confusa e poderá não apreendê-la. No segundo caso, se a aliança som+imagem+texto+movimento for excessiva, a criança perderá muito tempo com a tactibilidade e também poderá perder a concentração em torno do narrado e ficar só na manipulação.

Pode ser que meu nível de exigência se deva ao fato de que sou migrante no mundo virtual, representante de uma geração que transitou do analógico para o digital com dificuldades e resistências. Mas entendo que um aplicativo de leitura não é um jogo, embora às vezes use recursos dos *games,* e, sendo assim, se a criança ficar manipulando excessivamente a tela, ela perderá o fio e o sabor da narrativa.

No cuidado que pais devem ter com os aplicativos, chamo atenção para outras questões. Uma criança não pode ser impelida a dar dados pessoais e incluir sua fotografia na narrativa, se o aplicativo estiver conectado à internet, embora seja importante ressaltar que a maioria deles dispensa essa ligação. A face perigosa da humanidade pode fazer uso indevido de tais informações. Por característica pessoal, também resisto a aplicativos que possam induzir ao consumo de determinados produtos, ao fazer publicidade de empresas nas imagens.

**POLÍTICA DE ESTADO** – A produção de aplicativos de leitura para serem usados em escolas poderá ser uma das alternativas brasileiras para diminuir nossos déficits de aprendizagem. No Ministério da Educação, está sendo discutida a criação de uma política de conteúdos digitais a serem usados nas escolas. A ideia é que as universidades públicas sejam incentivadas a criar conteúdos digitais para todas as disciplinas. Essas discussões, que já estavam em ocorrendo no ano passado, devem ganhar incentivo com a nomeação do professor Manuel Palácios para a Secretaria de Educação Básica, visto ser ele engenheiro de telecomunicações, com doutorado em Ciências Sociais, e autor de pesquisas sobre educação.

Na África, os aplicativos de leitura fazem parte de experiência bem-sucedida visando ao aumento do número de crianças leitoras, conduzida pela organização norte-americana Worldreader. A entidade distribuiu um leitor eletrônico e um *app* em escolas de países subsaarianos, que permitem o acesso a diferentes tipos de narrativas. A experiência ancora-se em dois dados da realidade: mesmo com toda a dificuldade econômica do continente, é grande o número de habitantes detentores de celulares e há forte tendência de ampliação da cobertura móvel.

São oferecidos livros digitais que abrangem desde relatos destinados a crianças muito pequenas até clássicos da literatura ocidental, como os textos de William Shakespeare, incluindo autores africanos, a exemplo de Kari Dako. A entidade sem fins lucrativos tem como parceiros a Unesco, a Microsoft e o grupo editorial Penguin Random House e já teria contabilizado mais de 1,7 milhões de livros digitais lidos nesses países, que recebem também suporte técnico e pedagógico.

Com uma das maiores relações no número de celulares por habitantes do mundo e cobertura móvel que alcança todo o território nacional, o Brasil tem condições tecnológicas para também implantar programas de leitura via aplicativos. A questão reside, contudo, em saber quando teremos uma política de leitura, e não de distribuição de livros ou *apps*, capaz de estimular nas crianças e nos adolescentes o prazer da leitura.

17 de fevereiro de 2015

# Novidades em Bolonha

A Feira do Livro de Bolonha atualiza-se e reforça este ano as discussões sobre os conteúdos em formato digital. A mais importante praça de negócios do segmento infantojuvenil, que se realizará de 30 de março a 2 de abril na cidade italiana, fortalecerá a área de exposição destinada a apresentar as últimas transformações ocorridas na indústria do livro. Tudo consequência das novas tecnologias e da convergência digital, que resultaram no desenvolvimento de aplicativos de leitura e na criação de narrativas interativas manipuladas nas telas.

A aproximação de Bolonha ao digital tem sido gradual, mas nos últimos anos passou a ser incrementada. Diante do cenário tecnológico que se potencializa e constantemente apresenta novidades, a organização da feira instituiu há quatro anos o Bologna Ragazzi Digital Award. Antes havia apenas o prêmio para os melhores livros publicados em papel, nas categorias ficção, não ficção, estreantes e novos horizontes, ficando todas sob o guarda-chuva chamado Bologna Ragazzi Award. Com um prêmio específico para o digital, a feira tem como intenção ajudar a identificar e promover soluções inovadoras, de qualidade e atraentes para os jovens leitores.

A importância atribuída ao prêmio pode ser percebida por alguns motivos. Além de receber um nome próprio, nele são analisadas obras tanto de ficção como de não ficção, o que o torna mais amplo que uma simples categoria. O prêmio digital conta com a cooperação da revista *on-line* norte-americana *Children's Technology Review*, reconhecida como importante referência nos estudos dedicados a analisar produtos comerciais destinados a crianças, que se valem das muitas interfaces tecnológicas oferecidas na contemporaneidade.

No ar desde o começo da década de 1990, a *CTR*, como se tornou conhecida, publica resenhas e estudos de produtos de mídia digital destinado ao público entre 0 e 15 anos, quase sempre assinados por um educador, o que pode ser verificado em seu site http://childrenstech.com/. Vista nos estudos de comunicação como uma organização com rigorosos e independentes critérios de arrecadação de fundos, sua parceria com a Feira de Bolonha merece ser comemorada. Sinal de que os critérios de avaliação dos produtos de mídia interativa do prêmio serão definidos por gente com muito conhecimento na área.

Outro aspecto do prêmio ao digital dado por Bolonha reside em sua ampla abertura em termos técnicos, pois são aceitos trabalhos feitos por editores e desenvolvedores em qualquer linguagem ou plataforma de aplicativos. Bastam ser destinados a crianças e adolescentes entre 2 e 15 anos. Posso estar incorrendo em grave erro de perspectiva, mas projeto que a tendência é que o Ragazzi Digital se torne aos poucos tão poderoso quanto aquele que engloba os prêmios dados a obras em papel. Ele começou timidamente e, no ano passado, recebeu 258 inscrições de 176 editoras, oriundas de 37 países.

Na edição passada, a feira fez parceria com a Apple, que passou a destacar em sua loja *on-line*, a AppStore, alguns dos vencedores do Bologna Ragazzi Digital. Entre eles, os ganhadores daquela edição, nas categorias ficção, *Midnight Feast*, de Slap Happy Larry, e não ficção, *Pierre et leloup*, linda e longa adaptação do clássico de Serguei Prokofiev, realizada pela France Televisions. No momento, o Digital Award 2015 é o único dos prêmios desta edição cujos ganhadores ainda não foram anunciados pela organização da feira.

No que se refere aos prêmios destinados a livros em papel, na categoria ficção, o vencedor foi *Flashlight*, de Lizi Boyd, publicado pela norte-americana Chronicle Books. Em não ficção, *Avante après*, com texto de Anne-Margot Ramstein e ilustrações de Matthias Aregui, foi o ganhador. Livro só de imagens, com a assinatura da sofisticada editora francesa Albin Michel Jeunesse, ele apresenta a passagem do tempo por meios de mudanças de cenários.

Dos ganhadores, conheço apenas *Abecedário – abrir, bailar, comer y otras palabras importantes*, escolhido na categoria Novos Horizontes, destinada a editores de países emergentes. Lançado pela Pequeño Editor, de Buenos Aires, assinado igualitariamente por Ruth Kaufman e Raquel Franco, vejo-o como um produto bem construído em termos pedagógicos e, ao mesmo tempo, divertido. Seu diferencial está na opção por apresentar o vocabulário à criança a partir de verbos, no lugar de substantivos, como tem sido frequente em obras desse tipo.

Na categoria estreantes, foi premiado o livro informativo *Lá fora*, da Planeta Tangerina, escrito pelas biólogas Maria Ana Peixe e Inês Teixeira do Rosário, com ilustrações de Bernardo P. Carvalho. Segundo o júri, a beleza do livro sobre a fauna e a flora de Portugal reside no contraste entre o formato tradicional de um "guia" e as explicações científicas claras e precisas, acompanhadas de lúdicas e líricas ilustrações.

Este ano, pelos anúncios feitos até o momento, o Brasil também não recebeu menção honrosa em quaisquer das categorias do Bologna Award. Mas, é bom lembrar, ainda falta o anúncio de outro prêmio, o de melhor editor de livros para crianças, que no ano passado foi dado à brasileira Cosac Naify. Se, na edição anterior, a visibilidade nacional na feira foi grande, por sermos o país homenageado e, durante o evento, Roger Mello ter sido anunciado como ganhador do Hans Christian Andersen de ilustração, este ano a participação do Brasil também está para além dos estandes graças ao talento desse ilustrador. Ele assina a capa do catálogo anual de ilustradores e exibirá ali 24 dos seus trabalhos. Nenhum outro brasileiro participará do catálogo, que contará com 76 ilustradores selecionados.

Esta edição da Feira de Bolonha, que tem a Croácia como país homenageado, prestará ainda homenagem aos 150 anos da icônica personagem Alice. Exposição bibliográfica em torno da obra *Alice no País das Maravilhas*, de Lewis Carroll, exibirá suas melhores edições em diferentes idiomas. Simultaneamente, será divulgada uma análise dos vencedores do Bologna Ragazzi Award nestes 50 anos de sua existência. A cargo da Universidade de Bolonha, o estudo levará a assinatura do Centro de Pesquisas em Literatura Infantil e trará também uma avaliação da evolução do livro infantil ao longo desse período. Com essas ferramentas, a feira mais importante do mundo dedicada ao livro infantojuvenil revisitará seu passado organizada para atender demandas das novas formas de leitura.

24 de fevereiro de 2015

# Mudança de perfil

inda que os números não sejam extraordinários, o Brasil, aos poucos, deixa sua posição de país importador de livros infantis e começa a exibir o perfil de exportador de narrativas para crianças e adolescentes. O país espera fechar negócios imediatos na ordem de US$ 120 mil entre a venda de direitos autorais e a de livros impressos infantojuvenis na próxima Feira de Bolonha, a ser realizada no final do mês. E cerca de US$ 280 mil deverão ser contabilizados em contratos feitos nos 12 meses seguintes ao evento.

As projeções são da Agência Brasileira de Promoção de Exportações e Investimentos (ApexBrasil), que informa ainda a participação como expositoras de 23 casas editoriais brasileiras, todas participantes do projeto Brazilian Publishers (BP), realizado em conjunto com a Câmara Brasileira do Livro (CBL). O segmento destinado a crianças e jovens "ganha cada vez mais visibilidade e força internacional", de acordo com Frederico Miranda e Silva, gestor do projeto na Apex.

São números próximos dos obtidos no ano passado, quando o Brasil foi o país homenageado na feira e obteve grande visibilidade. Isso significa que o país começa a se fazer competitivo em um mercado tradicionalmente agressivo. Além dos líderes de venda, que há anos dominam o cenário – Estados Unidos, França, Inglaterra e Alemanha –, os editores brasileiros precisam enfrentar a concorrência de outros atores que têm se apresentado com força nos últimos anos: México, Colômbia, Canadá, Portugal, Argentina e Coreia do Sul.

Segundo a CBL, o trabalho de levantamento de mercados prioritários do BP identificou os países nos quais o Brasil tem mais possibilidades de ter seus livros comprados no chamado segmento CYA (*children young adult*). Assim, as estratégias de venda deste ano estarão centradas nos Estados Unidos, Alemanha, México, Colômbia, Chile e França. "O trabalho do BP tem promovido a bibliodiversidade do nosso mercado", explicou Karina Pansa ao *blog*, por e-mail, no dia em que terminava seu mandato à frente da CLB, que passará a ser dirigida por Luís Antonio Torelli.

**MATURIDADE** – Além da maioria das editoras nacionais dedicadas ao segmento infantojuvenil produzir conteúdo adequado para o mercado internacional, conforme atesta pesquisa elaborada pela Universidade Federal do Rio Grande do Sul (UFRS), contratada pelo projeto BP, elas podem se valer de bolsa para tradução subsidiada pela Fundação Biblioteca Nacional. O selo da bolsa de tradução tem sido diferencial importante na realização dos negócios, explicou Frederico Silva. A pesquisa demonstrou ainda que as editoras dedicadas ao infantojuvenil representam uma das categorias mais "maduras" para a realização de negócios relacionados ao mundo das publicações.

Considerado um dos pilares da produção editorial nacional, o segmento infantojuvenil no Brasil se fortaleceu nos últimos anos, principalmente graças ao grande volume de compras gerado pelos diversos programas institucionais, federais, estaduais e municipais. A estratégia de visar aos mercados internacionais – com a melhoria da produção, revelação de novos talentos e melhor posicionamento dos negócios – se reveste de grande importância, na medida em que poderá possibilitar maior independência das editoras brasileiras com relação a compras governamentais.

A disputa acirrada com outros países emergentes no mercado, as dificuldades internas de venda, a pouca afeição do brasileiro à leitura, a competição do papel com as novas formas de veiculação das narrativas, tudo torna fundamental ter uma boa participação em Bolonha. O problema é que este ano, além de disputar espaço com os outros quase 1.200 expositores previstos, o Brasil compete com ele mesmo na feira. Afinal, ano passado ganhou muito destaque como homenageado e viveu momentos gloriosos com a concessão do Hans Christian Andersen para Roger Mello. O anúncio de sua escolha voltou os olhos para uma parte de nossa produção ainda pouco valorizada, a ilustração, e vários dos livros dele foram negociados, inclusive, para a China.

**CANDIDATURAS** – Neste ano, a Fundação Nacional do Livro Infantil e Juvenil (FNLIJ), seção brasileira do Internacional Board on Books for Young People, indicou para o Hans Christian Andersen 2016 a escritora Marina Colasanti e a ilustradora Ciça Fittipaldi. A torcida para que tragam o prêmio para o país é grande, pois ambas têm importante trabalho no cenário da literatura infantojuvenil do Brasil. Além disso, mais um Andersen fortaleceria a literatura e os negócios em torno do livro destinado a crianças e jovens.

Desde que lançou seu primeiro livro no segmento, *Uma ideia toda azul*, no final da década de 1970, retomando o mote dos contos de encantamento, Marina já ganhou alguns dos mais importantes prêmios nacionais. Poeta e tradutora, muitas vezes ela também assina a ilustração de seus livros, como ocorreu no mais recente lançamento, *23 histórias de um viajante* (Global), destinado ao juvenil, em que um homem conta histórias a um monarca. No uso da estratégia narrativa do conto em moldura – um conto contém os outros e a narrativa pode ser lida como sendo várias ou uma única –, ela recupera o caminho traçado por obras como *As mil e uma noites*, fazendo questão de se filiar a uma tradição de narradores que preza a elegância da linguagem. Se escolhida, trará o terceiro Andersen de escritores, figurando ao lado de Lygia Bojunga (1982) e Ana Maria Machado (2000), e colocando-nos em segundo lugar na lista dos mais premiados, atrás dos Estados Unidos (quatro) e empatados com o Reino Unido.

Ciça faz parte do time dos mais prestigiados no cenário da ilustração nacional. Ganhou seu primeiro prêmio nacional em 1985 e 10 anos depois foi indicada pelo Brasil para o Andersen, edição 1996, que terminou destinado ao alemão Klaus Ensikat. Pioneira em evocar o repertório artístico dos povos indígenas, ela apresenta economia nos traços, que apreendeu com a arte dos Yanomami, aliada ao uso exuberante da cor. Dos seus livros mais conhecidos, um dos mais marcantes é *A árvore do mundo e os outros feitos de Macunaíma: mito-herói dos índios Makuxi, Wapixana e Taulipang* (Melhoramentos), em que conta às crianças a versão indígena para aquele que se tornou um anti-herói nas páginas do modernista Mário de Andrade.

Dos recentes, um dos seus desenhos mais cativantes está em *Bibliotecas do mundo* (Casa da Palavra), texto de Adriana Chindler. Espécie de coletânea de ilustradores (ela é, elogiosamente, adepta de trabalhos coletivos), o livro apresenta sete bibliotecas de diferentes épocas e lugares – muito bom para ser lido nestes tempos em que bibliotecas são destruídas por vândalos intolerantes, como ocorreu em Mossul. Cada capítulo ganhou o olhar de um ilustrador diferente, ficando Ciça com a representação da Biblioteca- -Parque da Rocinha, no Rio de Janeiro.

**CHANCES** – Mesmo donas de perfis tão bem construídos ao longo de suas carreiras, as chances das duas autoras diminuem, com o fato de o país ter sido agraciado no ano passado. Na história do Hans, que começou a ser entregue em 1956, apenas uma única vez o mesmo país foi premiado em duas edições consecutivas. Exceção que se deu em 2000 e 2002 quando foram agraciados dois dos mais importantes ilustradores do Reino Unido, Anthony Browne – autor do delicioso e intertextual *Na floresta* (Pequena Zahar) – e Quentin Blake, por quem terminei de me apaixonar ao ler (vendo) o livro só de imagens *O palhaço* (Ática), lançado por ele em meados da década de 1990.

Se uma postulação ao Hans constrói-se pela qualidade e inovação da produção de determinados escritores e ilustradores, a indicação em si é costurada, no plano nacional, ao longo do ano anterior à inscrição e, internacionalmente, no ano que antecede ao anúncio. Além de comprar e vender livros em Bolonha, este ano, a FNLIJ e os editores que possuem obras de Colasanti e Ciça terão que trabalhar intensamente para ajudá-las a conquistar o prêmio, a ser anunciado na abertura da feira de 2016[10]. Boa sorte!

*3 de março de 2015*

---

10 Os ganhadores do prêmio em 2016 foram Cao Wenxuan, da China, na categoria autor, e Rotraut Susanne Berner, da Alemanha, na de ilustrador.

# A equação do ministro

Considero o novo ministro da Educação, Renato Janine Ribeiro, um sujeito corajoso, pois o desafio a que se propôs supera em muito a soma de *Os doze trabalhos de Hércules*, narrativa inspiradora para crianças e jovens. Mais do que aceitar ser responsável por uma pasta vital para o país, ele terá a atribuição de tornar concreto o lema "Pátria educadora", vitrine do segundo mandato de Dilma Rousseff, em momento de contenção orçamentária e imensas dificuldades políticas.

Para além do sufoco econômico, o mais grave problema a ser enfrentado pelo Brasil e, consequentemente, pelo novo ministro reside na baixa qualificação do ensino básico. Em razão dessa deficiência, ocupamos no último Programa Internacional de Avaliação de Estudantes (Pisa 2012), o 55º lugar em leitura – e posições ainda mais inferiores em matemática (58º) e ciências (59º). Sabemos ser a leitura essencial para qualquer cidadão. Assim como para todos os países, por permitir o acesso ao desenvolvimento.

Realizado a cada três anos, o exame será aplicado novamente aos estudantes brasileiros no próximo mês, com o foco em ciências, e terá a inclusão de novas categorias a serem avaliadas: competência técnica e resolução cooperativa de problemas. Aproximadamente 33 mil alunos nascidos em 1999, portanto na faixa dos 15 anos, todos cursando a partir do sétimo ano do ensino fundamental, se submeterão às provas. Dessa vez, elas serão feitas somente por meio de computador, em 965 escolas de todo o país.

**RECUO** – Logicamente, o novo ministro não será cobrado pelos resultados advindos da próxima avaliação. Mas será ele quem terá de estabelecer o discurso a ser transmitido à sociedade caso haja mudança negativa nos índices, como ocorreu com a avaliação da capacidade de ler, que em 2009 se apresentava um pouco melhor do que em 2012. O recuo demonstrou ser preciso investir mais no ensino da leitura, habilidade que tem mais chances de ser adquirida quando incentivada nos primeiros anos de vida.

Oriundo do ensino superior, acadêmico respeitado, Janine não tem intimidade com o ensino básico, cujo melhor desempenho estará diretamente ligado ao aumento salarial, melhorias das condições de trabalho e incremento à formação e à atualização dos professores. Tudo isso implica mais verbas e, mesmo com a presidente Dilma tendo garantido na posse do ministro que os recursos para educação estão assegurados, a equação não fecha. Parte da verba federal direcionada à área provém do fundo propiciado pelo pré-sal e, como o preço do petróleo no mercado internacional tem baixado, o volume a ser repassado também sofrerá reduções.

Embora a pessoa responsável pela Secretaria de Educação Básica do MEC devesse ocupar o cargo mais importante do segundo escalão da Esplanada dos Ministérios, o órgão nunca foi priorizado e continua não sendo no atual governo. Se fosse valorizado, seguiríamos exemplos como os da Coreia e da China, que, ao investir prioritariamente no ensino básico, mudaram o nível de desenvolvimento nacional. Poderíamos assim nos tornar uma sociedade com melhores índices de educação.

Só para explicar o porquê de não repetir o slogan governamental, explico que evito o uso da palavra pátria, por ela evocar patriarcado e paternalismo e, em última instância, remeter à apropriação autoritária da expressão "pátria amada", feita pelos militares à época da ditadura. E informo que Janine, às vésperas da posse, em entrevista à *Folha de S.Paulo*, buscou requalificar o vocábulo dizendo ser pátria a casa de todos, moradia comum, em referência à etimologia latina. Mas, em inúmeros de seus artigos, lidos para a compreensão de seu perfil, não encontrei o uso do termo, sinal de que até a chegada ao governo ele também o evitava.

**COMPROMISSOS** – De volta à contabilidade deficitária que atormentará o ministro, lembro aos leitores que a União previa a destinação ao MEC de cerca de R$ 100 bilhões em 2015 – depois foi anunciado o corte de R$ 7 bilhões. A metade do orçamento está comprometida com o pagamento de aposentados e a manutenção da máquina burocrática. Os demais 50% são aplicados em programas, sendo que cerca de R$ 15 bilhões destinam-se ao pagamento da complementação dos salários dos professores da educação básica. Profissionais que, há cinco anos, recebem no mínimo o equivalente a R$ 1,5 mil por mês, com o MEC completando os valores que municípios e estados não conseguem pagar.

A educação básica é de responsabilidade de estados e municípios, mas um governo federal identificado por slogan referente à educação terá que assumir muitos outros compromissos, como o da complementação de recursos necessários para conseguir torná-lo efetivo. Um dos compromissos, assumido pelo ministro em sua posse, é o da implantação de creches para atender a grande massa de crianças cujos pais não têm condições de matriculá-las em instituições privadas. Só não explicitou de onde sairá a verba a ser destinada a essa que é ação fundamental para termos uma infância e uma juventude menos ameaçadas, melhor educadas e mais leitoras.

Por mais técnica que venha a ser a gestão de Janine, a questão contábil exigirá muito dele e de sua equipe. O Fundo de Financiamento Estudantil (Fies) cresceu mais que o esperado, mostrando falta de planejamento do governo ou esperteza das faculdades e universidades privadas em aceitar todo e qualquer estudante, mesmo que este não estivesse apto a enfrentar o curso superior. Nessa forma indireta de privatização do ensino de terceiro grau, em 2010, o Fies tinha cerca de 300 mil alunos e financiava um total de R$ 1,2 bilhão ao ano. Em 2014, subiu para 1,9 milhão de beneficiados e o financiamento chegou a R$ 13 bilhões no ano. Recursos oriundos do Tesouro Nacional, mas que se relacionam ao investimento em educação.

Diante desse contingente, o governo criou novas regras que tornam mais rigorosos novos acessos ao crédito e, diante dos atrasos nas renovações, passou a publicar comerciais na televisão garantindo que serão atendidos todos os estudantes cadastrados até 2014. Criou, inclusive, um adendo ao slogan para explicar que é o acesso à educação que tornará efetivos os dizeres do lema governamental. Na outra ponta, no Programa Nacional de Acesso ao Ensino Técnico e Emprego (Pronatec), que atende cerca de seis milhões de trabalhadores em qualificação profissional e deverá chegar ao total de 8 milhões de beneficiados ao custo de R$ 14 bilhões, está, desde novembro, com repasses atrasados e muitos cursos adiaram o início de suas atividades em 2015.

**MENOSPREZO** – Caso os dois programas-vitrine sejam normalizados, como garante o governo e quer a sociedade, eles continuarão a absorver grande parte dos recursos do governo federal destinados à educação. O risco de continuar faltando verba para o ensino básico se faz grande. Dessa maneira, quatro editais de compras de livros destinados ao Programa Nacional Biblioteca da Escola (PNBE), no valor de R$ 261 milhões, que já deveriam estar sendo executados, tendem a sofrer longo atraso. Mas, como alegam fontes do próprio MEC, como se trata de livros não didáticos, não há prazo para serem entregues às escolas. Deduz-se que há menosprezo ao exercício da leitura, essencial para o aprendizado das demais disciplinas e interpretação da vida.

Com muito esforço e ao longo de anos, o Brasil conseguiu formular uma política do livro por meio de diversos programas de distribuição de obras de qualidade à escola pública. Programas nem sempre relacionados entre si, mas fundamentais para dar melhor formação a crianças e jovens. Após anos de investimento regular e efetivo, escolas, professores e editores estão receosos de que os atrasos se tornem crônicos. Assim, outro desafio de Janine será garantir verbas para dar conta de normalizar essas ações e evitar perdas no aprendizado dos estudantes.

Não sei se a sugestão agradará ao ministro, mas escutei de um executivo de multinacional a seguinte ideia sobre um caminho para obter mais verbas e assim tentar equalizar a contabilidade: ele poderia negociar com o Congresso Nacional para que parte da verba obtida pelos estados e municípios com a redução do valor de suas dívidas, fruto da diminuição da taxa de juros – que está em processo de regulamentação –, seja aplicada em projetos nacionais de educação básica. Que Janine, o intelectual participante, demonstre ser exímio gestor e hábil articulador, capaz, como outra personagem referencial da literatura, Ulisses, de sobreviver ao mar agitado, no seu caso, dos ajustes da economia.

7 de abril de 2015

# Contradição danosa

lfabetização, leitura e maioridade penal são temas interligados, mas parece que boa parte do país anda esquecida de tal vínculo. Assisti, sem querer, a um programa de partido político que inseria filme sobre a história ficcional de um menino envolvido no mundo do crime. No final da narrativa, o enfático locutor perguntava ao telespectador o que ele achava da redução da maioridade penal. Não vi cenas de incentivo ao esporte, à leitura, idas a bibliotecas ou experiências bem-sucedidas de educação. Destacou-se apenas o horror. Comecei a pensar que, quando uma sociedade desenvolve discurso negativo sobre a infância e a adolescência, o futuro tende a ser tenebroso.

A discussão no Congresso Nacional da proposta de redução da maioridade penal para 16 anos ocorre pouco mais de um ano após a aprovação do Plano Nacional de Educação, que estabeleceu como meta que as crianças do país estejam alfabetizadas até o terceiro ano do ensino básico. Ou seja, por volta dos oito anos de idade, todos os brasileiros deverão saber ler e escrever, atos essenciais para exercício da cidadania. Se a legislação penal for modificada, será de menos de uma década a distância temporal entre a inscrição no mundo da leitura e a possibilidade de ingresso no sistema presidiário adulto.

Pactuada a idade-limite de oito anos para plena alfabetização, deveríamos levar em conta que a formação do ensino básico transcorrerá por mais seis calendários escolares, até se completar no nono ano, com os estudantes tendo em média 14/15 anos. Isso se não ocorrerem imprevistos de efeito retardatário, como a repetição de ano e a evasão escolar, incidentes mais comuns em escolas públicas do que nas particulares. Quer dizer, o

Estado poderá não ter cumprido o seu dever básico, mas já estará cobrando o máximo punitivo.

**CONTRADIÇÃO** – Como sabemos que a maioria da população seguirá esse cronograma de alfabetização, em especial alunos de escolas públicas, os legisladores, caso venham a aprovar a redução penal, submeterão à sociedade uma contradição cultural danosa: infantilizaremos a infância por mais tempo e, apenas oito anos depois, tornaremos esse contingente adulto apto a ser tratado em penitenciárias como gente grande que comete infrações. O pior, na maior parte das vezes, sem ter dado a essas garotas e a esses garotos educação básica de qualidade, capaz de torná-los leitores – dos livros, das normas, enfim, da convivência social.

Por favor, a quem me lê, relembro que não atribuo à leitura a tarefa de salvar mundos ou dignificar pessoas. Só defendo o óbvio: aqueles que recebem educação de qualidade reduzem as chances de serem abduzidos pelo crime. Quanto mais tempo estiverem em sala de aula e quanto mais a escola se tornar local de estímulo e desafio com a oferta de instrumentos de compreensão do mundo, haverá menos risco para a infância. Isso não significa que crianças e jovens, de qualquer classe social, deixarão de se envolver em situações de risco ou estarão isentos de infringir leis e regras, pois transgredir pertence ao humano.

Mas, provavelmente, seria menor a quota de 32 mil adolescentes entre 16 e 17 anos que ingressam a cada ano, em média, nas unidades que aplicam medidas socioeducativas em todo o Brasil, conforme levantamento feito pelo portal G1. Se contarmos aqueles em faixa etária mais baixa que também são penalizados, esse contingente se torna ainda mais expressivo. A maioria deles cresceu sem apoio de uma rede de creches, sem a supervisão de um adulto, sem ter a escola/creche até os quatro anos como mediadora entre a dureza da realidade e o universo das aventuras imaginárias, algo essencial para conhecer e aprender a lidar com os perigos do real.

**SINTOMA** – Reconheço que a legislação destinada a infratores abaixo de 18 anos é passível de sofrer modificações de ajuste, mas defendo que a diminuição da idade penal não resolverá a questão de fundo, que é a adesão ao crime. Nossa sociedade tem dificuldade para cumprir regras, sendo pouco normativa, e a imensa quantidade de adolescentes e crianças em conflito com a lei representa o sintoma mais visível dessa resistência coletiva.

Tornam-se, contraditoriamente, também, a parte invisível no que se refere à resolução do problema. Explico-me: os parlamentares à frente da discussão sobre a mudança da maioridade penal argumentam apenas em cima do efeito punitivo. Em nenhum momento enfatizam a urgência da mudança do paradigma educativo brasileiro. Com muita probabilidade, eles tornariam esses jovens positivamente visíveis se direcionassem esforços e verbas para a construção de equipamentos capazes de acolhê-los em tenra idade.

Alguém poderá indagar se concordo com a meta de alfabetizar a todos até os oito anos. Não sendo educadora, sem formação específica na área, posso apenas comentar que acho tardio o limite. Ele pode ter sido pactuado em função de nossos atrasos e de nossas deficiências, sendo perfeitamente possível que crianças bem motivadas aprendam a ler e a escrever um pouco mais cedo. Fui alfabetizada em uma Escola Normal, no interior do Piauí, quando o estado apresentava índices de educação muito mais baixos que os da atualidade. Portadora de dificuldades auditivas graves, aprendi a ler e a escrever com seis anos. O fundamental foi ter uma professora dedicada ao ofício de ensinar, interessada em seus alunos e, especialmente, afetiva. E pais que incentivaram o enfrentamento de dificuldades. Em outro contexto, o do ensino privado brasiliense, meus filhos também adquiriram essa competência fundamental na mesma idade.

**AUSÊNCIA** – No momento, o que me preocupa não é o limite nacional para alfabetizar todos. A questão é a ausência de prioridades quanto à presença das crianças o mais cedo possível em ambiente de formação e as falhas em projetos destinados a incentivar o desenvolvimento das habilidades de leitura e escrita e demais competências educativas dos já matriculados. Desde que o governo anunciou os cortes orçamentários em janeiro, estão atrasadas as execuções de várias ações. Entre elas, o Pacto Nacional pela Alfabetização na Idade Certa, que deveria ser prioritário, entretanto ainda não efetivou a compra de livros a serem distribuídos nas escolas em 2015. O que pode comprometer o aprendizado, visto estarmos entrando no segundo bimestre do ano escolar.

Se continuarmos a não priorizar o fundamental, cresce o risco de permanecemos com grande número de jovens sem autonomia para lidar com os desafios básicos da vida, a cada dia mais sofisticados. Assim como aumentará a possibilidade de os legisladores repressivos empreenderem esforços mais radicais. Em pouco tempo, com esse Congresso Nacional tão volátil em seus discursos quanto em suas práticas, a maioridade penal poderá ser estabelecida para faixas etárias cada vez mais baixas. Até o dia em que a criança será punida como adulta no momento de sua alfabetização.

28 de abril de 2015

# Clássicos fora da escola

Ministério da Educação (MEC) precisa lançar ações para inclusão no Programa Nacional Biblioteca da Escola (PNBE) de obras que estão em domínio público, escritas em português. De pouco adianta alunos de escolas públicas aprenderem sobre a tradição literária em aulas de literatura se não puderem ter acesso em bibliotecas a produções assinadas por escritores como Machado de Assis, Aluísio de Azevedo, Martins Pena, Manuel Antônio de Almeida e Lima Barreto. A questão não é impor a leitura de tais autores, mas permitir a possibilidade de ampliação do repertório literário dos jovens.

Autores do passado não exercem muita atração sobre a juventude atual, que prefere narrativas escritas em linguagem do seu tempo. Mesmo assim, não se pode abolir o acesso a romances, contos e poesias que formam o cânone da literatura em língua portuguesa, inclusive os escritos por portugueses e africanos. Há ainda contradição negativa a ser superada: obras em domínio público de autores em idioma estrangeiro são autorizadas a participar de editais do PNBE. Quer dizer, se os estudantes gostarem de ler, conhecerão clássicos de outras línguas ofertados pelo Estado e somente lerão nossos autores se tiverem dinheiro para comprar edições no mercado privado.

A ausência dos clássicos nas bibliotecas escolares baseou-se até o momento no entendimento de que o que é gratuito não deve ser comprado pelo governo. No Brasil, obras entram em domínio público e podem ser publicadas por qualquer um após 70 anos da morte do autor. Situação que ocorrerá a partir do próximo ano com os trabalhos de Mário de Andrade, por exemplo. Essa interpretação, que ao pé da letra parece correta, acarreta grandes prejuízos culturais, pois deixa de fora dos acervos a nossa tradição literária. A existência de inúmeras obras de bons autores em domínio público pouca valia tem se elas não chegam às mãos dos mais jovens, levando-se em conta que é o Estado quem distribui os livros destinados a maior parte deles.

O problema agrava-se diante do fato de que autores clássicos – nem toda obra em domínio público tem essa especificidade, algumas não têm qualidade para se tornar referencial –, só chegam aos alunos indiretamente. Eles leem obras icônicas, como *Dom Casmurro*, de Machado de Assis, por meio das histórias em quadrinhos e de adaptações. Os dois formatos são aceitos nos editais, que também permitem a inclusão de textos isolados em coletâneas – recurso muito usado em livros de poesia e de contos.

**APROXIMAÇÃO** – Quadrinhos e adaptações bem elaborados são excelentes meios de aproximação à tradição literária, mas se faz necessário apresentar aos jovens obras-alicerces em seu teor integral. A adaptação de um romance constitui outra obra, às vezes bem diferente daquela que lhe dá origem. A existência de adaptações nos programas de bibliotecas escolares não deve excluir a necessidade de os acervos dessas instituições públicas ofertarem a obra-base. Os dois produtos são importantes para a formação do leitor literário e em quase todo o mundo ocidental coexistem.

O tema é preocupante, por significar que o conhecimento de autores clássicos se dá apenas por meio de releituras, em especial pelos estudantes de escolas públicas – os das particulares compram edições comerciais desses autores, muitos deles exigidos em vestibulares. Se já temos um fosso imenso entre a maioria dos alunos que frequentam escolas privadas de ensino e boa parcela dos que estão em instituições públicas, a formação leitora também apresentará fortes marcas de distinção, caso os últimos continuem a não conhecer a integridade de obras essenciais. Dentre elas, cito as minhas preferidas: *Memórias póstumas de Brás Cubas* (Machado de Assis), *O triste fim de Policarpo Quaresma* (Lima Barreto) e *Memórias de um sargento de milícias* (Manuel Antônio de Almeida).

Segundo o MEC, no momento, obras em domínio público são disponibilizadas por meio do Portal Domínio Público, "biblioteca virtual que propõe o compartilhamento de conhecimentos de forma equânime, colocada à disposição de todos os usuários da internet, com materiais que podem se constituir em referência para professores, alunos, pesquisadores e para a população em geral". Seria muito bom se essa ferramenta efetivamente oferecesse textos dos clássicos literários nacionais em domínio público, mas a consulta fica restrita à obra completa de Machado de Assis, organizada em conjunto com o Núcleo de Pesquisa em Informática, Literatura e Linguística, da Universidade Federal de Santa Catarina (UFSC), e a textos de alguns escritores de literatura infantil. Melhor ainda seria se todas as bibliotecas de escolas públicas estivessem equipadas com tecnologia capaz de possibilitar a navegação para acesso a essas e a muitas outras obras.

**RECOMENDAÇÕES** – Como o acesso digital amplo está distante, o MEC vem discutindo de maneira lenta formas de viabilizar a aquisição dos clássicos em papel. Entre 2008 e 2009, uma comissão externa estudou maneiras de incorporar a literatura em domínio público ao acerco das bibliotecas escolares, porém suas sugestões não resultaram em medidas efetivas à época. Entre as recomendações constava uma lista de obras passíveis de ser contempladas e também a observação de que o elemento definidor para a compra não seria o texto em si, mas sim a sua forma de publicação, que deveria ser uma edição escolar.

Dentro do ministério, técnicos retrabalharam a proposta, chegando a elaborar edital específico para a aquisição de obras de clássicos em domínio público. As sucessivas trocas de comando na instituição adiaram a publicação do edital, que corre o risco de não ser viabilizado, visto as dificuldades que estão ocorrendo com outras ações relativas ao PNBE, cujas execuções ainda permanecem atrasadas, em função dos recentes cortes orçamentários impostos no início do ano.

Segundo fontes vinculadas ao MEC, a minuta desse edital prevê que obras em domínio público poderão ser inscritas desde que sejam ratificados pela Fundação Biblioteca Nacional, a edição cumpra regras quanto ao tipo de papel estipulado e siga orientações sobre a capa, sendo dispensada a apresentação de paratextos e notas explicativas. E a compra seria pelo critério do menor preço, pois as edições seriam assemelhadas ao serem regidas por critérios estritos. Esse enquadramento, em tese, torna a competição em torno da qualidade do objeto livro praticamente inexistente, permitindo que a compra dos volumes leve em conta apenas o valor de venda estipulado.

Caso venha a ser publicado, o edital será um novo passo para uma aproximação dos leitores contemporâneos de escolas públicas à tradição literária, que só se mantém, se propaga e se atualiza quando lida e absorvida por sucessivas gerações. A dúvida que me assalta é se os estudantes estarão preparados para ler os textos do passado, editados de maneira nua e crua, sem a ajuda de algumas mediações. A primeira delas eles poderão ter, pois será feita pelos professores. Outras poderiam ser viabilizadas através de notas explicativas essenciais. Mas esses adendos dificultariam critérios de avaliação das publicações, alegam as fontes. Daí a ideia de orientar o modelo das edições.

**CONTROLE** – No país não existe levantamento sobre quantas obras de literatura estão em domínio público. Assim como em outros países, inexiste um controle específico sobre o que se tornou comum a todos, diante da dificuldade de pesquisar os óbitos de possíveis escritores. Somente a partir do interesse dos usuários se identificam essas obras, com exceção daquelas de autores consagrados, normalmente de conhecimento público. Segundo o Ministério da Cultura (MinC), que é o responsável pelo tema, a maioria dos países adota o prazo de 70 anos após a morte do autor, caso dos membros da União Europeia. Contudo, existem outros, como o México, que protegem a obra por 100 anos. Nos Estados Unidos, a proteção em alguns casos pode chegar a 120 anos. No Brasil, o limite de 70 anos após a morte deixa de ser aplicado para obras fotográficas e audiovisuais, cujos prazos são contados a partir da data da sua primeira divulgação.

A maior dificuldade na verificação e na utilização do repertório de obras em domínio público no Brasil, ainda de acordo com o MinC, é a situação de autores falecidos antes da vigência da lei atual, em vigor desde 1998 e alterada em 2013. A legislação anterior concedia direitos vitalícios para os herdeiros em primeiro grau – pais, cônjuges e filhos. Com isso, não basta aplicar o prazo de proteção atual, é preciso saber se existem sucessores vivos, o que implica busca complexa para quem deseja utilizar uma obra supostamente em domínio público. O mercado editorial entende que esses seriam "direitos adquiridos" pelos herdeiros e não considera a simples aplicação do prazo de 70 anos.

Essa interpretação não foi apreciada em tribunais, mas é passível de ser, o que poderá tornar ainda mais complexa a utilização de obras em domínio público. Tal possibilidade, no entanto, não justifica que alunos ensinados pelo Estado sejam privados de acessar nas bibliotecas das escolas a versão original de obras estruturais da literatura portuguesa.

5 de maio de 2015

# Walter Benjamin, o rádio e as crianças[11]

Denominam-se *Hörspiel* as narrativas transmitidas via rádio, um dos produtos mais vendidos para crianças na Alemanha de hoje. Meninas e meninos de tenra idade são educados para escutar textos que tratam de temas complexos, em linguagem apropriada ao público-alvo, mas sem recorrer a infantilizações. Intelectual dos mais reverenciados na contemporaneidade, Walter Benjamin (1892-1940) foi precursor no uso da mídia auditiva voltada para a infância, escrevendo programas e apresentando-os em Berlim e Frankfurt, entre 1929 e 1932.

No livro *A hora das crianças – narrativas radiofônicas de Walter Benjamin* (Nau Editora) estão reunidas 29 dessas inteligentes crônicas afetivas. O rádio estava no ar há apenas sete anos e Benjamin passou a usar a comunicação de massa para falar aos mais jovens. A leitura dos textos, traduzidos por Aldo Medeiros, se faz deliciosa, pois o narrador efetua interlocução não distanciada com os ouvintes. Lança mão de suave humor, apela ao íntimo e ao sincero, para levá-los a refletir sobre história, livros, direito à transgressão, desastres naturais e, em especial, a vida urbana, sendo Berlim a grande protagonista.

Ao investir nessa forma de diálogo, Benjamin opera duplo reconhecimento: identifica o potencial formativo via mídia de uso coletivo e concede especificidade cultural à infância, dando-lhe visibilidade, outorgando-lhe lugar ativo na sociedade. Como teórico, ele produzirá

---

11 Este texto também foi publicado, com ligeiras alterações, em *O Globo*, caderno Prosa e Verso, na mesma data.

ensaios sobre a infância e reflexões sobre os brinquedos, além de pensar sobre os meios de comunicação audiovisuais e escrever sua autobiografia. Obras que se aproximam do tom das crônicas ao despistarem o conceitual e se pautarem por dicção afetiva, eliminando o caráter acadêmico.

Professora da Faculdade de Educação da Universidade do Estado do Rio de Janeiro (UERJ), Rita Ribes, autora do projeto editorial do livro recém-lançado, explicou-me que os textos contribuem principalmente para tornar visível o lugar que a infância ocupava na obra de Benjamin: "Nos programas, vamos encontrar como que uma tradução dos grandes temas que compõem sua filosofia: concepções de infância, concepções de história, história cultural de livros e brinquedos, aspectos da política e da economia que marcavam o cotidiano da época".

Benjamin realizava extensa pesquisa antes dos programas. Ao narrar "O Terremoto de Lisboa", ocorrido em 1755, explica o interesse de Immanuel Kant pelos fenômenos naturais, reproduz trechos de relatos sobre a tragédia e encadeia subtemas. Eles duravam 20 minutos, o que permitia apresentar vários aspectos de uma situação, inclusive recitar poemas, como trechos de *Fausto*, de Goethe, quando confidencia que há livros que não são para decorar, basta lê-los, o que é muito mais divertido.

Benjamin elaborou 86 programas e, em 60 deles, foi também o apresentador. De acordo com Rita Ribes, o pensador de origem judaica deixou um conjunto dos textos em Paris, quando abandonou a cidade fugindo dos nazistas na Segunda Guerra. Confiscados pela Gestapo, não foram incendiados em 1945 porque, por sabotagem, acabaram enviados para a Rússia. Em 1960 voltaram à sua Alemanha natal. E somente em 1985 foram organizados e publicados.

No original, a obra intitula-se *Aufkrärung für Kinder*, que em tradução literal significa iluminações para crianças, sentido mantido nas versões francesa e norte-americana. Segundo Ribes, a denominação dada no Brasil deriva de passagens em que o filósofo se refere ao programa como "a hora das crianças", dizendo que deveria ser uma demanda delas ter no rádio um momento específico, pois o veículo oferecia programação para outros públicos.

Pedi a Pablo Gonçalo, professor da Faculdade de Comunicação da Universidade de Brasília (UnB), que escutasse uma dessas crônicas, lidas em alemão, no *site* www.ubu.com/sound/benjamin.html, por Harald Wieser, e observasse como eram os ritmos, as ênfases e o tom dado pelo autor ao se dirigir àqueles entre 7 e 14 anos de idade. Após a escuta de "A Berlim demoníaca", sobre um conto de E.T.A. Hoffmann, Gonçalo disse-me que os textos são declamados como escritos, com organização muito ritmada, precisa, elegante, mas que tampouco "facilita" para o ouvinte. Segundo ele, programas atuais na rádio alemã para crianças seguem o mesmo modelo: "Penso que é de fato um padrão cultural, de reportagens mais longas, detalhadas e que apostam na descrição – algo distinto, por exemplo, de certo tom de conversa na rádio brasileira ou mesmo francesa".

Embora Benjamin tivesse pouco apreço pelas peças radiofônicas, que o sustentaram economicamente durante certo período, elas são fundamentais em sua trajetória por terem lhe propiciado vivências importantes para o desenvolvimento de teorias que o projetaram. Em termos coletivos, adquirem também relevância nesta contemporaneidade dominada pelas tecnologias digitais e convergentes de comunicação. Por representarem experiência estética e política – e não apenas teorização –, capaz de apontar possíveis e mais inteligentes modos de utilização dessas plataformas. Muito além da recusa à invisibilidade da infância, *A hora das crianças* fornece referências para se repensar nossos modos de transmissão da cultura.

16 de maio de 2015

# Cultura delinquente

Os cortes em programas de leitura e o possível endurecimento de penalidades a jovens infratores, em vias de aprovação pela Câmara dos Deputados, demonstram que, na democracia, o Brasil fez a pior opção em relação à infância de seus cidadãos: a escolha pela "cultura delinquente". No lugar de formar, atitude preventiva, a saída resume-se à punição, posterior, portanto, ao delito.

Em vez de fortalecer possibilidades de educação plural, deixamos meninas e meninos entregues às muitas narrativas de violência impregnadas no cotidiano da maioria deles. A inversão pode ajudar a explicar os porquês de vivermos numa sociedade com excessivos índices de corrupção – sendo a violência sua gêmea univitelina. E, claro, ressoa no aumento da criminalidade praticada por adolescentes.

Tomei emprestado o título deste artigo de um dos mais inteligentes textos sobre as relações entre infância e violência que já li. Escrito pela educadora colombiana e também autora de livros infantojuvenis, Yolanda Reyes, "Escrever para os jovens na Colômbia" (publicado em *Brincar, tecer e cantar*, editora Pulo do Gato) pode ser transplantado para o Brasil com a mesma ênfase, embora as realidades sejam um pouco diferentes.

Reyes aponta dificuldades e caminhos para oferecer às crianças de seu país narrativas outras que não as impostas pelo narcotráfico, pelos paramilitares e também pelo Estado na guerra contra o primeiro. Segundo ela, diante do coquetel de narcotráfico, mulheres, armas, drogas e jogos de poder que circula pelos bairros e pela televisão, "a literatura e a arte poderiam mostrar outras opções para mudar este libreto único, para inventar outros papéis".

Revi as anotações feitas no livro de Reyes e recordei que, quando eu era criança, meu pai, José, professor de Escola Normal pública, costumava se referir a adultos como elemento ou sujeito, não importava a origem social. Um dia, perguntei o que essas palavras "diziam". "Elemento é a parte de um todo, mas, quando me refiro a alguém adulto, quero dizer que a pessoa não se distingue das demais", escutei. "Uso sujeito para aqueles que são diferentes, únicos". Mesmo sem entender o dito, passei a chamar bonecas e estatuetas de Santo Antônio (as ganhava do padrinho santeiro) por esse binômio. As identificações dependiam de como os seres de brinquedo se portavam na minha fantasia.

**ATAQUE** – Recordo a passagem autobiográfica por achar que estamos virando uma sociedade de elementos. Nesse ritmo, seremos dominados por legiões de pessoas que, incapazes de articular um discurso e construir suas próprias narrativas, responderão a tudo com violência. Nos últimos anos poucos fatos me chocaram tanto como o ataque – que resultou em estupro coletivo e um assassinato – perpetrado contra quatro garotas em Castelo do Piauí, cometido por quatro garotos com a participação de um adulto. Tive vontade de regressar a Castelo, a pacata cidade do século XVIII que conheci adolescente. Pensei em comparar índices de crescimento da violência com investimentos em equipamentos e recursos humanos oferecidos para a educação das crianças. Resolvi refletir apenas com os dados transmitidos pela mídia.

No jornalismo, um dos critérios de noticiabilidade vincula-se à aproximação do fato em relação a seu público. Quanto mais próxima deste, mais destaque a notícia terá. Pode até ser que, por ser originária do Piauí, tudo tenha repercutido em mim com mais intensidade. O certo é que a revolta visceral que sinto diz respeito à crueldade entre pares – meninos contra meninas. Gente que deveria estar descobrindo delícias e dissabores da juventude no coletivo, no entanto, está matando, canibalizando o outro.

Quais livros os infratores leram? Frequentavam o palacete que abriga a Biblioteca Municipal? Que narrativas construíram para si? Com certeza, a do terror, a do poder de machucar e ferir. Como lidam com a capacidade de interpretação da realidade? Intuo que com a chave do rancor. Os relatos dizem que as motos das meninas estavam inteiras na cena do crime, portanto, provavelmente, não foi crime motivado pelo desejo de roubar.

Castelo, com cerca de 20 mil habitantes, se situa às margens do Rio Poti, e pouco se distingue de muitos outros municípios do Norte e Nordeste, a não ser por organizar o Festival da Cachaça e fabricar a Mangueira, aguardente licorosa obtida em tonéis de garapeira, considerada de excelente qualidade. Não sei se o Festival e a Mangueira desenvolvem atividades sociais, mas gostaria de saber que "coquetel" foi oferecido a esses jovens para que se voltassem contra as garotas.

**RECUSA** – Pelo que li, um dos criminosos tem sete irmãos e a única "renda" constante da família é a pensão recebida por um deles portador de graves problemas mentais. Outro infrator tinha o comportamento tão alterado que nenhuma escola mais o aceitava, nem mesmo na capital Teresina. Todos os quatro já haviam passado pelo sistema correcional das varas da infância e juventude.

Pensar em inocentá-los, jamais! Acredito, porém, que, se o Estado tivesse cumprido com as determinações legais – a começar por oferecer educação desde a creche aos filhos de famílias carentes e estruturar melhor as casas de acolhimento a crianças e jovens em situação de risco –, habitaríamos sociedade diferente. Seria mais provável que Danielly Feitosa Rodrigues estivesse viva e suas amigas livres do trauma da violência, que nesse caso também se faz de gênero.

Enquanto refletia sobre a perda da inocência no reino de Castelo, aguardava palestra sobre os 19 anos do concurso que premia os melhores projetos de leitura no Brasil, promovido pela Fundação Nacional do Livro Infantil e Juvenil (FNLIJ). O Sudeste concentra o maior número de ganhadores, com 36 experiências do total de 71 agraciadas. Seguem o Sul e o Nordeste, com 15 cada, e o Centro-Oeste e o Norte somam apenas cinco.

Se todas as regiões já foram contempladas, há estados que jamais ganharam o prêmio. O Piauí está entre eles, assim como o Rio Grande do Norte e Sergipe. Mais da metade dos programas, 59,15%, são tocados por instituições públicas, normalmente escolas; 28,16 % por entidades privadas; 9,85% por pessoas físicas e apenas dois por uma aliança entre público e privado. Os números refletem o tímido grau de mobilização da sociedade para a importância e promoção do ato de ler.

**PESQUISA** – Ainda estava com a cabeça nas experiências de leitura – e no crime –, quando fui informada que a rádio CBN divulgara pesquisa sobre a importância das bibliotecas para o desenvolvimento de crianças entre dois e seis anos matriculadas na rede pública de educação infantil da cidade de São Paulo. Em duas creches implantadas pelo Instituto Brasil Leitor, os pequeninos foram observados antes e depois da criação do espaço de leitura. Familiares e professores também responderam questionários sobre o desenvolvimento desses que ainda estavam em fase de alfabetização.

A pesquisa demonstra que os alunos melhoraram seus níveis de comunicação, lógica e relações sociais após o uso estimulado das bibliotecas. Os resultados são superlativos. Em uma das escolas, o número de crianças cujo desempenho no nível de aprendizagem atingiu o nível mais alto (5) subiu de 42% para 92%. Em outra, a evolução foi ainda mais positiva, de 5% para 83%. "É importante que o conceito diferenciado de Biblioteca de Primeira Infância seja assimilado por todos – famílias e profissionais de escolas – para que possam dar continuidade ao processo de transformação das crianças", explicou Ivani Nacked, diretora do Instituto Brasil Leitor, que assina a pesquisa.

Comunicar-se, raciocinar e se relacionar podem ajudar também a diminuir reações de violência contra o outro. Bibliotecas e programas de leitura por si só não darão conta de mudar a realidade belicosa e impedir crimes, contudo podem colaborar para reduzir estatísticas. Porque, como afirma Yolanda Reyes, "especialmente nos tempos difíceis, a literatura ajuda a processar aquilo que não se pode suportar na vida real e permite ir avançando lentamente na interpretação: aventurar-se mais longe, mais longe" no Reino das Possibilidades (termo da escritora). Alternativa para sairmos da cultura da delinquência e entrarmos em uma cultura da infância.

23 de junho de 2015

# Efeito Paraty

Acompanhei a Festa Literária Internacional de Paraty (Flip) apenas pelas mídias e considero que o evento mais importante ali ocorrido foi o manifesto em prol da literatura, assinado, em conjunto, pelas entidades que cuidam dos negócios do livro no Brasil. Com o título de "Brasil, nação leitora", o documento posiciona-se contrário à paralisação de programas federais e também do estado de São Paulo que distribuem livros para escolas públicas. O documento diz que o atraso na execução dos programas "provoca prejuízo incalculável e, talvez, irreparável a milhões de crianças e jovens brasileiros". O manifesto seria entregue para o ministro da Educação, Renato Janine Ribeiro, em reunião agendada para o dia 29 de junho, mas o encontro foi desmarcado, sem remarcação de outra data. O cancelamento deu-se porque o ministro fez parte da comitiva da presidente Dilma Rousseff em Washington. As entidades tentam conseguir nova agenda com Janine para apresentar o documento e escutar possíveis providências a serem tomadas pelo governo. Em Paraty, o manifesto foi entregue à senadora Fátima Bezerra (PT/RN), coordenadora da Frente Parlamentar Mista de Defesa do Livro.

A carta das entidades corrobora revelações feitas anteriormente pelo *blog*: está estagnado o processo de execução do Programa Nacional Biblioteca da Escola (PNBE) 2015. Assim como o do PNBE Temático 2013 e do Programa de Alfabetização na Idade Certa (PNAIC) 2014. Além do prejuízo aos estudantes, "o atraso na execução desses programas e projetos já causa reflexos preocupantes na cadeia produtiva do livro", alerta o manifesto. São atingidos editores e livreiros, autores, tradutores, ilustradores, revisores e a indústria gráfica.

O manifesto em defesa dos programas de literatura foi lançado pela Liga Brasileira de Editores (Libre), Associação Brasileira de Editores de Livros Escolares (Abrelivros), Sindicato Nacional dos Editores de Livros (SNEL), Câmara Brasileira do Livro (CBL) e Associação Nacional de Livrarias (ANL). Ele aponta aspecto fundamental que justifica a manutenção do PNBE: crianças e jovens de todos os estados recebem o mesmo material escolar, democratizando o acesso equitativo à literatura nas escolas públicas.

**PRIORIDADE** – Segundo o texto, as verbas destinadas ao PNBE Temático 2013 e ao PNAIC 2014, em conjunto, representam menos de 1% do corte orçamentário de R$ 9,4 bilhões imposto ao MEC no início do segundo mandato da presidente Dilma. "Entendemos que a formação de leitores assim como a constituição de acervos de bibliotecas escolares com livros de literatura devem ser prioridades nas ações do Estado e, portanto, do Ministério da Educação", diz a carta.

Embora as denúncias dos editores estejam sendo formuladas desde meados de junho, o MEC até o momento não se posicionou oficialmente. Ontem, o *site* Publishnews, dedicado ao segmento editorial, informou que uma fonte do Fundo Nacional Para Desenvolvimento da Educação (FNDE), braço executivo do MEC, disse ao veículo que, embora os valores ainda não estejam fechados, o orçamento para compras de livros deverá ter um corte geral de 25%, "o que teria forte impacto no Programa Nacional Biblioteca da Escola".

Para o leitor ter uma ideia da quantidade de livros e valores que deveriam ser adquiridos pelo PNBE 2015, forneço alguns dados: em 2013 – a comparação precisa ser com um ano ímpar, pois os livros são comprados para séries diferentes em anos alternados –, o investimento foi de R$ 90 milhões para obtenção de 360 títulos. No ano seguinte, segundo o site do FNDE, o total aplicado na compra de livros chegou a R$ 92 milhões.

Já o PNBE Temático, criado em 2013, foi apenas fumaça. As editoras passaram pelo processo de habilitação, mas as ações pararam em setembro passado. Ele deveria entregar quase 4 milhões de livros a cerca de 60 mil escolas, atendendo a 21,5 milhões de crianças e jovens. Tudo ao custo total de pouco mais de R$ 32 milhões. O PNAIC 2014 teve os livros selecionados, porém a verba a ser aplicada não foi anunciada pelo FNDE, que também não negociou preços com os editores. No ano anterior, o investimento total no programa foi de quase R$ 47 milhões.

**CORRUPÇÃO** – A perspectiva de os livros não chegarem aos alunos das escolas públicas levou-me a fazer algumas contas. Pelos cálculos do Ministério Público (MP), a corrupção na Petrobras, somente levando em conta a propina de 3% nos contratos, somou mais de R$ 6 bilhões, o que representa algo em torno de 65% do corte sofrido pelo MEC.

Duas edições do PNBE, a preços de 2014, poderiam ter sido feitas com os valores desviados por somente um dos presos na Operação Lava-Jato, o gerente da estatal, Pedro Barusco. Ele teve retido pelo MP R$ 204 milhões – desses, R$ 158 milhões já foram devolvidos dentro do acordo de delação premiada.

Em dezembro de 2013, a presidente Dilma inaugurou uma creche em Belo Horizonte para atender 440 crianças até os seis anos de idade. O investimento foi de R$ 3,5 milhões, que atualizados dariam hoje R$ 3,9 milhões. Com os R$ 6 bilhões resultantes das propinas na Petrobras, daria para construir 1,5 mil creches como a mineira. Milhares de crianças poderiam começar ali a ter seu primeiro contato com a literatura.

As comparações servem para demonstrar que no país não falta dinheiro e a ausência de investimento em educação tem origem mais grave, pois diz respeito a falhas de correção e à escolha equivocada de prioridades. E a leitura deveria ser uma delas. Afinal, apenas 25% dos brasileiros alfabetizados são leitores plenos, o que significa que 75% não têm capacidade para compreender e interpretar um texto, segundos dados do Indicador Nacional de Analfabetismo Funcional (INAF), evocados pelo que chamo de Manifesto de Paraty.

Educação e literatura não garantem a eliminação da corrupção, mas ajudam a formar cidadãos mais conscientes de seus direitos, portanto, mais exigentes. Um desses direitos, como lembra o "Brasil, nação leitora", é o acesso à leitura de livros de literatura, o que ajuda a fomentar pensamento livre e crítico. Outro é o de ver o dinheiro público ser aplicado em benefício da sociedade. Mas quem é mesmo que quer formar gente preparada e combativa?

7 de julho de 2015

# Réquiem à professora

O Brasil perdeu hoje Ligia Cademartori, uma de nossas maiores autoridades em literatura infantojuvenil, autora de inúmeros estudos e livros sobre o tema. Professora doutora em Teoria Literária, também tradutora de autores clássicos, ela foi uma das responsáveis pela implantação e coordenação do Programa Nacional Salas de Leitura, gérmen do Programa Nacional Biblioteca da Escola (PNBE). Após batalha curta e intensa contra um câncer, Ligia partiu para o local que "nem o Arquiteto/ Pode ser que o comprove", como diz o verso de sua poeta preferida, Emily Dickinson.

Autora de livros essenciais na área, como *O que é literatura infantil* (Brasiliense), Ligia, juntamente com Regina Zilberman e Marisa Lajolo, formava o trio acadêmico que, a partir dos anos 1980, definiu muitos dos rumos teóricos que sustentam a literatura infantojuvenil brasileira, dando-lhe alicerce para que se tornasse potente e importante. As três estudiosas permanecem referências atualizadas, atesta o recém-veiculado "Dossiê sobre literatura e infância", publicado no número 46 da revista *Estudos de Literatura Brasileira Contemporânea*, organizado por Anderson da Mata e Mirian Zappone. São as teóricas brasileiras mais apontadas pelos autores dos ensaios.

Ligia foi professora da Universidade de Caxias do Sul (UCS) e da Universidade de Brasília (UnB), onde tive a honra de ser sua aluna e o privilégio de por ela ser orientada no mestrado em Literatura Brasileira. Tempo em que conheci o amálgama de rigor e ternura que a caracterizava e aprendi muito sobre imagem poética em cursos inesquecíveis. Gaúcha de Santana do Livramento, ela veio para Brasília em 1984 para trabalhar no Ministério da Educação (MEC) e, posteriormente, na UnB, onde se aposentou. Era casada com o latinista Francisco Balthar e deixou dois filhos, Mario e Cristina, que lhe deram dois netos, Demétrio e Carolina.

Nos últimos anos, paralelamente aos ensaios que publicava, dedicou-se à tradução e à adaptação de clássicos para a editora FTD, entre eles, *Alice no País das Maravilhas*, de Lewis Carroll, *Dom Quixote*, de Miguel de Cervantes – uma das mais divertidas e inteligentes adaptações que já li –, e *Jardim de versos*, de Robert Louis Stevenson, sobre o qual passou meses buscando a melhor melodia para cada um dos versos em trabalho de ourivesaria rítmica. O esmero com que cuidava das traduções levou-a a ingressar na Lista de Honra do International Board on Books for Young People, sediado na Suíça, pela tradução de Charles Dickens e Wilkie Collins (1991).

Muitas de suas reflexões sobre o mundo da literatura para crianças e jovens podem ser encontradas em *O professor e a literatura – para pequenos, médios e grandes* (Autêntica), em que, a partir de cenas da literatura infantil, sua vivência de leitora cultuada coloca-se generosamente a serviço de outros professores. Na modulação de uma conversa, sem marcas de arrogância, mas carregada de grandes doses de conhecimento e também de comentários vivos sobre a atualidade, ela apresenta e discute elementos da literatura infantil clássica e contemporânea, discorre sobre a literatura juvenil, discute questões importantes para a formação de novos leitores e analisa modalidades diferentes da poesia destinada aos mais jovens. O livro ganhou o Prêmio Cecília Meireles da Fundação Nacional do Livro Infantil e Juvenil (FNLIJ), de melhor livro teórico em 2010.

Fora do âmbito da literatura infantojuvenil, que costumava dizer ser a sua causa, e eu brincava que era a sua casa, Ligia dedicava-se ao estudo da psicanálise. Publicou, com Américo Vallejo, *Lacan – operadores da leitura* (Perspectiva), roteiro à moda de dicionário sobre os principais termos utilizados pelo psicanalista francês. E, em uma incursão às artes plásticas, escreveu um dos mais poéticos textos sobre a arte de Athos Bulcão, artista plástico radicado em Brasília que estabeleceu forte vínculo com a cidade modernista. Foi publicado pela Coleção Brasilienses, da qual fez parte do conselho editorial.

De perfil discreto, avessa à exposição pública, levei muito tempo para convencê-la a dar a conhecer os poemas que escrevia. "São íntimos", dizia-me. Final do ano passado, quando ainda não sabia do diagnóstico fatal, ela se autorizou a ser publicada. Lançado há três meses, *O tempo é sempre* recebeu delicada edição de Jorge Viveiros de Castro, da 7Letras, e prefácio de Adalberto Müller, professor da Universidade Federal Fluminense (UFF), também ex-aluno. Ofereço-lhes o meu preferido, intitulado "Espera": "Entre o foi e o virá,/ presa apenas pelos nós,/ a espera é menos promessa/ que vazio, falta, lacuna,/ rasgo no tempo, rasura/ onde acena o imaginário,/ lá da cena originária,/ onde palavra não há".

Há alguns dias, nos despedimos. Havia muita dor – física e emocional. Mas conseguimos cantar baixinho "Parabéns pra você" – afinal era dia de aniversário. E ela ainda me lembrou do pequeno poema de Marina Colasanti, endereçado às infâncias: "A morte é onde a vida põe um ponto./ Um ponto/ de partida". Que permaneçam os efeitos de sua alegria, do seu olhar debochado sobre o pretensioso, do seu amor à literatura para pequenos, médios e grandes.

4 de agosto de 2015

# A visão da infância do PNBE

Um dos artigos que mais chamaram minha atenção recentemente constata ser marcante a escolha pelo Programa Nacional Biblioteca da Escola (PNBE) de obras em que a representação da infância está envolta em sofrimento. A amostragem foi feita a partir de um conjunto de 200 livros dos acervos compostos pelo PNBE para 2012 e 2014, destinados aos anos iniciais do ensino fundamental – leitores entre 5 e 11 anos –, e incluiu obras de autores brasileiros e estrangeiros.

"É alta a ocorrência de representações do que chamamos 'a criança que sofre' ou seja, a personagem criança que, durante grande parte do enredo ou passagens deste, experimenta sofrimentos de origem diversa", atestam Rosa Maria Hessel Silveira e Marta Campos de Quadros no texto "Crianças que sofrem: representações da infância em livros distribuídos pelo PNBE". O artigo está publicado no "Dossiê sobre literatura e infância", inserido no número 46 da revista *Estudos de Literatura Brasileira Contemporânea*.

Silveira é professora da Universidade Federal do Rio Grande do Sul (UFRGS) e Quadros faz pós-doutorado em Educação na Universidade Estadual Paulista (UNESP). Doutoras em educação, elas ressaltaram que, em "análise preliminar" de 20 livros, foi constatada a dimensão do sofrível. Não explicaram como foram selecionados esses 10% de títulos e não deixaram claro se em todos eles havia protagonistas sofredores. Informaram apenas que separaram oito títulos desse conjunto para examinar como se estabelece a dinâmica ficcional do sofrimento. Também faltaram detalhes sobre o porquê da escolha dessas últimas narrativas. Esses dados sobre o universo amostral dariam maior representatividade ao artigo, que tem o mérito de fornecer um rápido perfil de como se portam protagonistas de narrativas lidas pelos alunos de escolas públicas.

No último recorte, elas trabalharam com narrativas inseridas em livros compostos por texto e ilustração, além de obras elaboradas exclusivamente com texto visual. Optaram também por analisar apenas narrativas assinadas por brasileiros. Após a leitura das obras, as pesquisadoras dividiram em três as origens do sofrimento dos pequenos protagonistas: pobreza e trabalho infantil, dificuldades no convívio social e medos infantis.

Obras de diferentes períodos foram escolhidas. Entre elas estão *Chapeuzinho amarelo* (José Olympio), o clássico de Chico Buarque e Ziraldo; *Cena de rua*, o sempre impactante livro de imagens assinado por Angela Lago (RHJ); e o encantador *Obax*, de André Neves (Brinque-Book), também só com texto visual.

No começo da leitura do artigo, fiquei receosa de que, com uma seleção de livros centrados em crianças sofredoras, pudéssemos induzir leitores a se comportarem como vítimas. Descrente da utopia de infâncias idílicas, sabedora de que muitas de nossas angústias nascem nos primeiros anos de vida, entendo que dor e sofrimento são diferentes. O último tende a se alongar no tempo, inviabilizando potencialidades, e pode transformar o sujeito que sente em ser muito fragilizado.

Foi por isso que respirei aliviada após ler as conclusões a que as pesquisadoras chegaram. Elas garantem que na maioria das obras avaliadas a superação do sofrimento se dá "a partir da consciência e da ação produtiva da personagem criança", seja praticando jogos verbais ou por uma tomada de posição frente àquilo que a angustiava. Dizem ainda que não há finais consoladores. Fiquei bem contente de ver que essas "crianças que sofrem" elaboraram dores que as afligiam.

11 de agosto de 2015

# O papa e o ministro

As duas personagens elencadas no título impuseram-se quando comecei a escrever o texto de hoje para o *blog* – havia me programado para falar sobre o filme *O Pequeno Príncipe*, mas fui vencida pela ideia de discutir assunto distinto. O papa Francisco e o ministro da Educação, Renato Janine Ribeiro, me levaram a refletir sobre a literatura e o papel de agentes capazes de fortalecê-la ou ignorá-la.

Em teoria, um papa deveria se ater a dogmas, a discursos proferidos como verdade não passível de questionamento. Um pontífice costuma referir-se a obras distanciadas da ficção, esse ambiente de leitura onde reina absoluta a verdade imaginativa apresentada. Daí a surpresa quando soube que Francisco escrevera carta à escritora Francesca Pardi, autora do livro infantil *Piccolo uovo* (Lo Stampatello), proibido de ser usado nas pré-escolas de Veneza pelo prefeito Luigi Brugnaro, juntamente com outros 48 títulos.

A obra em questão narra a saga de um ovo prestes a nascer, mas que ainda não escolheu quem o acolherá. Ele passa a conhecer diferentes formatos de família e seus distintos modos de relacionamento, a começar pelo casal de coelhos heterossexuais, pais de três coelhinhos. Aparecem depois um hipopótamo pai solteiro, cães de raças distintas que vivem juntos, um casal de pinguins do sexo masculino e uma família formada por duas gatas. Enfim, uma fauna que age de modo similar a comportamentos humanos contemporâneos.

**GUERRA** – Ilustrado por Francesco Tullio Altan, que privilegiou dicção entre o divertido e o terno, *Piccolo uovo* é indicado para crianças a partir de quatro anos. Foi publicado em 2011 sem provocar maiores reações contrárias, tendo recebido o prêmio de livro do ano dado pela revista

*Andersen*, publicação italiana dedicada ao infantojuvenil. À época, o júri explicou que a eleição se deveu à representação precisa e poética de um tema forte e urgente. Até que, em junho, Brugnaro assinou a ordem de retirar das pré-escolas os livros. Sua guerra centra-se especialmente na obra de Pardi e em dois outros títulos: *Jean a deux mamans* (Jean tem duas mamães), de Ophelie Texier, publicado em 2004 pela Ecole des Loisirs, e *E con Tango siamo in tre* (Com Tango somos três), de Peter Parnell e Justin Richardson, lançado originalmente pela norte-americana Simon & Schuster, em 2005. Quer dizer, duas das obras estão no mercado há uma década, com sucessivas edições, e agora reações que foram tímidas recrudesceram.

O impressionante reside também em Veneza sediar a cada dois anos a mais tradicional bienal de artes do mundo e em função disso conviver com muitos discursos estéticos e práticas sociais. Portanto, deveria estar familiarizada com o diferente, tanto em termos artísticos como de comportamentos. Pelo visto, uma onda de conservadorismo a envolve a ponto de precisar do enquadramento moderador do líder católico. Mas é a transigência do papa no que diz respeito à liberdade da ficção o que mais chama minha atenção em todo o episódio. Entendo que a missiva à escritora, escrita por um funcionário do Vaticano em nome e a pedido do papa, representa um avanço nas relações de Francisco com as expressões artísticas. Quando ainda cardeal na Argentina, com o nome secular de Jorge Mario Bergoglio, ele escreveu dura carta a León Ferrari. Discordou de uma exposição do artista plástico em que símbolos religiosos, inclusive uma imagem de Cristo, eram justapostos a objetos eróticos, considerando-a uma blasfêmia.

Ao dizer-se "gratificado pelo gesto profundo e pelos sentimentos que a publicação invoca", referindo-se a *Piccolo uovo*, e acrescentar que espera "sempre as ações frutíferas em prol dos jovens e pela divulgação dos valores genuinamente cristãos e humanos", o papa termina por ressaltar o papel da literatura como elemento capaz de ampliar visões a respeito de comportamentos e sentimentos. Uma ampliação que pode resultar em maior tolerância para com os outros. E, penso, em um fortalecimento da leitura literária junto a comunidades que costumam seguir as palavras do líder católico.

**DESMOBILIZADOR** – Por contraposição, chego à segunda personagem do título. A nomeação de Renato Janine Ribeiro foi recebida como a única notícia positiva do primeiro trimestre do segundo mandato da presidente Dilma Rousseff. Professor universitário, intelectual reconhecido, à frente da pasta da Educação, ele seria voz poderosa na valorização do ensino e da capacitação educacional. Passados quatro meses de sua gestão, o ministro-filósofo é percebido por setores da academia e também do mercado editorial como pouco comprometido com a literatura, habilidade essencial na formação dos cidadãos. Fontes ouvidas pelo *blog* chegam a dizer que ele, no futuro, poderá vir a ser reconhecido como aquele que desmontou o mais importante programa de literatura que o país já desenvolveu, o Programa Nacional Biblioteca da Escola (PNBE).

Ao assumir o cargo com o país imerso em grave crise político-econômica – e institucional, gosto de frisar –, Janine não conseguiu se fortalecer para impedir cortes como o que levou à suspensão do PNBE em 2015, impossibilitando que os estudantes das escolas públicas de todo o país tenham acesso a novos títulos, algo que vinha sendo feito há 17 anos. Acadêmicos especializados em programas de leitura com quem conversei argumentam que ele poderia ter negociado uma redução no número de acervos distribuídos, mas simplesmente aceitou a paralisação do programa. O acomodar-se ao discurso técnico dos cortes produziu indicador muito negativo para a compreensão pública da importância das bibliotecas e do fomento ao ato de ler. Temas cuja defesa deveria ser não um dogma, mas ação-chave.

**PROGRAMAÇÃO JOVEM** – Apesar da crise econômica, o Sindicato Nacional dos Editores de Livros (SNEL) espera que a 17ª Bienal do Livro do Rio de Janeiro, a ser inaugurada depois de amanhã no Riocentro, tenha um movimento de público e de vendas próximo ao da edição passada, que recebeu 660 mil visitantes e vendeu 3,5 milhões de livros. Além dos lançamentos preparados pelas editoras, o público jovem poderá usufruir da programação organizada no Cubovoxes, espaço que privilegia atividades interativas e conversas com escritores reverenciados pela garotada. E as crianças serão recebidas no Bamboleio, onde serão oferecidos jogos literários e interatividades que incluem bibliotecas, cabines de leitura e outras ações multimídias. Tudo para conquistar novos leitores e consolidar aqueles que já foram fisgados pelo prazer de ler. Boa Bienal.

1º de setembro de 2015

# Palestra na ABL

# A nova crítica da literatura infantil e juvenil[12]

Parto do passado para pensar o futuro do livro infantil e juvenil, tema de nossa conversa em mais uma atividade do seminário *Brasil, brasis*, promovido pela Academia Brasileira de Letras.

Voltemos a janeiro de 1904. Em texto publicado na edição inaugural da revista *Kosmos*,[13] o poeta (e acadêmico de primeira hora) Olavo Bilac comenta a invenção, no final do ano anterior, do cronófono – combinação do fonógrafo e do cinematógrafo – feita por dois físicos franceses. O aparelho captava imagem e som e, segundo ele, poderia ser o prenúncio do jornal do futuro, o que se concretizaria mais tarde. Na continuação do texto, Bilac, entretanto, foi assertivo quanto à morte do objeto livro.

Em sua primeira afirmação, o poeta soube prospectar e prever novos meios de comunicação capazes de fornecer informação diária, para além do, já àquela época, tradicional jornal impresso. E não fez a previsão excluindo este último, entendendo que haveria uma complementação das características do jornal, revista e cinema em um mesmo espaço.

---

12  O presente texto orientou palestra proferida na Academia Brasileira de Letras em 28 de agosto de 2014, durante seminário *Brasil, brasis: a literatura infantil e juvenil na atualidade*, coordenado pelo acadêmico Domício Proença Filho. A íntegra do debate, com participação da escritora e acadêmica Ana Maria Machado e da presidente da Fundação Nacional do Livro Infantil e Juvenil Elizabeth Serra pode ser acessada em <https://www.youtube.com/watch?v=TcAdOFZwx4g>.

13  O texto de Bilac, publicado no número 1 da revista, se encontra reproduzido em *Videologias: ensaios sobre a televisão*, de Eugenio Bucci e Maria Rita Khel (São Paulo: Boitempo, 2004).

Podemos falar que Bilac antecipa, sem mencionar, o conceito de convergência, tão utilizado hoje, que significa a junção de diferentes funções em um mesmo dispositivo.

Profissional originária do universo da comunicação, decidi seguir a trilha que nosso poeta acadêmico intuiu. Ou, talvez fosse melhor dizer, anteviu e, nessa conversa, parto da teoria da intermedialidade, que estuda as trocas que ocorrem entre os meios de comunicação, para refletir sobre a literatura dedicada a crianças e jovens no nosso país.

Muito explorado pela escola alemã de comunicação, o conceito, segundo Müller, em *Linhas imaginárias*, se define "como a relação que se estabelece entre diversas mídias e produtos midiáticos, e que estes estabelecem entre si, através de processos de adaptação, citação, hibridização etc., ressaltando a medialidade de sua constituição e do seu sentido".

Ainda segundo o teórico, "o importante passa a ser o modo como as diferentes mídias (livro, cinema, TV, rádio, internet, teatro etc.) tematizam umas às outras, ou se fundem e/ou se imbricam como mídias isoladas ou como sistemas midiáticos, através de processos de citação, adaptação e hibridização".

Feita essa explicação, ouso, então, discordar do poeta Bilac, para professar a crença de que o livro continuará a existir, mas deverá apresentar – e já tem apresentado – muitas e novas formas. E elas serão cada vez mais tecnológicas, deverão ser mais sofisticados que os atuais *e-books*. Ousando um pouco mais, defendo que a mídia que hoje aponta as perspectivas de futuro para o mundo editorial é o livro infantil, que se fortalece a cada dia como campo de experimentação.

A observação do universo editorial brasileiro no segmento infantojuvenil leva-me a pensar que boa parte do que se produz hoje no país, e aqui me refiro ao livro impresso em geral, vive o efeito do entrecruzamento entre diferentes mídias. Mas essa experimentação ainda ocorre de maneira embrionária, porque o mercado avança tímido, pois são novidades que encarecem o produto final.

Mesmo sendo universo ainda em crescimento, essa inter-relação de mídias, no entanto, provoca mudanças na forma de avaliação de um livro infantil. Significa que apenas o texto, por melhor que ele seja, já não segura o leitor porque ele está cada vez mais imerso nessa cultura em que as mídias se entrecruzam, reivindicam interatividade, se conectam e convergem.

Embora tenhamos transformado bastante o perfil de nossa produção editorial, o laboratório que é o livro infantil brasileiro ainda precisa de muito investimento para se fortalecer e ocupar espaço maior dentro do cenário global em que se insere boa parte da juventude brasileira, que é o da era digital.

Recorro a outros estudos. A acadêmica norte-americana Elisa Dresang, em texto escrito no final dos anos 1990 e até hoje referência (em tradução livre: *Mudança radical: livros para a juventude na era digital*), foi uma das primeiras a alertar para mudanças nas formas, nos formatos, perspectivas e limites no segmento infantojuvenil provocadas pela revolução tecnológica que se insinuava naquele momento. Em sua teoria sobre as profundas mudanças que a era digital iria provocar sobre a leitura, a estudiosa identificou várias relacionadas com a interatividade, a conectividade e o acesso veloz que a era virtual traria.

Para fortalecer essa mídia chamada livro impresso infantil será urgente o estabelecimento de alianças mais vigorosas entre os diferentes agentes que o elaboram. Senão, corremos o risco de perder a capacidade de atrair os novos leitores. Muitos deles já são – e um maior contingente será – naturais de um mundo digital em que essas características (a interatividade, a conectividade, a convergência e a velocidade) norteiam as relações de vida e, por consequência, da leitura. Somos um país que absorve rapidamente mudanças tecnológicas (o Brasil fica atrás apenas dos Estados Unidos e da Índia no número de crianças que usam dispositivos móveis[14]), e essa adaptabilidade pode ser usada em benefício do objeto livro. É só imaginarmos quantos livros poderão ser produzidos para serem lidos, no futuro, nessas mídias conectadas.

Todo esse imenso preâmbulo é para lhes dizer que, quando analiso qualquer livro dedicado ao universo infantojuvenil, só o texto verbal e,

---

14 Dado retirado de matéria publicada no jornal *Correio Braziliense*, sob o título "A turminha *touchscreen*".

eventualmente, o texto visual já não bastam como critérios de análise. De modo geral, a partir da materialidade do livro, procuro estabelecer conexões com as expressões contemporâneas da cultura. As transformações tecnológicas midiáticas são levadas em consideração, pois procuro identificar se elas comparecem no livro que avalio.

Tendo informado-lhes desse percurso, parto agora para minhas observações pontuais sobre o universo da literatura infantojuvenil nacional.

*No segmento infantil*, em que a síntese se apresenta como um dos requisitos, formamos bons autores. Seguindo a escola de Monteiro Lobato, conseguimos elaborar narrativas inteligentes em que o lírico e, muitas vezes, o humor encantam gerações. Há uma galeria de autores que formaram gerações de leitores e temos aqui a Ana Maria Machado, que nos trouxe um Hans Christian Andersen. Com ela, somos detentores de três Andersen (incluindo a Lygia Bojunga, também como autora do verbal, e o ilustrador Roger Mello). Novos autores surgem, fortalecendo a produção de textos verbais. Mas, lembrando frase de Fernando Pessoa, ao dizer "citar é ser injusto, enumerar é esquecer", deixarei de elencá-los.

Nossos livros para crianças e adolescentes têm também bastante ritmo e melodia, reflexo, talvez, de nossa tendência à oralidade.

E, o que considero também vigoroso, muitos autores infantis começam a explorar com ênfase situações do cotidiano urbano conflagrado, típico de nossas metrópoles. Nesse aspecto, e neste momento, o livro infantil nacional ultrapassa em conteúdo até mesmo parte da ficção adulta brasileira contemporânea, ainda bastante baseada na memória, na chamada autofição.

Nesse segmento, contudo, identifico questão que, se não ficarmos atentos, poderá gerar muitos problemas. Nossa ilustração precisa ser fortalecida. Até por ser a imagem elemento central da forma de apreender o mundo na contemporaneidade. O Hans Christian Andersen a Roger Mello foi dado ao mérito da exceção. Precisamos com urgência reforçar os bons ilustradores que já existem (também não citarei) e incentivar o aparecimento de ilustradores tão capazes de inventar com sofisticação como ele.

Tal fortalecimento passa por questões de formação. Nosso país tem pouco hábito de visitar a História da Arte. Faltam-nos museus com acervos importantes, escasseiam as aulas de arte, tornam-se raras as escolas que investem para que o aluno conheça a tradição da imagem. Nossa cultura visual, tenho que reconhecer, carece ter maior repertório. Cor, ritmo, composição, a articulação de todos esses elementos requer estudo e conhecimento. Poucos intuitivos dão conta da tarefa.

Por isso, aqueles que escolhem ser ilustradores, além do talento, precisam se especializar. Isso exige investimento deles e das editoras. Paralelo a isso, acredito que editoras, autores e ilustradores necessitam de um novo pacto de direitos autorais. Estou convencida de que é preciso repensar nossas formas de contratação para evitar o risco do empobrecimento de nossa produção em imagens.

Só um bom texto, acompanhado de uma ilustração apenas reiterativa, não segura mais um livro destinado à infância. A exigência é que o livro todo reflita conceitualmente parâmetros da era digital. Para isso, será necessária daqui para frente a construção de ambiciosas parcerias entre autores, ilustradores e *designers*, e, em muitos casos, também com engenheiros do papel. Como no cinema, nas telenovelas, o livro infantil dependerá cada vez mais de equipes bem articuladas.

A especificidade multimodal do livro infantil – ainda estou a falar do produto impresso –, que teóricos como Arizpe e Styles afirmam ser exclusiva da literatura infantil, parte da fórmula palavra+imagem+movimento+voz+interatividade. Interação que tende a se tornar mais intensa com o passar dos anos. Para construí-los – vejam, não falo escrevê-los –, será necessário mais que talento.

Faço uma digressão que ajudará a entender a questão: há poucos dias, em uma livraria norte-americana, passei algum tempo avaliando livros em papel destinados a crianças muito pequenas – nicho que no Brasil é extremamente frágil, pois investimos muito pouco nesse segmento, reflexo de uma sociedade que não compreende a criança muito pequena, me refiro a faixa entre zero e três anos, como produtora de sentidos.

Observei encantada cada invenção feita com feltro, com plástico, com botões que disparavam som, com imagens que se mexiam ao toque do dedo! E não eram exemplares de livro-brinquedo. Havia conteúdo verbal, quase sempre em forma de quadras, de boa qualidade. Essa tendência à musicalidade, como dito anteriormente, já temos, mas precisamos incrementar a junção entre aqueles que pensam o produto a ser entregue a meninas e meninos. Percebi também que muitas dessas obras eram assinadas em conjunto pelo autor e ilustrador, sem distinção de função. No Brasil, o que tenho observado como tendência é o ilustrador tornar-se também o autor, assinando ele, sozinho, o livro.

Com o passar dos anos, posso ser apontada como equivocada, mas creio que a fusão das mídias, além de modificar nossas formas de compreensão e apreensão da realidade, nos forçará a lidar com o livro infantil, na forma tradicional – isto é texto verbal e texto visual apenas – como raridade. O multimodal tende a ser exigência das novas gerações.

**JUVENIL** – Nesse segmento, a questão faz-se mais ampla. Temos problemas ainda na produção do texto verbal. Falando genericamente, a partir dos livros que avalio, considero que escasseiam autores com amplo domínio da linguagem, capazes de construir narrativas de maior impacto, de envolver o leitor com enredos construídos para além do narrador em primeira pessoa, ponto de vista privilegiado no momento.

Sim, temos jovens autores, talvez fosse melhor especificar o gênero e dizer autoras, vendendo milhões de exemplares. Não dá para desmerecer a importância que têm na expansão dos índices de leitura. Mas, de maneira geral, escrevem histórias de fácil assimilação, que provocam rápida adesão dos leitores por exigir mínimo esforço de reflexão.

Boa parte desse efeito reflete outras relações estabelecidas entre as mídias. Quase todos, se não a totalidade, desses jovens autores tem perfil muito ativo nas redes sociais. São jovens que se comunicam diretamente com os leitores e isso repercute na aceitação e venda. Por mais que muitas dessas narrativas não encantem, tento encontrar nelas esses parâmetros do contemporâneo e percebo que a conectividade, essa ligação direta do autor com o leitor, interfere muito para que os nomes dos primeiros se tornem quase "virais".

Precisamos, então, respeitar o papel que desempenham. Na função de crítica – e aqui é interessante perceber o retorno desse espaço de reflexão em um veículo de mídia de amplo acesso, como está sendo feito pelo *O Globo Online*, só possibilitado pela mudança do papel para o digital –, sou obrigada a cobrar maior esforço no domínio da linguagem, na elaboração de tramas, enredos, ambientações e personagens.

Com o maior desenvolvimento das tecnologias de imagem e reprodução convergindo em um mesmo aparelho, a tendência do universo juvenil é que os livros venham a ser reforçados com imagens e passem a apostar mais e mais na interatividade. Muitos livros para a adolescência já se aproximam dos *games* que capturam a atenção de garotas e garotos.

Nesse segmento, ocorre outro fenômeno, que acho dos mais interessantes, ainda não devidamente estudado. Muitas dessas interações se transformam em novos produtos editoriais. Basta vermos as páginas de *fanfictions* que abundam na internet. O jovem leitor lê um livro e imediatamente se põe a fazer novo texto com aquelas personagens; muitas vezes, esse texto é filmado, como se fosse um *trailer* que resume a história. As facilidades tecnológicas permitem a rapidez do consumo e da reiteração. E também da leitura.

Para finalizar, retorno a Bilac, ao poeta, e, a sua maneira, indago: "Que sentido tem o que dizem"[15], não as estrelas, mas os livros, se eles não foram capazes de atender as demandas e os anseios de uma geração ultraconectada?

---
15  Frase retirada do poema "Via láctea", em domínio público.

# Referências

ACIOLI, Socorro. *Emília* – uma biografia não autorizada da Marquesa de Rabicó. Ilustração: Wagner Willian. Rio de Janeiro: Casa da Palavra, 2014.

ADAMS, Jennifer. *O pequeno Lewis Carroll*: Alice no País das Maravilhas. Tradução: Janaína Senna. Ilustração: Alison Oliver. Rio de Janeiro: Nova Fronteira, 2012.

AGUIAR, Luiz Antônio. *Homero* – aventura mitológica. Rio de Janeiro: Galera Junior, 2014.

AGUIAR, Vera. *Poesia fora da estante*. Porto Alegre: Projeto/PUCRS, 1995.

ALEMAGNA, Beatrice. *Os cinco esquisitos*. Tradução: Carlo Alberto Dastoli. São Paulo: Martins Fontes, 2014.

ALVAREZ, Alonso. *O elefante entalado*. Ilustração: Fê. São Paulo: Ficções, 2014.

ANDRADE, Mário de. *Os contos de Belazarte*. Rio de Janeiro: Nova Fronteira, 2013.

ANDRADE, Mário de. *Café*. Estabelecimento do texto, introdução, posfácio e seleção de imagens por Tatiana Longo Figueiredo. Rio de Janeiro: Nova Fronteira, 2015.

ANDRADE, Mário de. *Macunaíma*. Roteiro e arte: Angelo Abu e Dan X. São Paulo: Peirópolis, 2016.

ANDREAE, Giles. *Girafas não sabem dançar*. Ilustração: Guy Parker-Rees. São Paulo: Companhia das Letrinhas, 2009.

ANDRUETTO, Maria Teresa. *Stefano*. Tradução: Marina Colasanti. São Paulo: Global, 2014.

AQUINO, Gilda. *Apenas um é diferente!* São Paulo: Brinque-Book, 2014.

ARIZPE, Evelyn; STYLES, Morag. *Children reading pictures* – interpreting visual texts. New York: Routledge, 2003.

ASSIS, Machado de. *O alienista*. Adaptação: Patrícia Engel Secco. São Paulo: Secco Assessoria Empresarial, 2014.

AZEVEDO, Ricardo. *Fragosas brenhas do mataréu*. São Paulo: Ática, 2013.

BACHMANN, Stefan. *O peculiar*. Rio de Janeiro: Galera Junior, 2014.

BALLIETT, Blue. *Procurando Vermeer*. Tradução: Aulyde S. Rodrigues. Ilustração: Brett Helquist. Rio de Janeiro: Rocco, 2004.

BALLIETT, Blue. *A caixa dos perigos*. Tradução: Rita Sussekind. Rio de Janeiro: Rocco, 2014.

BARBOSA, Thiago Carvalho. *Mônica: imagem e representação feminina nas tiras de Mauricio de Sousa (1963-1976)*. 90 f. Dissertação (Mestrado em Educação, Arte e História da Cultura) – Universidade Presbiteriana Mackenzie, São Paulo, 2008.

BARROS, Nuria. *O alfabeto dos pássaros*. Ilustração: Catarina Bessel. São Paulo: Cosac Naify, 2013.

BARUZZI, Agnese; NATALINI, Sandro. *The true story of Goldilocks*. London: Templar Books, 2009.

BAUER, Daniella. *Morada das lembranças*. São Paulo: Biruta, 2014.

BAULDUS, Hebert. *Estórias e lendas*: antologia ilustrada do folclore brasileiro. Ilustração: J. Lanzellotti. São Paulo: Literart, 1960.

BELÉM, Fernanda. *Ah, o verão!* Rio de Janeiro: Valentina, 2014.

BENEVIDES, Ricardo. *Os rabiscos do mundo*. Ilustração: Guto Lins. Rio de Janeiro: Galerinha, 2014.

BENJAMIN, Walter. *A hora das crianças – narrativas radiofônicas de Walter Benjamin*. Tradução: Aldo Medeiros. Rio de Janeiro: Nau Editora, 2015.

BERTOLT, Brecht. *A cruzada das crianças*. Tradução: Tercio Redondo. Ilustrações: Carme Sole Vendrell. São Paulo: Pulo do Gato, 2014.

BETTO, Frei. *Começo, meio e fim*. Ilustração: Vanessa Prezoto. Rio de Janeiro: Rocco, 2014.

BIJSTERBOSCH, Anita. *Todo mundo boceja*. Tradução: Camila Werner. São Paulo: Brinque-Book, 2015.

BLACK, Holly. *Boneca de ossos*. Tradução: Barbara Menezes. Ilustração: Eliza Wheeler. São Paulo: Novo Conceito, 2014.

BLAKE, Quentin. *O palhaço*. São Paulo: Ática, 1997.

BLASS, Tatiana. *A família Mobília*. São Paulo: Cosac Naify, 2014.

BOAS, Marion Villas. *Mistérios da Pindorama*. Ilustração: Marcelo Pimentel. Rio de Janeiro: Ampersand, 2009.

BOAS, Marion Villas; PIMENTEL, Marcelo. *Estórias de Jabuti*. Ilustração: Marcelo Pimentel. Rio de Janeiro: Rovelle, 2013.

BOJUNGA, Lygia. *Nós três*. Rio de Janeiro: Agir, 1990.

BOLDIS, Vorel; TOFFOLO, Antonella. *O lenço branco*. Tradução: Eliana Aguiar. Rio de Janeiro: Pequena Zahar, 2014.

BONASSI, Fernando. *Qualquer coisa*. São Paulo: FTD, 2014.

BOYD, Lizi. *Flashlight*. San Francisco: Chronicle Books, 2014.

BRAZ, Júlio Emílio. *Famaliá*. Ilustração: Marcelo Pimentel. Rio de Janeiro: Ao Livro Técnico, 2009.

BRONTE, Emily. *O morro dos ventos uivantes*. Adaptação: Ligia Cademartori. Ilustração: Paula Mastroberti. São Paulo: FTD, 2014.

BROWN, Margaret Wise. *Goodnight Moon*. Ilustração: Clement Hurd. Manhattan: Harper & Brothers, 1947. Disponível em: <https://www.youtube.com/watch?v=9yu_g5x3ZoQ>. Acesso em: 13 fev. 2017.

BROWNE, Anthony. *Na floresta*. Rio de Janeiro: Pequena Zahar, 2014.

BRUGMAN, Alyssa. *Alex as well*. Melbourne: Text Publishing, 2013.

BUCCI, Eugênio; KHEL, Maria Rita. *Videologias*: ensaios sobre televisão. São Paulo: Boitempo, 2004.

BURCK, Anna. Books apps: interactive reading on tablet computers. *Goethe Institute*, Mar. 2016. Disponível em: <https://www.goethe.de/en/m/kul/lit/20366343.html>. Acesso em: 13 fev. 2017.

CADEMARTORI, Ligia. *O que é literatura infantil*. São Paulo: Brasiliense, 1986.

CADEMARTORI, Ligia. *O professor e a literatura* – para pequenos, médios e grandes. Belo Horizonte: Autêntica, 2009.

CADEMARTORI, Ligia. *O tempo é sempre*. Rio de Janeiro: 7Letras, 2015.

CALCANHOTO, Adriana. *Antologia ilustrada da poesia brasileira*: para crianças de qualquer idade. Rio de Janeiro: Casa da Palavra, 2013.

CARAMICO, Thais. Javier Zabala: uma figura da ilustração. *Revista Emília*, jul. 2012 Disponível em: <www.revistaemilia.com.br/mostra.php?id=213>. Acesso em: 6 fev. 2017.

CARDOSO, Luiz Claudio. *Ter ou não ter*. Rio de Janeiro: Rovelle, 2014.

CARNEIRO, Flavio. *Devagar & Divagando*. Ilustração: Flávio Fargas. Rio de Janeiro: Rocco Pequenos Leitores, 2014.

CARRASCOZA, João Anzanello; VIANNA, Viviane de Assis. *nós 4*. Ilustração: Christiane Costa. Belo Horizonte: Autêntica, 2014.

CARROL, Lewis. *Alice no País das Maravilhas*. Tradução: Nicolau Sevcenko. Ilustração: Luiz Zerbini. São Paulo: Cosac Naify, 2009.

CARROL, Lewis. *Alice no País das Maravilhas*. Adaptação: Harriet Castor. Ilustração: Zdeno Basic. São Paulo: Ciranda Cultural, 2010.

CARROL, Lewis. *Alice*: edição comentada e ilustrada: *Aventuras de Alice no País das Maravilhas & Através do Espelho e o que Alice encontrou por lá*. Tradução: Maria Luiza X. de A. Borges. Ilustração: John Tenniel. Rio de Janeiro: Zahar, 2010.

CARROLL, Lewis. *Alice no País das Maravilhas*. Tradução e adaptação: Ligia Cademartori. Ilustração: Marilia Pirillo. São Paulo: FTD, 2010.

CARROL, Lewis. *Jaguadarte*. Tradução: Augusto de Campos. Ilustração: Rita Vidal. São Paulo: Nhambiquara, 2014.

CARROLL, Lewis. *A pequena Alice no País das Maravilhas*. Tradução: Marina Colasanti. Ilustração: Emmanuel Polanco. Rio de Janeiro: Galerinha, 2015.

CARROL, Lewis. *Alice através do espelho*. Tradução: Alexandre Barbosa de Souza. Ilustração: Rosângela Rennó. São Paulo: Cosac Naify, 2016.

CARVALHO, Ana; CARELLI, Rita. *Um dia na aldeia*. Ilustração: Rita Carelli. São Paulo: Cosac Naify, 2014.

CAULOS. *O livro bonito*. Rio de Janeiro: Rocco Pequenos Leitores, 2015.

CERVANTES, Miguel de. *Dom Quixote*. Tradução e adaptação: Ligia Cademartori. São Paulo: FTD, 2013.

CHAUI, Marilena. *O que é ideologia*. São Paulo: Brasiliense, 2001.

CHILD, Lauren. *Eu nunca vou comer um tomate*. São Paulo: Ática, 2007.

CHILDS, Tera Lynn. *Ai, meus Deuses*. Tradução: Alda Lima. Rio de Janeiro: Galera Junior, 2014.

CHINDLER, Adriana. *Bibliotecas do mundo*. Ilustração: Ciça Fittipaldi. Rio de Janeiro: Casa da Palavra, 2012.

COELHO, Cecília Pinto. A turminha *touchscreen*. *Correio Braziliense*, Brasília, Caderno de Informática, 20 nov. 2012.

COLASANTI, Marina. *Uma ideia toda azul*. São Paulo: Global, 1978.

COLASANTI, Marina. *23 histórias de um viajante*. São Paulo: Global, 2005.

COLASANTI, Marina. *Breve história de um pequeno amor*. Ilustração: Rebeca Luciane. São Paulo: FTD, 2014.

COLASANTI, Marina. *Como uma carta de amor*. São Paulo: Global, 2014.

CONRADO, Ana Leonor Teberosky; COLOMER, Teresa. *Aprender a ler e escrever*: uma proposta construtivista. Porto Alegre: Artmed, 2002.

CONRADO, Ana Leonor Teberosky; FERREIRO, Emilia. *Psicogênese da língua escrita*. Porto Alegre: Artmed, 2008.

CORREIA, Marlene de Castro. *O leão filósofo, Serafim e outros bichos*. Ilustração: Marina Papi. Rio de Janeiro: Pequena Zahar, 2014.

COTTIN, Menena; FARÍA, Rosana. *O livro negro das cores*. Tradução: Rafaella Lemos. Rio de Janeiro: Pallas, 2011.

COWLEY, Joy. *Escrevendo com o coração* – como escrever para crianças. Rio de Janeiro: Gryphus, 2014.

CREECH, Sharon. *Meninos não escrevem poesia*. Tradução: Flávia Souto Maior. São Paulo: Leya, 2014.

CROWL, Cath. *Graffiti Moon*. Rio de Janeiro: Valentina, 2014.

CRUZ, Nelson. *Haicais visuais*. Curitiba: Positivo, 2015.

CRUZ, Nelson. *O livro do acaso*. Belo Horizonte: Abacatte, 2015.

CUMMINGS, e.e. *4 contos*. Tradução: Claudio Alves Marcondes. Ilustração: Eloar Guazzelli. São Paulo: Cosac Naify, 2014.

CUNHA, Leo. *Haicais para filhos e pais*. Ilustração: Salmo Dansa. Rio de Janeiro: Galerinha Record, 2013.

CUNHA, Leo. *Arca de Noé* – uma história de amor. Ilustração: Gilles Eduar. Rio de Janeiro: Nova Fronteira, 2014.

CUNHA, Leo. *Poesia para crianças* – conceitos, tendências e práticas. Curitiba: Positivo, 2014.

DAVIES, Benji. *Leo e a baleia*. Tradução: Marília Garcia. Rio de Janeiro: Paz & Terra, 2014.

DILL, Luís. *Zona de sombra*. Porto Alegre: Artes e Ofícios, 2014.

DONALDSON, Julia. *O que a Joaninha ouviu* – livro dos sons. Ilustração: Lydia Monks. São Paulo: Salamandra, 2012.

DRESANG, E. T. *Radical change*: books for youth in a digital age. New York: Wilson, 1999.

DROYD, Ann. *Goodnight iPad*. [S.l.]: Blue Rider Press, 2011.

DUFFY, Chris. *Contos de fadas em quadrinhos* – *clássicos contados por extraordinários cartunistas*. Tradução: Amanda Strausz. Rio de Janeiro: Galera Junior, 2015.

EDUAR, Gilles. *Brasil 100 palavras*. São Paulo: Companhia das Letrinhas, 2014.

EHRLIN, Carl-Johan Forssén. *O coelho que queria muito adormecer*: uma nova forma de ensinar as crianças adormecerem. London: Ehrlin Förlag, 2013.

ESTEVES, Daniel. *A herança africana no Brasil*. Ilustração: Wanderson de Souza e Wagner de Souza. Belo Horizonte: Autêntica, 2015.

FALEIROS, Álvaro; VILELA, Fernando. *O voo de Vadinho*. Rio de Janeiro: Pequena Zahar, 2014.

FERNANDES, Raul. *Jabuticabeira*. Rio de Janeiro: Alfaguara, 2014.

FITIPALDI, Ciça. *Naninquiá* – a moça bonita. São Paulo: DCL, 2013.

FITTIPALDI, Ciça. *A árvore do mundo e os outros feitos de Macunaíma*: mito-herói dos índios Makuxi, Wapixana e Taulipang. São Paulo: Melhoramentos, 1988.

FRAGA, Ronaldo. *Uma festa de cores* – memórias de um tecido brasileiro. Ilustração: Anna Göbel. Belo Horizonte: Autêntica, 2014.

FRAGATA, Claudio. *O para sempre de Pedrina e Tunico*. Ilustração: Cárcamo. Rio de Janeiro: Galera Junior, 2015.

FRAGATA, Claudio; MATSUSHITA, Raquel. *Alfabeto escalafobético* – um abecedário poético. São Paulo: Jujuba, 2013.

FRANCK, Ed. *Olhe para mim*. Tradução: Cristiano Zwiesele do Amaral. Ilustrações: Kris Nauwelaerts. São Paulo: Pulo do Gato, 2014.

FRANCO, Blandina; LOLLO, José Carlos. *A raiva*. Rio de Janeiro: Pequena Zahar, 2014.

FRATE, Dilea. *(Quem contou?)* – crianças estranhas, bichos sensíveis e cachorros problemáticos. Ilustração: Laerte. São Paulo: Companhia das Letrinhas, 2014.

FREITAS, Isabela. *Não se apega, não*. Rio de Janeiro: Intrínseca, 2014.

FREITAS, Tino. *Cadê o juízo do menino?* Ilustração: Mariana Massarani. Rio de Janeiro: Manati, 2009.

FREITAS, Tino. *Kurikalá e as torres de pedra*. Ilustração: Lúcia Brandão. Rio de Janeiro: Salamandra, 2014.

FREITAS, Tino; MORICONI, Renato. *Os invisíveis*. Rio de Janeiro: Casa da Palavra, 2013.

FREITAS, Tino; MORICONI, Renato. *Uniforme*. Rio de Janeiro: Edições de Janeiro, 2015.

FRIER, Raphaële; ZAÚ. *Martin e Rosa*. Rio de Janeiro: Pequena Zahar, 2014.

GAIMAN, Neil. *O dia em que troquei meu pai por dois peixinhos dourados*. Ilustração: Dave Mckean. Tradução: Viviane Diniz. Rio de Janeiro: Rocco Pequenos Leitores, 2014.

GALDINO, Luiz. *Os doze trabalhos de Hércules*. São Paulo: FTD, 2000.

GALELLI, Patrícia. *Cabeça de José*. Ilustração: Yannet Briggiler. Florianópolis: Nave, 2014.

GENETTE, Gérard. *Paratextos editoriais*. São Paulo: Ateliê Editorial, 2009.

GODOY, José; TAVARES, Mariza. *Pra ficar com ela*. Rio de Janeiro: Globo, 2015.

GOGH, Vincent van; ZABALA, Javier. *O pássaro na gaiola*. Tradução: Mauro Gaspar. Rio de Janeiro: Pequena Zahar, 2015.

GUÉRY, Anne; DUSSUTOUR, Olivier. *Alfabarte*. Tradução: Eduardo Brandão. São Paulo: Companhia das Letrinhas, 2014.

GUIMARÃES, Telma. *A viagem de Fofo*. Ilustração: Mima Castro. São Paulo: Editora do Brasil, 2014.

GULLAR, Ferreira. *Bichos do lixo*. Rio de Janeiro: Casa da Palavra, 2013.

GUNGUI, Francisco. *Gosto de você assim*. Tradução: Carla Canepa. São Paulo: Fundamento, 2014.

HASHIMOTO, Lica; YOSHIDA, Nana. *A origem do Japão – mitologia da era dos deuses*. Ilustração: Carlo Giovani. São Paulo: Cosac Naify, 2015.

HASKAMP, Steve. *Five silly monkeys*. Ilustração: Steve Haskamp. Atlanta: Intervisual, 2004.

HAZIN, Elizabeth. *Mágica de carrossel*. Ilustração: Bruna Assis Brasil. Rio de Janeiro: Vieira & Lent, 2014.

HEANEY, Seamus; HUGGHES, Ted. *School bag*. London: Faber and Faber, 2005.

HEATHER, Alexander. *A child's introduction to art*. New York: Black Dog & Leventhal, 2014.

HEINE, Florian. *13 art inventions children should know*. New York: Prestel, 2011.

HEZTEL, Bia; NEGREIROS, Silvia. *ABC – Curumim já sabe ler*. Ilustração: Mariana Massarani. Rio de Janeiro: Manati, 2008.

HIRATSUKA, Lucia. *Orie*. Rio de Janeiro: Pequena Zahar, 2014.

HOLANDA, Chico Buarque de. *Chapeuzinho amarelo*. Ilustração: Ziraldo. Rio de Janeiro: José Olympio, 1979.

HOUDART, Emmanuelle. *Tá tudo bem, neném!* Tradução: Fabio Weintraub. São Paulo: SM, 2015.

HUGHES, Emily. *Selvagem*. Tradução: Maria Luiza X. de A. Borges. Rio de Janeiro: Pequena Zahar, 2015.

JARDIM, Eduardo. *Eu sou trezentos – Mário de Andrade: vida e obra*. Rio de Janeiro: Edições de Janeiro, 2015.

JIMÉNEZ, Javier Fernández. *El pajáro enjaulado*, un recorrido a través del período creativo de um ilustrador. *Revista Érase una Vez*, n. 11, fev.-mar. 2015. Disponível em: <http://www.revistaeraseunavez.es/el-pajaro-enjaulado-un-recorrido-a-traves-del-periodo-creativo-de-un-ilustrador/>. Acesso em: 6 fev. 2017.

JIMÉNEZ, Juan Ramón. *Platero e eu*. Tradução: Mônica Stahel. Ilustração: Javier Zabala. São Paulo: Martins Fontes, 2010.

JÚNIOR, Otávio. *O garoto da camisa vermelha*. Ilustração: Angelo Abu. Belo Horizonte: Autêntica, 2013.

JÚNIOR, Otávio. *O chefão lá no morro*. Ilustração: Angelo Abu. Belo Horizonte: Autêntica, 2014.

KAUFMAN, Ruth; FRANCO, Raquel. *Abecedário* – abrir, bailar, comer y otras palavras importantes. Buenos Aires: Pequeño Editor, 2015.

KOPENAWA, Davi; ALBERT, Bruce. *La chute du ciel*: paroles d'un chaman Yanomami. Paris: Plon/Terre Humaine, 2010.

KRISTEVA, Julia. *Estrangeiros para nós mesmos*. Tradução: Maria Carlota Carvalho Gomes. Rio de Janeiro: Rocco, 1994.

LACERDA, Rodrigo. *A fantástica arte de conviver com animais*. São Paulo: Edição do Autor, 2005-2006.

LACERDA, Rodrigo. *O mistério do leão rampante*. São Paulo: Ateliê Editorial, 2006.

LACERDA, Rodrigo. *O fazedor de velhos*. São Paulo: Cosac Naify, 2008.

LACERDA, Rodrigo. *A república das abelhas*. São Paulo: Companhia das Letras, 2013.

LACERDA, Rodrigo. *Hamlet ou Amleto?* – Shakespeare para jovens curiosos e adultos preguiçosos. Rio de Janeiro: Zahar, 2015.

LACOMBE, Ana Luísa. *A árvore de Tamoromu*. Ilustração: Fernando Vilela. São Paulo: Editora Formato, 2013.

LAGO, Angela. *O cântico dos cânticos*. São Paulo: Paulinas, 1992.

LAGO, Angela. *Cena de rua*. Belo Horizonte: RHJ, 1994.

LAGO, Angela. *O cântico dos cânticos*. São Paulo: Cosac Naify, 2013.

LAVATER, Warja. *La Belle au bois dormant*. Paris: Maeght, 1982.

LEE, Harper. *Go set a watchman*. New York: HarperCollins, 2015.

LEITÃO, Míriam. *A perigosa vida dos passarinhos pequenos*. Ilustração: Rubens Matuck. Rio de Janeiro: Rocco, 2013.

LEITÃO, Míriam. *A menina de nome enfeitado*. Ilustração: Alexandre Rampazo. Rio de Janeiro: Rocco Pequenos Leitores, 2014.

LEITÃO, Míriam. *Flávia e o bolo de chocolate*. Ilustração: Bruna Assis Brasil. Rio de Janeiro: Rocco Pequenos Leitores, 2015.

LEVI, Clovis. *A cadeira que queria ser sofá e outros contos*. Ilustração: Ana Biscaia. São Paulo: Viajante do Tempo, 2014.

LEVITHAN, David. *Garoto encontra garoto*. Tradução: Regina Winarski. Rio de Janeiro: Galera, 2014.

LINARES, Bel; ALCY. *Se essa rua fosse minha*. Belo Horizonte: Formato, 2013.

LISPECTOR, Clarice. *Doze lendas brasileiras* – como nasceram as estrelas. Ilustração: Suryara. Rio de Janeiro: Rocco Pequenos Leitores, 2014.

LLOSA, Mario Vargas. *Fonchito y la luna*. Madrid: Alfaguara, 2010.

LLOSA, Mario Vargas. *El barco de los niños*. Ilustração: Zuzanna Celej. Lima: Alfaguara, 2014.

LLOSA, Mario Vargas. *O barco das crianças*. Ilustração: Zuzanna Celej. Tradução: Ari Roitman e Paulina Wacht. Rio de Janeiro: Alfaguara, 2015.

LOBATO, Monteiro. *Alice no País das Maravilhas*. São Paulo: Companhia Editora Nacional, 1931.

LOBATO, Monteiro. *Os doze trabalhos de Hércules*. São Paulo: Brasiliense, 1978.

LOBATO, Monteiro. *As jabuticabas*. São Paulo: Globo, 2012.

LOBATO, Monteiro. *Caçadas de Pedrinho e Negrinha*. São Paulo: Globo, 2012.

LOBATO, Monteiro. *Histórias de Emília*. São Paulo: Globo, 2013.

LUTKUS, Alex; CUNHA, Leo. *ABCenário*. Belo Horizonte: Autêntica, 2014.

MACCAIN, Murray. *Livros*. Tradução: Rodrigo Lacerda e Mauro Gaspar. Ilustração: John Alcorn. Rio de Janeiro: Pequena Zahar, 2014.

MACHADO, Ana Maria. *ABC do Brasil*. Ilustração: Gonzalo Cárcamo. São Paulo: Edições SM, 2009.

MACHADO, Ana Maria. *Histórias africanas*. Ilustração: Laurent Cardon. São Paulo: FTD, 2014.

MACHADO, Dálcio. *Flubete*. São Paulo: Companhia das Letrinhas, 2014.

MACHADO, Luiz Raul. *Como gata e rato, como cão e gata* – pequenas noções de zoologia humana. Ilustração: Ana Freitas. Rio de Janeiro: Galera, 2013.

MÃE, Valter Hugo. *A desumanização*. São Paulo: Cosac Naify, 2014.

MÃE, Valter Hugo. *O paraíso são os outros*. São Paulo: Cosac Naify, 2014.

MAGRIS, Claudio. *Danúbio*. Tradução: Elena Grechi, Jussara de Fátima Mainardes Ribeiro. São Paulo: Companhia das Letras, 2008.

MALTEZ, Manu. *Desequilibristas*. São Paulo: Peirópolis, 2014.

MANTEGAZZA, Giovanna. *La escuela*. Ilustração: Francesca di Chiara. Buenos Aires: Atlantida, 2007.

MANUEL MATEO, José; MARTÍNEZ PEDRO, Javier. *Migrar*. Tradução: Rafaella Lemos. Rio de Janeiro: Pallas, 2013.

MARINHO, Josias. *Benedito*. São Paulo: Saraiva, 2014.

MARIONNET, Tissu. *Regarde Moi!*. Paris: Editions Quatre Fleuves, 2002.

MARTÍ, Merixell; SALOMÓ, Xavier. *La fantástica historia del Ratoncito Pérez*. Barcelona: Beascoa, 2013.

MARZI, Christoph. *Janelas assombradas*. Tradução: Christina Wolfensberger. Ilustração: Monika Parciak. São Paulo: Volta e Meia, 2013.

MATA, Anderson da; ZAPPONE, Mirian (Org.). Dossiê sobre literatura e infância. *Estudos de Literatura Brasileira Contemporânea*, Brasília, n. 46, jul./dez. 2015.

MATUCK, Rubens. *Buriti*. São Paulo: Peirópolis, 2013.

MEIRELES, Cecília. *Problemas da literatura infantil*. Rio de Janeiro: Nova Fronteira, 1984.

MEIRELES, Cecília. *Ou isto ou aquilo*. Ilustração: Odilon Moraes. São Paulo: Global, 2012.

MELLO, Roger. *Meninos do mangue*. São Paulo: Companhia das Letrinhas, 2001.

MELLO, Roger. *Curupira*. Ilustração: Graça Lima. Rio de Janeiro: Manati, 2002.

MELLO, Roger. *Vizinho, vizinha*. São Paulo: Companhia das Letrinhas, 2002.

MELLO, Roger. *João por um fio*. São Paulo: Companhia das Letrinhas, 2006.

MELLO, Roger. *Zubair e os labirintos*. São Paulo: Companhia das Letrinhas, 2007.

MELLO, Roger. *Carvoeirinhos*. São Paulo: Companhia das Letrinhas, 2009.

MELLO, Roger. *Selvagem*. São Paulo: Global, 2010.

MELLO, Roger. *Cavalhadas de Pirenópolis*. Rio de Janeiro: Nova Fronteira, 2013.

MELLO, Roger. *Inês*. Ilustração: Mariana Massarani. São Paulo: Companhia das Letrinhas, 2015.

MENEZES, Silvana de. *Finóquio*. Belo Horizonte: Abacatte, 2011.

MILLER, Jacques-Alain. *Ornicar?* Rio de Janeiro: Jorge Zahar, 2004. v. 1 – De Jacques Lacan a Lewis Carroll.

MORAES, Marcos Antonio de. *Correspondência: Mário De Andrade & Manuel Bandeira*. São Paulo: Edusp/IEB, 2004.

MORAES, Odilon. *Será o Benedito*. São Paulo: Cosac Naify, 2008.

MORICONI, Renato. *Bárbaro*. São Paulo: Companhia das Letrinhas, 2013.

MORTIER, Tina. *Mari e as coisas da vida*. Ilustração: Kaatje Vermeire. São Paulo: Pulo do Gato, 2012.

MOSCOVICH, Cíntia. *Mais ou menos normal*. Ilustração: Mariana Zanetti. São Paulo: FTD, 2007.

MÜLLER, Adalberto. *Linhas imaginárias*: poesia, mídia, cinema. Porto Alegre: Sulina, 2012.

MURRAY, Roseana. *Abecedário poético de frutas*. Ilustração: Cláudia Simões. Rio de Janeiro: Rovelle, 2013.

NATALINI, Sandro. *A verdadeira história de Cachinhos Dourados*. Tradução: Gilda de Aquino. São Paulo: Panda Books, 2014.

NEGRO, Maurício. *Por fora bela viola*. São Paulo: Edições SM, 2014.

NETTO, Adriano Bitarães. *Poesia dos pés à cabeça*. Ilustração: Rubem Filho. São Paulo: Paulinas, 2013.

NEVES, André. *Obax*. São Paulo: Brinque-Book, 2010.

NOBEL, Lorena; KURLAT, Gustavo; FARIA, Marina. *Quando Blufis ficou em silêncio*. São Paulo: Companhia das Letrinhas, 2014.

NOGUEIRA, Carolina. *A rua de todo mundo*. Brasília: Longe, 2014.

OLIVEIRA, Ieda de. *As aventuras do Gato Marquês*. Ilustração: Lúcia Brandão. São Paulo: Global, 2014.

OLIVEIRA, Ieda de. *As cores da escravidão*. Ilustração: Rogério Borges. São Paulo: FTD, 2013.

OLIVEIRA, Rui de. *A Bela e a Fera* – conto por imagens. Rio de Janeiro: Nova Fronteira, 2015.

ONDJAKI. *AvóDezanove e o segredo do soviético*. São Paulo: Companhia das Letras, 2013.

ONDJAKI. *Uma escuridão bonita*. Ilustração: António Jorge Gonçalves. Rio de Janeiro: Pallas, 2013.

ORTHOF, Sylvia. *Vaca Mimosa e a mosca Zenilda*. Ilustração: Gê Orthof. São Paulo: Ática, 1982.

ORTHOF, Sylvia. *Mudanças no galinheiro, mudam as coisas por inteiro*. Ilustração: Mariana Massarani. Rio de Janeiro: Rovelle, 2012.

ORTHOF, Sylvia. *Uxa, ora fada, ora bruxa*. Ilustração: Gê Orthof. Rio de Janeiro: Nova Fronteira, 2012.

ORTHOF, Sylvia. *Ave, alegria!* Ilustração: Ellen Pestilli. São Paulo: Gaia, 2014.

ORTHOF, Sylvia. *Poesia d'água*. Rio de Janeiro: Rovelle, 2015.

PACOVSKÁ, Kvéta. *Alphabet*. Ravensburger: Verlag, 1996.

PAIVA, Ana Paula Mathias de. *Um livro pode ser tudo e nada*: especificidades da linguagem do livro-brinquedo. 2013. Tese (Doutorado em Literatura) – Faculdade de Letras, Universidade Federal de Minas Gerais, Belo Horizonte, 2013.

PAIVA, Aparecida; ROHLFS, Fernanda. A hora e a vez dos livros de literatura. *Educação – Literatura Infantil*, São Paulo, v. 1, n. 7, p. 74-82, 2012.

PARDI, Francesca. *Piccolo uovo*. Ilustração: Francesco Tullio Altan. Itália: Lo Stampatello, 2012.

PARNELL, Peter; RICHARDSON, Justin. *E con Tango siamo in tre*. Ilustração: Henry Cole. Milano: Junior, 2010.

PATTERSON, James; GRABENSTEIN, Chris; SULMAN, Mark. *Caçadores de tesouros*. Ilustração: Juliana Neufeld. Tradução: Luciana Garcia. São Paulo: Novo Conceito, 2014.

PAULA, Rosângela Asche de. *O expressionismo na biblioteca de Mário de Andrade*: da leitura à criação. 2007. Tese (Doutorado em Literatura Brasileira) – Faculdade de Filosofia, Letras e Ciências Humanas, Universidade de São Paulo, São Paulo, 2007.

PAZ, Octavio. *O ramo, o vento*. Ilustração: Tetsuo Kitora. Tradução: Horácio Costa. Belo Horizonte: Autêntica, 2012.

PEIXE Maria Ana; ROSÁRIO, Inês Teixeira do. *Lá fora*. Ilustração: Bernardo P. Carvalho. Carcavelos: Planeta Tangerina, 2014.

PESSÔA, Augusto. *A panqueca fugitiva, o resmungão – e outros contos nórdicos*. Ilustração: Nina Millen. Rio de Janeiro: Rocco Pequenos Leitores, 2015.

PESSÔA, Augusto. *A rã e o boi*. Rio de Janeiro: Zit Editora, 2015.

PESSOA, Fernando. *Conselho*. Ilustrações: Odilon Moraes. São Paulo: Escrita Fina, 2013.

PIMENTA, Paula. *Princesa adormecida*. Rio de Janeiro: Galera, 2014.

PIMENTEL, Marcelo. *O fim da fila*. Rio de Janeiro: Rovelle, 2011.

PIRES, Marcelo; LAURERT, Roberto. *O menino que queria ser celular*. São Paulo: Melhoramentos, 2007.

PIRILLO, Marilia. *Avoada*. Rio de Janeiro: Alfaguara, 2014.

PIRILLO, Marilia; GUAZELLI. *A velha história do peixinho que morreu afogado*. Rio de Janeiro: Edições de Janeiro, 2014.

PIROTTA, Saviour. *O pirata dos piratas*. Tradução: Mônica Fleischer Alves. Ilustração: Mark Robertson. São Paulo: Girassol, 2014.

POLITO, Ronald; LACAZ, Guto. *h'*. São Paulo: Dedo de Prosa, 2014.

PRIDDY, Roger. *First 100 words*. New York: Priddy Books, 2011.

PRONTO. *Pânico no Pacífico*. Tradução: Vera Chacham. Belo Horizonte: Autêntica, 2015.

QUARENGHI, Giusi; CARRER, Chiara. *Os três porquinhos*. Tradução: Noelly Russo. Rio de Janeiro: Pequena Zahar, 2014.

QUEIRÓS, Bartolomeu Campos de. *Sobre ler, escrever e outros diálogos*. Belo Horizonte: Autêntica, 2012.

QUEIRÓS, Bartolomeu Campos de. *Contos e poemas para ler na escola*. Rio de Janeiro: Objetiva, 2014.

QUEIRÓS, Bartolomeu Campos de. *O gato*. Ilustração: Anelise Zimmermann. São Paulo: Paulinas, 2014.

QUEIRÓS, Bartolomeu Campos de. *Dulce, a abelha*. Ilustração: Mariana Newlands. Rio de Janeiro: Alfaguara Infantil, 2015.

QUINTANA, Mario. *O batalhão das letras*. Ilustração: Edgar Koetz. São Paulo: Globo, 1948.

QUINTANA, Mario. *O batalhão das letras*. Ilustração: Rosinha. São Paulo: Globo, 1992.

QUINTANA, Mario. *O batalhão das letras*. Ilustração: Marilia Pirillo. São Paulo: Globo, 2014.

QUINTANA, Mario. *Poesia completa*. Rio de Janeiro: Nova Aguilar, 2005.

QUINTANA, Mário. *Sapato florido*. Porto Alegre: Editora Globo, 1948.

RADICE, Marco; RAVERA, Lidia. *Porcos com asas*: (diário sexo-político de dois adolescentes). São Paulo: Brasiliense, 1982.

RAMOS, Anna Claudia. *Petra do coração de pedra*. Rio de Janeiro: Galera Junior, 2014.

RAMOS, Graça. *A imagem nos livros infantis*: caminhos para ler o texto visual. Belo Horizonte: Autêntica, 2011.

RAMOS, Graciliano. *A terra dos meninos pelados*. Ilustração: Jean-Claude Ramos Alphen. Rio de Janeiro: Galera Junior, 2014.

RAMSTEIN, Anne-Margot. *Avante après*. Ilustração: Matthias Aregui. Paris: Albin Michel Jeunesse, 2013.

RANGEL, Maria Lucia; FREITAS, Tino. *Aula de samba* – a história do Brasil em grandes sambas-enredo. Ilustração: Ziraldo. Rio de Janeiro: Edições de Janeiro, 2014.

REBOUÇAS, Thalita. *Bia não quer dormir*. Ilustração: Fabiana Salomão. Rio de Janeiro: Rocco, 2014.

REYES, Yolanda. *Brincar, tecer e cantar*. São Paulo: Pulo do Gato, 2012.

REZENDE, Stella Maris. *As gêmeas da família*. Ilustração: Weberson Santiago. São Paulo: Globo, 2013.

REZENDE JR., José. *Fábula urbana*. Ilustração: Rogério Coelho. Rio de Janeiro: Edições de Janeiro, 2014.

RIBEIRO, Darcy. *Noções de coisas*. Ilustração: Maurício Negro. São Paulo: Global, 2014.

RITER, Caio. *Apenas Tiago*. Ilustração: Pedro Franz. Curitiba: Positivo, 2014.

RITER, Caio. *Vicente em palavras*. Belo Horizonte: Lê, 2012.

RITER, Caio. *Sete patinhos na lagoa*. Ilustração: Laurent Cardon. São Paulo: Biruta, 2013.

ROCHA, Ruth. *Poemas que escolhi para as crianças*. Ilustração: Clara Gavillan, Claudio Martins, Lúcia Brandão, Madalena Elek, Maria Valentina, Raul Fernandes, Teresa Berlinck, Thais Beltrame, Thiago Lopes. Rio de Janeiro: Salamandra, 2013.

RODARI, Gianni. *Zero, pra que te quero?* Tradução: Claudio Fragata. Ilustração: Elena Del Vento. São Paulo: FTD, 2013.

ROLDÁN, Gustavo. *Como reconhecer um monstro*. Tradução: Daniela Padilha. São Paulo: Jujuba, 2012.

ROSA, Mario Alex; TEIXEIRA, Lilian. *Formigas*. São Paulo: Cosac Naify, 2013.

ROSCOE, Alessandra. *Jacaré Bilé*. Ilustração: Italo Cajueiro. São Paulo: Biruta, 2008.

RUA, Tito na. *Zé Ninguém*. Rio de Janeiro: Edições de Janeiro, 2015.

SÁ, Sergio de. Rodrigo Lacerda e a arquitetura da generosidade. In: CHIARELLI, Stefania; DEALTRY, Giovanna; VIDAL, Paloma (Org.). *O futuro pelo retrovisor*: inquietudes da literatura brasileira contemporânea. Rio de Janeiro: Rocco, 2013.

SANDRONI, Luciana. *O Mário que não é de Andrade – o menino da cidade lambida pelo igarapé Tietê*. Ilustração: Suppa. São Paulo: Companhia das Letrinhas, 2001.

SANTOS, Joel Rufino dos. *A menina que descobriu o segredo da Bahia*. Rio de Janeiro: Rovelle, 2014.

SARAIVA, Maria de Lurdes (Org.). *Luís de Camões*: lírica completa I. Lisboa: Imprensa Nacional/Casa da Moeda, 1980.

SARAMAGO, José. *As intermitências da morte*. São Paulo: Companhia das Letras, 2005.

SAVARY, Flávia. *É de morte!* São Paulo: FDT, 2014.

SCHREINER, Martina. *Sabe o que Joana sabe?* Porto Alegre: Artes e Ofícios, 2013.

SCHWOB, Marcel. *A cruzada das crianças*. Tradução: Milton Hatoum. São Paulo: Iluminuras, 1987.

SEDER, Rufus Butler. *The wizard of Oz*. New York: Workman Publishing, 2011.

SERRES, Alain; FRONTY, Aurélia. *Eu tenho o direito de ser criança*. Tradução: André Telles. Rio de Janeiro: Pequena Zahar, 2015.

SETTIS, Salvatore. *El futuro de lo clássico*. Madrid: Abada, 2006.

SHAKESPEARE, William. *Rei Lear*. Adaptação e tradução: Hildegard Fiest. São Paulo: Scipione, 2002.

SILVA, Flávia Lins e. *Diário de Pilar em Machu Picchu*. Ilustração: Joana Penna. Rio de Janeiro: Pequena Zahar, 2014.

SILVEIRA, Maria José. *entre rios*. Ilustração: Roger Mello. São Paulo, FTD, 2014.

SILVEIRA, Rosa Maria Hessel; QUADROS, Marta Campos de. Crianças que sofrem: representações da infância em livros distribuídos pelo PNBE. *Estudos de Literatura Brasileira*, Brasília, n. 46, p. 175-196, 2015.

SNEL – Sindicato Nacional dos Editores de Livros. Brasil, nação leitora. Paraty, 3 jul. 2015. Disponível em: <http://www.snel.org.br/manifesto-brasil-nacao-leitura-e-lancado-na-flip-pelas-entidades-do-livro/>. Acesso em: 14 fev. 2017.

SOARES, Luísa Ducla. *Abecedário*. Ilustração: Joana Alves. Porto: Civilização 2004.

SOUSA, Mauricio de. *Anjo por um dia*. São Paulo: Mauricio de Sousa Editora, 2015.

SOUSA, Mauricio de. *O misterioso segredo de Denise*. São Paulo: Mauricio de Sousa Editora, 2015.

SOUZA, Angela Leite de. *Entre linhas*. Belo Horizonte: Lê, 2015.

STEVENSON, Robert Louis. *Jardim de versos*. Tradução: Ligia Cademartori. São Paulo: FTD, 2012.

STOCHERO, Tahiane. Com redução da maioridade, sistema pode ter 32 mil presos a mais em 1 ano. 24 abr. 2015. Disponível em: <http://g1.globo.com/politica/noticia/2015/04/com-reducao-da-maioridade-sistema-pode-ter-32-il-presos-mais-em-1-ano.html>. Acesso em: 13 fev. 2017.

SUZUMA, Tabitha. *Proibido*. Tradução: Heloísa Leal. Rio de Janeiro: Valentina, 2014.

TAN, Shaun. *Emigrantes*. Granada: Barbara Fiore, 2007.

TASSO, Luciano. *Mergulho*. Rio de Janeiro: Rocco Pequenos Leitores, 2015.

TAVARES, Mariza. *O medo que mora embaixo da cama*. Ilustração: Nina Millen. Rio de Janeiro: Globinho, 2014.

TEXIER, Ophelie. *Jean a deux mamans*. Paris: Ecole des Loisirs, 2004.

THOREAU, Henry David. *Walden, ou a vida nos bosques*. Tradução: Astrid Cabral. Lisboa: Antigona, 2009.

TORERO, José Roberto. *Os 12 trabalhos de Lelércules*. Ilustração: Raul Fernandes. Rio de Janeiro: Alfaguara, 2014.

TORERO, José Roberto; PIMENTA, Marcus Aurelius. *Joões e Marias*. Ilustração: Laurent Cardon. Rio de Janeiro: Alfaguara, 2014.

TORERO, José Roberto; PIMENTA, Marcus Aurelius. *Entre raios e caranguejos* – a fuga da família real para o Brasil contada pelo pequeno dom Pedro. Ilustração: Edu Oliveira. Rio de Janeiro: Alfaguara, 2015.

VALLEJO, Américo; MAGALHÃES, Ligia C. *Lacan* – operadores da leitura. São Paulo: Perspectiva, 1981.

VELOSO, Gil. *Pois ia brincando*. Ilustração: Alex Cerveny. São Paulo: Dedo de Prosa, 2013.

VELUDO, Pedro. *Da guerra dos mares e das areias*: fábulas sobre as marés. Ilustrações: Murilo Silva. São Paulo: Quatro Cantos, 2013.

VERISSIMO, Erico. *Meu ABC*. Ilustração: Ernest Zeuner. Rio de Janeiro: Globo, 1936.

VIEIRA, Padre Antônio. *História do futuro*. v. 1. Disponível em: <http://www.dominiopublico.gov.br/download/texto/ua000253.pdf>. Acesso em: 13 mar. 2017.

VIDAL, Nara. *Arco-íris em preto e branco*. Ilustração: Suppa. Belo Horizonte: Dimensão, 2014.

VILA-MATAS, Enrique. *Ella era Hemingway/No soy Auster*. Barcelona: Alfabia, 2008.

VILELA, Fernando. *O barqueiro e o canoeiro*. São Paulo: Scipione, 2008.

WIERZCHOWSKI, Letícia. *Brinca, menino*. Ilustração: Cado Bottega. São Paulo: Nova Fronteira, 2015.

WILLIAMS, Ema. *A história de Hurry* – um burrinho da faixa de Gaza. Tradução: Cristina Antunes. Ilustração: Ibrahim Quraishi. Belo Horizonte: Autêntica, 2014.

YABU, Fábio. *Princesas do mar*. São Paulo: Panda Books, 2004.

ZANETTI, Mariana; AMSTALDEN, Silvia. *O que eu posso ser?* São Paulo: Companhia das Letrinhas, 2014.

# Índice onomástico

## A

Abraham B. Yehoshua – 67
Adalberto Müller – 200; 222; 282
Adélia Prado – 23
Adriana Calcanhoto – 22; 172
Adriana Chindler – 247
Adriana Falcão – 127
Adriana Nunes – 210; 212
Adriana Silveira – 127
Adriano – 175
Adriano Bitarães Netto – 24
Adriano Siri – 210; 211
Agnese Baruzzi e Sandro Natalini – 47
Agustín Fernández Paz – 174
Alain Serres e Aurélia Fronty – 141
Alberto Serrano – 186
Alda Lima – 54
Aldo Medeiros – 261
Alessandra Roscoe – 210
Alex Cerveny – 23
Alex Lutkus e Leo Cunha – 59
Alexandre Barbosa de Souza – 88; 102; 131
Alexandre Barrico – 98
Alexandre Rampazo – 18
Alfred Jarry – 98
Alice Ruiz – 23
Alison Oliver – 103
Alonso Alvarez – 235
Aluísio de Azevedo – 256
Álvaro Faleiros e Fernando Vilela – 171
Alyssa Brugman – 78; 79
Amanda Machado Alves de Lima – 232
Amanda Strausz – 187
Américo Vallejo – 272
Amós Oz – 67
Ana Biscaia – 110
Ana Carvalho – 43
Ana Freitas – 96
Ana Leonor Teberosky Coronado – 218; 219
Ana Luísa Lacombe – 77; 80
Ana Maria Lisboa de Mello – 91
Ana Maria Machado – 59; 87; 216; 246; 281; 284
Ana Paula Mathias de Paiva – 81; 82; 83
Anastasia Arkhipova – 179
Anderson da Mata e Mirian Zappone – 271
André Neves – 27; 275
André Seffrin – 91
André Telles – 141
Anelise Zimmermann – 25; 26; 27
Angela Lago – 165; 166; 275
Angela Leite de Souza – 19
Angélica Freitas – 227
Angelo Abu – 40; 41
Angelo Abu e Dan X – 114
Angelo Allevato Bottino – 53
Angelus – 116
Anita Bijsterbosch – 151
Ann Droyd – 223; 224
Anna Burck – 238
Anna Claudia Ramos – 51; 52
Anna Göbel – 87
Anne Guéry e Olivier Dussutour – 59
Anne-Margot Ramstein – 242
Anthony Browne – 247
António Jorge Gonçalves – 228
Antônio Vieira – 135
Aparecida Paiva – 196; 198; 199
Ari Roitman e Paulina Wacht – 97
Arizpe – 285
Athos Bulcão – 272
Augusto de Campos – 100; 101
Augusto Pessôa – 127
Auta de Souza – 135

## B

Banksy – 63
Barack Obama – 68
Bartolomeu Campos de Queirós – 25; 26; 27; 38; 132; 133; 134; 236
Beatrice Alemagna – 72
Beatriz Francisca de Assis Brandão – 135
Bel Linares e Alcy – 168
Benji Davies – 85
Bernardo P. Carvalho – 243
Bertolt Brecht – 97
Bia Heztel e Silvia Negreiros – 59
Blandina Franco e José Carlos Lollo – 61
Blue Balliett – 55
Britta Teckentrup – 214
Bruce Albert – 44
Bruna Assis Brasil – 139; 208
Bruno Newnam – 175
Bruno Nunes – 126

## C

Cado Bottega – 153
Caio Riter – 19; 120
Caio Riter e Laurent Cardon – 77
Camila Werner – 151
Carl-Johan Forssén Ehrlin – 150; 151
Carla Canepa – 38
Carlo Alberto Dastoli – 72
Carlo Giovani – 182
Carlos Drummond de Andrade – 227
Carme Sole Vendrell – 97
Carolina Nogueira – 62
Carybé – 175
Catarina Bessel – 161
Cath Crowl – 205
Caulos – 107
Cecília Meireles – 23; 89; 91; 128
Charles Darwin – 55; 233
Charles Dickens – 272
Chiara Carrer – 48
Chico Buarque – 275

Chris Duffy – 187
Christiane Costa – 205
Christiano Lima Braga – 206
Christina Wolfensberger – 71
Christine Dias – 50
Christoph Marzi – 71
Ciça Fittipaldi – 226; 246; 247
Cíntia Moscovich – 50
Clara Gavillan – 227
Clarice Lispector – 10; 11; 89; 90; 91
Claudia El-Moor – 210
Cláudia Simões – 59
Claudio Alves Marcondes – 88
Claudio Fragata – 68; 107
Claudio Fragata e Raquel Matsushita – 59
Claudio Magris – 51
Claudio Martins – 227
Clement Hurd – 223
Clovis Levi – 110
Coelho Neto – 135
Corina Fletcher – 82
Coutinho – 142
Cristiane Melo – 20
Cristiano Zwiesele do Amaral – 138
Cristina Antunes – 66
Cristina Maria Rosa – 57

## D

Dálcio Machado – 86
Damien Hirst – 57
Daniel Esteves – 186
Daniela Padilha – 84
Daniella Bauer – 73; 74
Danielly Feitosa Rodrigues – 266
Darcy Ribeiro – 49; 50
Dave Mckean – 86
Davi Kopenawa – 44
David Almond – 174
David Cameron – 67
David Grossman – 67
David Levithan – 78; 79
David Milgrim – 223
Diego Rivera – 64

Dilea Frate – 52; 39
Dilma Rousseff – 248; 249; 268; 269; 270; 278
Dom Pedro I – 146
Domício Proença Filho – 216; 281
Domingos Pellegrini – 51
Dominique Tilkin Gallois e Vicent Carelli – 43
Dostoiévski – 32

e.e. cummings – 88
E.T.A. Hoffmann – 263
Ed Franck e Kris Nauwelaerts – 138; 139
Edgar Koetz – 58
Edmir Perrotti – 166
Edu Oliveira – 108
Eduardo Brandão – 60
Eduardo Jardim – 116
Elena Del Vento – 68
Eliana Aguiar – 75
Elisa Dresang – 283
Eliza Wheeler – 162
Elizabeth Hazin – 208
Elizabeth Serra – 17; 18; 216; 281
Ellen Pestilli – 90
Eloar Guazzelli – 88
Elza Pires – 211; 212
Emilia Ferreiro – 218
Emily Brontë – 45; 47
Emily Dickinson – 271
Emily Hughes – 106
Emma Williams – 66; 67
Emmanuel Polanco – 129
Emmanuelle Houdart – 152
Eneida Maria de Souza – 117
Enrique Vila-Matas – 89
Erico Verissimo – 57
Ernest Zeuner – 57
Estrela Ruiz Leminski – 23
Eugenio Bucci e Maria Rita Khel – 281
Eva Funari – 58

Fabiana Salomão – 215
Fabio Weintraub – 152
Fábio Yabu – 207; 209
Fabrício Corsaleti – 227
Fátima Bezerra – 268
Fê – 235
Fernanda Belém – 205
Fernanda Rohlfs – 196; 198
Fernando Bonassi – 51
Fernando Pessoa – 182; 226; 284
Fernando Savater – 89
Fernando Vilela – 77; 80; 222
Ferreira Gullar – 19; 166
Flávia Lins e Silva – 161
Flávia Savary – 113
Flávia Souto Maior – 94
Flávio Carneiro – 37
Flávio Fargas – 37
Florbela Espanca – 135
Florian Heine – 63
Francesca di Chiara – 83
Francesca Pardi – 276; 277
Francesco Tullio Altan – 276
Francisco Balthar – 272
Francisco Galeno – 171
Francisco Guingui – 38
Frank Stella – 64
Frederico Barbosa – 227
Frederico Silva – 244; 245
Frei Betto – 215

Galdino – 175
Gallimard Jeunesse – 83
Gê Orthof – 91; 235
Gérard Genette – 94
Gianni Rodari – 68
Gil Veloso – 23
Gilda de Aquino – 47; 214
Giles Andreae – 235

Gilles Eduar – 23; 41; 42
Giovanna Mantegazza – 83
Giusi Quarenghi – 48
Goethe – 262
Gonçalves Dias – 23; 227
Gonzalo Cárcamo – 59; 107
Graça Lima – 146
Graciliano Ramos – 53; 55
Graham Annable – 187
Graham Greene – 222
Guazelli – 111
Gustavo Kurlat – 25; 27
Gustavo Piqueira – 51
Gustavo Roldán – 84
Guto Lins – 37
Guy Parker-Rees – 235

Hans Christian Andersen – 20
Harald Naegeli – 63
Harald Wieser – 263
Harper Lee – 150
Harriet Beecher Stowe – 230
Harriet Castor – 103
Heloisa Alves – 20
Heloísa Leal – 33
Henri Matisse – 148
Henriqueta Lisboa – 23
Henry David Thoreau – 96
Herbert Bauldus – 80
Hieronymus Bosch – 60
Holly Black – 162
Horácio Costa – 222
Ibrahim Quraishi – 66; 67
Ieda de Oliveira – 77; 80
Immanuel Kant – 262
Índigo – 51
Isabel Travancas – 202; 203; 204; 205
Isabela Freitas – 38
Italo Cajueiro – 210
Ivani Nacked – 267
Izabel Aleixo – 114

J. Lanzellotti – 80
Jacques-Alain Miller – 101
James Patterson – 204
James Patterson, Chris Grabenstein e Mark Sulman – 39
Janaína Senna – 103
Jane Austen – 65
Javier Zabala – 122; 123; 124; 125
Jean-Claude Ramos Alphen – 53; 54
Jennifer Adams – 103
Joana Penna – 161
João Anzanello Carrascoza e Vivina de Assis Vianna – 204
João do Rio – 135
João Pedro Perosa – 236
Joaquim Manoel de Macedo – 135
Joel Rufino dos Santos – 140
John Alcorn – 168
John Amman – 136
John Tenniel – 102; 104; 131
Jorge Luis Borges – 98; 222
Jorge Mario Bergoglio – 277
Jorge Viveiros de Castro – 273
José Godoy e Mariza Tavares – 126; 127
José Lino Grünewald – 227
José Manuel Mateo e Javier Martínez Pedro – 75
José Rezende Jr. – 25; 26
José Roberto Torero – 160
José Roberto Torero e Marcus Aurelius Pimenta – 108
José Saramago – 110
Josias Marinho – 164
Joy Cowley – 69; 70
Juan Ramón Jiménez – 125
Judy Garland – 46
Julia Donaldson – 82
Julia Kristeva – 74
Juliana Neufeld – 39
Júlio Emílio Braz – 180
Junko Yokota – 179

## K

Kaatje Vermeire – 112
Kari Dako – 239
Karina Pansa – 245
Katia Stocco Smole – 68
Katsushika Hokusai – 123; 124
Kelly Gardiner – 78
Klaus Ensikat – 246
Komoi Panará – 43
Kris Zullo – 114
Kvéta Pacovská – 57

## L

L. Frank Baum – 45
Laerte – 52
Laura Giussani – 17
Lauren Child – 82
Laurent Cardon – 19; 87; 108
Lea Cutz Gaudenzi – 200
Leo Cunha – 23
León Ferrari – 277
Letícia Wierzchowski – 153
Lewis Carroll – 101; 102; 104; 129; 130; 131; 243; 272
Ligia Cademartori – 10; 13; 21; 46; 47; 102; 271; 272
Lilia Moritz Schwarcz – 148
Lima Barreto – 256; 257
Lizi Boyd – 242
Lorena Nobel – 25; 27
Lúcia Brandão – 42; 80; 227
Lucia Hiratsuka – 208; 209
Luciana Sandroni – 114
Luciana Villas-Boas – 67
Luciano Tasso – 183
Luigi Brugnaro – 276; 277
Luís Antonio Torelli – 245
Luís de Camões – 147; 148
Luís Dill – 92; 93
Luísa Ducla Soares – 57
Luiz Antônio Aguiar – 54

Luiz Bras (Nelson Oliveira) – 106
Luiz Claudio Cardoso – 118; 119
Luiz Raul Machado – 96
Luiz Zerbini – 102
Lydia Monks – 82
Lygia Bojunga – 121; 246; 284

Machado de Assis – 200; 222; 256; 257; 258
Madalena Elek – 227
Magareth Rago – 75
Magda Soares – 56
Manu Maltez – 136; 137
Manuel Antônio de Almeida – 256; 257
Manuel Bandeira – 23; 115; 116; 234
Manuel Palácios – 239
Marc Chagall – 60; 139
Marcel Duchamp – 234
Marcel Proust – 222
Marcel Schwob – 97; 98; 99
Marcelino Freire – 51
Marcelo Linhos – 210
Marcelo Pimentel – 177; 178; 179; 180
Marcelo Pires e Roberto Laurert – 223
Márcia Gobbi – 117
Márcio de Sousa – 51
Marco Radice e Lidia Ravera – 96
Marcos Antonio de Moraes – 116
Margaret Wise Brown – 223
Maria Ana Peixe e Inês Teixeira do Rosário – 243
Maria de Lurdes Saraiva – 147
Maria Fernanda Nogueira Bittencourt – 196
Maria Guimarães – 41; 42
Maria José Silveira – 51
Maria Lucia Rangel e Tino Freitas – 63
Maria Luiza X. de A. Borges – 102; 106
Maria Martins – 234
Maria Teresa Andruetto – 73; 130; 174
Maria Valentina – 227
Maria Valéria Rezende – 51
Mariana Massarani – 59; 146; 147; 148; 149

Mariana Newlands – 132; 133
Mariana Zanetti – 50
Mariana Zanetti e Silvia Amstalden – 165
Mariela Nobel – 27
Marilena Chaui – 66
Marília Garcia – 85
Marilia Pirillo – 58; 102; 111; 112; 173
Marina Colasanti – 23; 73; 130;
   173; 225; 226; 246; 247; 273
Marina Faria – 25
Marina Papi – 25
Mario Alex Rosa e Lilian Teixeira – 167
Mario Bag – 140
Mário de Andrade – 114; 115;
   116; 117; 247; 256
Mario Quintana – 58; 111; 112
Mario Vargas Llosa – 97; 99; 100
Marion Villas Boas – 179; 180
Marisa Lajolo – 271
Mariza Tavares – 128
Mark Robertson – 83
Mark Rothko – 64
Marlene Correia – 27
Marlene de Castro Correia – 25
Martin Luther King – 68
Martina Schreiner – 70
Martínez Pedro – 75
Martins Pena – 256
Matthias Aregui – 242
Mauricio de Sousa – 121; 188
Maurício Negro – 49; 50; 181; 182
Maurits Cornelis Escher – 166
Mauro Gaspar – 122
Menena Cottin e Rosana Faría – 88
Merixell Martí e Xavier Salomó – 83
Miguel de Cervantes – 272
Mima Castro – 112
Míriam Leitão – 18; 139; 140
Moacyr Scliar – 51; 59
Mônica Correia Baptista – 197
Mônica Fleischer Alves – 83
Mônica Stahel – 125
Monika Parciak – 71

Monteiro Lobato – 45; 102;
   107; 111; 229; 230; 284
Mozart – 211
Murilo Silva – 227
Murray MacCain – 168

Nahoko Uehashi – 174
Nana Yoshida e Lica Hashimoto – 182
Nara Vidal – 38
Natuyu Yumipó Txicão, Karané
   e Kumaré Ikpeng – 43
Neil Gaiman – 86
Nelson Cruz – 135; 136
Nicolau El-Moor – 210
Nicolau Sevcenko – 102
Nina Millen – 127
Ninfa Parreiras – 38; 133
Ninfa Parreiras e Glória
   Valladares Granjeiro – 132
Nino – 175
Nino Cais – 95
Noelly Russo – 48
Noemisa – 175
Nuria Barros – 161

Octavio Paz – 222
Odilon Moraes – 91; 115; 226
Olavo Bilac – 135; 227; 281; 282; 287
Ondjaki – 228
Ophelie Texier – 277
Os Gêmeos – 64
Oscar Wilde – 98
Oswald de Andrade – 9; 24; 222
Otávio Júnior – 40; 41

Pablo Gonçalo – 263
Pablo Picasso – 139
Padre José de Anchieta – 227

Papa Francisco – 276; 277
Patrícia Engel Secco – 200
Patrícia Galelli – 105
Paul Gauguin – 139
Paul Klee – 123; 124
Paul Valéry – 98
Paula Mastroberti – 47
Paula Pimenta – 205
Paulo Azevedo – 116
Pedro Barusco – 270
Pedro Franz – 120
Pedro Veludo – 227
Peter Parnell e Justin Richardson – 277
Portinari – 183
Pronto – 162

Quentin Blake – 247

Rafael Goldkorn – 33
Rafaella Lemos – 75; 88
Rainer Maria Rilke – 113
Raphaële Frier e Zaú – 68
Raquel Matsushita – 50
Raul Fernandes – 33; 86; 160; 227
Rebeca Luciane – 173
Regina Winarski – 78
Regina Zilberman – 271
Renata Frade – 237
Renato Janine Ribeiro – 248; 249; 250; 251; 268; 276; 277; 278
Renato Moriconi – 77; 183; 226
Ricardo Azevedo – 225; 227
Ricardo Benevides – 37
Rita Carelli – 43
Rita Coelho – 213
Rita Ribes – 262
Rita Sussekind – 55
Rita Vidal – 102
Robert Frost – 94
Robert Louis Stevenson – 22; 272

Roberto Carlos – 46
Rodrigo Lacerda – 142; 143; 144; 145
Rodrigo Lacerda e Mauro Gaspar – 168
Roger Mello – 11; 20; 51; 107; 125; 146; 147; 149; 157; 158; 159; 174; 175; 179; 243; 245; 284
Rogério Borges – 77
Rogério Coelho – 25; 26
Ronald Polito e Guto Lacaz – 169
Ronaldo Fraga – 87
Rosa Maria Hessel Silveira e Marta Campos de Quadros – 274
Rosa Parks – 68
Rosana Kohl Bines – 187
Rosângela Asche de Paula – 117
Rosângela Rennó – 102; 131
Roseana Murray – 59
Rosinha – 58; 207
Rubem Filho – 24
Rubens Matuck – 18
Rudyard Kipling – 106
Rufus Butler Seder – 46
Rui de Oliveira – 142; 143
Ruth Kaufman e Raquel Franco – 243
Ruth Rocha – 227

Salmo Dansa – 23
Salvador Dalí – 139
Salvatore Settis – 91
Saviour Pirotta – 83
Seamus Heaney – 22
Sérgio de Sá – 145
Serguei Prokofiev – 242
Sharon Creech – 94
Shaun Tan – 76
Silvana de Menezes – 164; 165
Silvia Negreiros – 149
Slap Happy Larry – 242
Socorro Acioli – 45; 46
Sônia Schwartz – 196
Soren Kierkegaard – 64
Stefan Bachmann – 204

Stefania Chiarelli – 76
Stella Maris Rezende – 228
Steve Haskamp – 214
Styles – 285
Suppa – 38; 114
Suryara – 89; 90
Sylvia Orthof – 24; 89; 90; 91; 149; 235

Tabitha Suzuma – 33; 35
Tatiana Blass – 70
Tatiana Figueiredo – 114
Ted Hughes – 22
Telê Ancona Lopez – 114; 115
Telma Guimarães – 112
Tera Lynn Childs – 54
Teresa Berlinck – 227
Teresa Colomer – 218
Tetsuo Kitora – 222
Thais Beltrame – 227
Thalita Rebouças – 205; 215
Thiago Carvalho Barbosa – 189
Thiago Lopes – 227
Tina Mortier – 112
Tino Freitas – 42; 148; 183
Tito na Rua (Alberto Serrano) – 186; 187

Valter Hugo Mãe – 95
Vanessa Prezoto – 215

Vania Vieira – 27
Vera Aguiar – 22
Victor Flemming – 46
Vincent van Gogh – 122; 123; 124; 125
Vincent van Gogh e Javier Zabala – 122
Vorel Boldis e Antonella Toffolo – 75

Wagner Willian – 45
Walter Benjamin – 261; 262; 263
Wanderson de Souza e Wagner
   de Souza – 186
Warja Lavater – 168
Wee-Sook Yeo – 179
Wilkie Collins – 272
Will Kostakis – 78
William Blake – 94
William Shakespeare – 142; 143; 144; 239

Yannet Briggiler – 105
Yolanda Reyes – 264; 265; 267

Zdeno Basic – 103
Ziraldo – 63; 275
Zohreh Ghaeni – 179
Zuzanna Celej – 100

Este livro foi impresso na Athalaia Gráfica,
em papel Pólen 80 g/m3, no formato 16x23cm.

Brasília, maio de 2017